인류사회의 재건

인류사회의 재건

美源 조영식 저
미원전집편집위원회 편저

경희대학교 출판문화원

『인류사회의 재건』 윤문본 발간에 부쳐

미원기념사업회는 경희학원 설립자 미원美源 조영식 박사의 저술을 윤문하는《미원 사상서思想書》개정 출간 사업을 펼쳤다. 지난 세기 세계사적 격변의 현장에서 비롯된 미원 사상이 이 시대 도래할 미래를 준비하는 지구적 과업에 참고가 됐으면 하는 바람에서다. 또 다른 이유는 한반도와 인류사회의 평화·번영에 주목해온 미원 사상이 결코 순탄치만은 않을 미래를 맞이해야 할 미래세대에 도움이 됐으면 하는 바람이다.

생애에 걸쳐 미원은 모두 50여 권의 저작을 남겼다. 그중 핵심 사상을 담은 『민주주의 자유론』(한일공인사, 1948), 『문화세계의 창조』(문성당, 1951)를 경희대학교 출판문화원이 2014년 윤문본으로 내놨다. 이번이 세 번째 사업이다. 미원기념사업회는 '미원 탄신 100주년' '유엔 세계평화의 날 제정 40주년'을 기념해 1975년 출간된 『인류사회의 재건』 윤문본을 발간한다.

『인류사회의 재건』 윤문 작업을 위해 경희학원은 2020년 미원전집 편집위원회를 구성해 집필 방향과 체제를 갖췄다. 약 1년 반의 기간에 걸쳐 완성된 윤문본이 인류의 미래, 현대사회의 전환적 미래에 관심을 기울여온 전공자와 지식인, 미래세대와 세계시민에 도움이 됐으면 한다. 미원전집편집위원회엔 최관호, 이문재, 이영준, 홍기준, 신진숙, 이택희, 김종옥이 참여했다. 미원기념사업회는 올 연말 미원의 또 다른 사상서 『오토피아』(을유문화사, 1979)와 『미원연설문집』을 윤문, 출간할 예정이다.

유엔 세계평화의 날 40주년을 맞은 2021년 9월 21일
미원기념사업회 미원전집편집위원회

미원美源의 생애

세계평화사상가이자 운동가, 실천하는 지식인이자 교육자였다. 1921년 평안북도 운산에서 태어나 2012년 타계했다. 서울대학교 법과대학을 졸업하고, 미국 마이애미대학교 명예법학박사 등 34개의 명예박사학위를 받았다. 저서와 시집으로 『민주주의 자유론』(1948년), 『문화세계의 창조』(1951년), 『인류사회의 재건』(1975년), 『오토피아』(1979년), 『하늘의 명상』(1982년), 『조국이여 겨레여 인류여』(1994년)를 비롯해 모두 50여 편의 저작을 남겼다.

미원의 삶은 '평화와 창조'를 향한 열정으로 끊임없이 도전하는 삶이었다. 그 여정의 출발점은 더 나은 인류 미래를 향한 '인간적인 염원'이었다. 미원은 일제강점기와 한국전쟁의 경험을 통해 폐허가 된 한반도와 세상을 위해 새로운 '문화세계의 건설' '전인교육과 공적 실천'의 초석을 놓고자 했다. 대학을 비롯해 유아교육과 청소년 교육, 고등교육과 세계시민 교육을 아우르고, '질병 없는 인류사회'를 추구하는 의료기관을 창설했다. 이와 함께 평화로운 공공의 가치를 구현하는 세계평화운동을 전개했다. 그에게 평화는 배타적 이념과 체제, 국가와 민족의 틀에 갇힌 그 무엇이 아니다. 틀과 경계의 제약을 넘어 인류 보편의 문화세계, 평화로운 미래사회를 구현하는 일이었다. 더 나은 세상의 미래를 위해 함께 이뤄내야 할 정신세계이자, 지구적 실천운동이었다. 그의 이러한 사상은 현대사회, 현대문명의 전환적 노력을 촉구했다.

'배타적 경쟁교육에서 전인교육으로.' 미원은 현대사회가 이룩한 성취는 자아와 타자, 문명과 자연을 포괄하는 정신세계에 기초할 때 더 넓고 깊은 의미를 갖는다고 역설했다. 그런 점에서 그는 인간의 인간적 가치를 회복하는 전인교육을 추구했다. 부분의 닫힌 진실보다는 전체의 열린 보편에 다가서는 통합 교육의 기회를 열어야 한다고 믿었다. 이와 같은 세계관을 축으로 1951년 전쟁 중에 '문화세계의 창조'를 교시로 하는 대학을 세웠다. 그 후 일관교육을 위해 유아교육, 청소년교육, 고등교육, 사회교육, 세계시민교육을 아우르는 종합학원 체제를 구축했다. 1971년 경희의료원, 2006년 강동경희대학교병원을 설립해 '동서의학'과 '제3의학' 발전을 위해 노력했다. 2001년 시민사회, 인류사회와의 더 넓은 학문적 교류와 참여를 위해 경희사이버대학을 신설했다.

미원의 교육관은 사회와 지구적 실천 영역으로 이어졌다. 전쟁의 폐허에서 '농촌운동' '잘살기운동'을 전개했다. 성장과 팽창, 냉전의 시대엔 '자연보호운동' '밝은사회운동' '세계평화운동'을 펼쳤다. 1965년 세계대학총장회(International Association of University Presidents, IAUP) 창설, 1981년 유엔 제정 세계평화의 날과 해(International Day of Peace, International Year of Peace) 제안, 1987년 『세계평화대백과사전』 발간, 1999년 서울 NGO세계대회(1999 Seoul International NGO Conference) 개최 등 모두 그가 바라본 문명사적 난제 해소를 위한 지구적 실천이다.

'배타적 경쟁에서 공영으로.' '투쟁과 패권에서 인류평화로.' 미원이 간직했던 공적 삶의 근본 가치다. 그가 호흡했던 시대는 무한 성장의 경제논리에 경도된 채 유한한 지구의 환경과 생태를 파괴했다. 방향 잃은 과학기술의 자기증식은 인간적 삶의 지평을 축소했다. 고성능 첨단무기의 확대 재생산은 무고한 세계시민의 안전과 생명을 앗아갔다. 그 시대에 갈등과 대립, 폭력과 파괴가 만연했던 이유다. 미원은 시민 개개인이 존엄과 자유, 민주와 복지를 구현하는 '문화세계 건설'의 주체임을 깨달을 때, 우리가 염원하는 평화와 번영의 미래사회를 이룰 수 있다고 주장했다. 시간–공간–환류–실체, 현묘한 우주적 본성의 초연결성에 대한 이해를 축으로 더 나은 미래의 전환적 기초를 마련하자는 것이 그의 생각이다.

이러한 사상과 철학, 지구적 실천의 공로로 미원은 세계후마니타스회의(The World Congress of Humanitas)가 수여한 '인문학 최고 영예의 상'을 비롯해 함마슐트상, 세계대학총장회 세계평화대상, 유엔평화훈장, 아인슈타인 평화상, 비폭력을 위한 마하트마 간디상, 대한민국 정부 국민훈장 무궁화장, 만해평화상 등 67개의 상훈을 받았다.

서문

천사의 기도

주님! 이 기도는 신을 향한 인간들의 고백이자 고해입니다.

인간은 지구에 산 지 삼백만 년이 넘었습니다. 그러나 통일되고 일관된 가치판단 기준은 세우지 못했습니다. 시대와 형편에 따라 선과 악, 바름과 그릇됨을 결정하고 해석합니다. 신과 인간과 자연의 관계를 알지 못합니다. 행복이 무엇인지, 가치 있고 보람 있는 삶이 무엇인지 모릅니다. 자신이 어떤 존재이며, 어떻게 살아야 하는지 생각하지 않습니다.

인간은 신의 계명도 지키지 못하는 존재입니다. 필연적으로 내적 여건과 외적 상황에서 벗어날 수 없습니다. 인간이라는 존재는 현명하면서도 어리석습니다. 영리하지만 우직하며 때로는 교만합니다. 내일을 계획하지 않고 오늘만 생각합니다. 작은 일에 밝고, 큰일에 어둡습니다. 그런 인간에게 신은 자유를 주면서 책임을 묻습니다. 과중한 문책이 아닐 수 없습니다.

근대 이후 인간은 이성을 신의 자리에 올려놓았습니다. 과학을 맹신하는 현대인은 이제 자신을 신의 위치에 올려놓으려 합니다. 세상의 주재자가 되려 합니다. 신이 우주를 창조한 것처럼 자신도 세계를 창조할 수 있다고 믿습니다. 지식과 기술이 넓을수록 완전하고 행복한 세계에 다가간다고 착각합니다.

현대사회는 기계와 물자 생산이 지배하는 개발주의 산업과학사회입니다. 창조란 더 많은 물자의 생산과 소비를 향한 개발을 의미할 뿐입니다. 현대인은 오로지 개발과 성장을 위해 사회를 능률적이고 합리적으로 조직하고 과학적으로 재편했습니다. 하지만 기술이 진보할수록 인간 권리는 축소되었습니다. 기술문명이 인간을 지배하고 소외시킵니다. 사회는 인간을 물질처럼 계산하고 상품으로 취급합니다. 인간은 월급 생활자로서 수동적으로 살아가는 일에 만족합니다. 인간이 하는 유일한 고민이란 그저 더 많은 수익을 내기 위한 유리한 투자가 무엇인지에 관한 문제입니다. 인간은 진보라는 신을 모시는 물질숭배자로 전락했습니다.

현대인의 삶은 행복하지만 불행합니다. 인간은 결코 사회의 과학화, 합리화, 효율화만으로 행복을 얻을 수 없습니다. 완전해질 수 없습니다. 가난과 결핍이 사라지고 물질적으로 풍요롭다고 하여 행복한 사회는 아닙니다. 인간의 참된 삶의 가치는 자유와 질서, 정신과 물질이 조화를 이룰 때 실현됩니다.

완전무결하고 영원불변한 것은 추구할 수는 있어도 실현할 수는 없습니다. 과학이 아무리 발달해도 천국 같은 낙원을 지금 이곳에 건설할 수 없습니다. 물질 추구는 수단일 뿐입니다. 정신적 추구만이 삶의 참된 목표입니다.

주님! 습관은 인간의 두 번째 천성입니다. 마음이 바뀌어야 세상이 변합니다. 인간이 사회와 문명의 주인임을 다시 깨닫게 해주소서. 이성과 인간미가 조화를 이룬 인류사회를 소망합니다.

인간은 이성과 감성을 지닌 존재입니다. 육신이 있기에 물욕에 빠지기 쉽습니다. 도덕적 존재이면서 동시에 경제적인 동물입니다. 인간이 만든 사회는 선과 악, 바름과 그름이 복잡하게 얽혀 돌아갑니다.

인간은 불완전한 존재이기에 더 높은 목표를 향해 나아가야 합니다. 감성에서 이성으로, 불완전에서 완전으로. 옳은 교육을 받고 지식과 기술과 교양을 넓히고자 노력해야 합니다. '판단은 현실에서, 계획은 미래에서'라는 말이 있습니다. 세상의 모든 위대한 것은 진실과 완전이라는 두 개의 기초 위에서 이루어져야 합니다. 미래 인류사회는 이처럼 숭고한 정신과 목적으로 설계돼야 합니다.

인간이 자기 자신을 잃어가는 세상을 보십시오. 지구 인구의 폭증으로 얼마나 많은 문제가 생겨났습니까. 지식과 기술이 발달해도 식량과 물자는 여전히 부족합니다. 생태환경의 위기가 심각합니다. 세대 갈등이 깊어지고 상호 불신이 만연합니다. 문명과 체제를 거부하는 반문명적 상황도 출현합니다. 현대인은 정신적 불안감과 공포감, 무력감에 방황합니다. 이념 갈등과 남북 간 빈부 격차로 지구사회에 이질감이 확산하고 있습니다. 종교와 윤리를 상실하고 싸움과 경쟁을 반복합니다. 아마겟돈 전쟁과 같은 현대 과학 전쟁을 보십시오. 과학기술문명은 이제 인간의 목적과 상관없이 자기복제하고 있습니다.

인간은 도대체 누구를 위해, 어떤 세상을 만든 것입니까. 신을 위해서입니까, 인간 자신을 위해서입니까. 로봇 세계를 창조하려는 것입니까. 과학기술이 자기증식하는 물질의 왕국을 만들기 위해서입니까. 과학기술의 확대 재생산은 인간다움이 사라진 사회를 만들고 있습니다. 과학 개발과 성장은 한계에 이르렀습니다. 인류문명은 창조자의 고삐에서 벗어났습니다. 구원의 시간을 지나 저 너머로 추락하고 있습니다.

사회가 비인간화될수록 인간은 하느님의 형상을 잃어갑니다. 참된 자신의 모습을 망각합니다. 일차원적으로 보고 느끼고 움직이는 인간기계로 전락하고 있습니다. 뜻있는 사람들은 위기의식 속에서 인류문명을 개탄합니다. 인류 종말을 두려워합니다.

주님! 인간은 자신의 힘으로 어찌할 수 없는 막바지에 다다랐습니다. 인간이 교만과 야욕을 버리고 본연의 자세로 돌아가게 하소서. 하느님은 자연이 아니라 인간과 더불어 살아 있습니다. 인간의 마음속에 계십니다. 인류가 이룬 모든 것이 다 버려지기 전에 인간을 구원하소서. 인간이 신을 버리지 않게 하소서. 인간은 진실로 하느님의 아들딸입니다. 하느님은 그들과 더불어 있어야 할 성령입니다.

인간을 구원하는 길은 인간이 물질문명을 주체적으로 통제하고 조정하게 하는 것입니다. 인간 정신을 되찾고 인간성을 회복해야 합니다. 지역, 종교, 파벌, 계급에 매달리는 배타성과 이기심을 버려야 합니다. 자원을 아끼고 과학 문명을 바로잡아야 합니다. 자연을 더이상 파괴해서는 안 됩니다. 세계가 한 나라가 되어 환경오염, 인구문제, 식량 문제에 대비해야 합니다. 인류가 한 형제자매라는 동류의식을 품고 서로 사랑하고 호혜적으로 협력하게 해주소서. 평화가 실현된 세상이 하느님 말씀을 따르는 참되고 영원한 나라가 아닙니까.

'하나의 인류사회'가 이 세상에 재건되길 참마음으로 소망합니다. 모든 인간이 '인류사회를 향한 위대한 행진'에 동참할 수 있게 하소서. 진정한 하느님의 아들딸로서 보람과 가치를 느끼며 살 수 있도록 참되고 바른 인간가치를 회복하게 도와주시옵소서. 주의 어진 손길을 펼쳐

무지와 혼란과 악에서 인간을 구원하길 간절히 기도드립니다.

이 기도는 천사가 파국에 처한 인간을 대신해 하느님께 드리는 간곡하고 애절한 호소입니다.

현대 문명은 인간에게 많은 혜택과 편익을 안겨주었습니다. 하지만 인간 정신이 사라지고 삶의 부조리와 상호 불신이 증가했습니다. 과학만능주의가 인간 부재의 물질세계를 만들었습니다. 모순과 불합리가 심화하고 있습니다. 인류를 파멸에서 구원하기 위해 인류사회를 재건해야 합니다. 우리 모두 그 길을 용감히 걸어가야 합니다. 이 길은 멀고 험난하지만 인류가 마땅히 걸어가야 할 당위의 길입니다.

이 책이 인류의 길을 밝히는 등대가 되길 바랍니다.

세상의 창조가 곧 세상의 완성은 아닙니다. 앞으로 뜻있는 연구자들이 많이 나타나 주길 바랍니다. 인류가 파멸에서 구원받고 가치 있고 행복하고 보람 있는 삶을 살게 되길 희망합니다. '인류사회의 재건'이 이루어지길 기원합니다.

1974년 12월 24일 명륜동에서

조영식

* 일러두기

1. 이 도서는『인류사회의 재건』(을유문화사, 1975, 초판) 8판본 (경희대 출판국, 1997)을 윤문했다.
2. 본문의 고유명사 표기 및 띄어쓰기 등은 현행 한글맞춤법 및 외래어표기법에 맞게 수정했다.
   고유명사의 경우, 원어 표기가 없어 확인이 불가한 내용은 원본 표기를 따랐다.
3. 외국어 단어는 한글·원어 순으로 병기했다.
4. 원전의 각주는 미주로 변환하고, 설명이 필요한 곳은 새로 각주를 달았다.
   본문 중 *표시가 된 부분은 '용어해설'에서 그 내용을 자세히 살펴볼 수 있다.
5. 읽기 수월하도록 현대적 어법에 맞춰 전체 문장과 문단을 가다듬고 다시 편집했다.

차례

1

전환기에 처한 오늘의 세계

1. 현대문명은 인간을 행복하게 하고 있는가?

2. 과학기술의 발달은 인류세계에 기여하고 있는가?

3. 조직 속에서의 인간생활이 뜻하는 것

4. 자아를 상실한 현대인의 가치관

5. 인간가족을 바라보는 현대

6. 인간다운 사회의 새 지표-인간성 회복

1

현대문명은 인간을 행복하게 하고 있는가?

우리는 인류 역사에서 유례없는 단절적 변이의 시대를 살고 있다.[1] 이 변화의 중심에는 문명이 발달했음에도 인간 자신은 죽어가는 모순된 상황이 놓여 있다. 지금의 역사 변동은 단순히 외형이나 양적 차원의 변화만을 의미하지 않는다. 내용은 물론 질적 차원이 크게 달라지는 변신적 변이가 일어나고 있다. 그야말로 인간사회의 구조와 본질이 완전히 변화하는 메타모포시스metamorphosis*적 변혁의 시대다.

우리 시대의 메타모포시스는 복합적이다. 정치, 경제, 사회 등 물질문명이 크게 변화하고 있을 뿐 아니라 문화와 정신 영역에서도 심층 전환이 일어나고 있다. 변동의 속도도 점점 가속화하고 있다. 과거 인류 역사에서 일어났던 정신적 축의 시대*와 버금가는 변동이다. 이에 많은 지

---

* 축의 시대 the Axial Age는 칼 야스퍼스 K. Jaspers가 처음 고안한 개념으로서 세계의 주요 종교와 사상이 여러 지역에서 동시적으로 등장해 대전환을 맞게 된 시대를 일컫는다. 대략 기원전 900년부터 200년까지의 시기로서, 인간의 의미가 자연숭배와 희생 제의가 아닌 내적 성찰, 자기비판, 동정심 등으로 변화하면서 철학, 윤리, 종교, 지식의 모든 차원에서 중추적 pivotal 전환이 발생한 시대다. 중국의 도교와 유학, 인도의 불교와 힌두교, 중동의 유대교와 그리스의 철학적 이성주의 등이 대표적이다.

성인이 '대전환기 의식'을 논한다. 변하지 않는 것은 오로지 변한다는 사실 그 자체뿐이다. 모든 것이 격변하고 있다. 동서를 막론하고 수많은 문명비평가, 사회비평가, 미래학자가 현재 인류가 마주한 문명 대전환을 통찰하기 위해 비평을 쏟아내고 있다.

그렇다면 이 대전환의 시대를 관통하는 공통 물음은 무엇인가. 인류가 풀어야 할 난제, 아포리아aporia*는 무엇인가. 이것은 역사 전환의 방향이 무엇인지 묻는 것이다. 난제는 그 현황만을 분석해서는 풀 수 없다.[2] 난제를 풀기 위해서는 시대를 부분적으로만 고찰해서는 안 된다. 통합적으로 시대를 읽는 노력이 필요하다. 정치, 경제, 사회, 문화, 심리 등 분야마다 전문화된 인식체계만으로는 부족하다. 전문적 식견은 문명 전환의 한 측면만 설명할 수 있다. 전문가는 자신이 속한 분야의 추세를 통해 전환의 의미를 파악할 뿐이다. 시대 전환과 변동이 지닌 모든 의미를 정확하게 짚어내지 못한다. 오로지 종합적이고 입체적인 진단만이 부분적 식견의 한계를 뛰어넘어 문명 전환의 전모를 파악할 수 있다. 인류의 미래가 향하고 있는 방향을 바르고 합리적으로 설명할 수 있다. 한 개인이나 민족, 국가의 관점을 넘어 인류라는 관점에서 시대를 읽고 통찰할 수 있다.

인류의 관점에서 보면 발전론적 세계관은 한계가 분명하다. 인간의 이성을 토대로 문명과 역사가 더 완전하게 진보해왔다고 믿는 진보주의에 입각하기 때문이다. 인류 미래를 유토피아적 관점으로 일원화하는 것은 시대착오적인 오류가 아닐 수 없다.[3] 유물사관을 토대로 빈자貧者의 낙원을 만든다는 목적을 앞세워 오늘을 희생하도록 강요해서도 안 된다. 그것은 미래가 현재의 삶을 강제하고 압도하는 비인간적이고 비인격적인 유토피아론이다. 마찬가지로 역사 변동을 자연의 유전과 같이 탄생과 사멸이 반복하는 순환 운동 과정으로만 설명하는 것도 옳지 않다. 그것은 카산드라의 종말론적 예언과 다르지 않다. 단선적 역사관들은 독단적 편견에 머물 뿐이다.[4]

역사는 선이 이어지듯 상승하는 발전 궤도만 그리지 않는다. 윤회하듯 반복하면서 순환하는 것도 아니다. 그렇다고 상승도 반복도 일어나지 않는 나선의 무의미한 운동도 아니다. 역사의 과정은 진보와 퇴보, 상승과 하강, 생성과 소멸이 뒤섞여 이루어진다. 역사는 정신과 물질, 잠재적인 것과 현현하는 것 사이의 서로 다른 지향들이 복잡하게 얽혀 교호交互하면서 만들어진다. 수많은 이질적인 지향과 힘의 복잡한 교호 과정을 반복하면서 되돌릴 수 없게 끊임없이 변화한다. 그러므로 역사의 방향을 단순하게 도식화하는 것은 불가능하다.

현대문명의 모든 분야에는 공통적이고 보편적인 경향이 있다. 이율배반적이고 모순적인 힘들은 정치, 경제, 사회, 문화 등 거의 모든 분야에서 공통으로 발견되는 현상이다. 생과 사, 전진과 후퇴, 비약과 소멸 등 서로 다른 힘들이 복잡하게 얽혀 상승相乘관계*를 진행하면서 동시에 상반 운동을 일으킨다. 이때 상승관계는 계기적이며 가속적이다. 역사와 문명이 고정되지 않고 변화무쌍한 것은 이러한 복합적인 상승적 상반 운동 때문이다. 그러므로 오늘은 과거의 마지막 날이자 미래의 첫날이다. 오늘은 오늘이며, 결코 어제나 내일이 아니다.

과거 역사와 미래의 이상은 분명 다르다. 하지만 이 둘은 서로에게 영향을 주고받으며 교호한다. 어제와 내일은 같으면서 다르고, 다르면서 같다. 그런 의미에서 오늘이라는 시간은 가장 절망적이면서도 가장 희망적이다. 인류는 자신이 이룩한 현실 위에 스스로 나아갈 길을 끊임없이 모색하면서 살아왔다. 주어진 존재와 당위적인 존재* 사이를 오가며 인류의 길을 찾았다. 때로는 선한 방향으로, 때로는 악한 방향으로, 또 때로는 동시에 두 개의 방향으로 사유하면서.

현재 인류는 역사상 가장 살기 좋은 행복한 시대를 향유하고 있다. 그런데 이러한 여건과 더불어 그 어느 시대보다 큰 불안과 공포를 느끼며 살아간다. 극단적인 모순이 지배하는 안티노미antinomie* 현상이 심화한다. 우리는 날마다 이러한 모순된 현실을 일상으로 체험하면서 살아간다.[5]

과학의 발달은 거대한 역설을 낳았다. 과학이 발달해도 행복의 시대는 오지 않았다. 오히려 인간은 과학기술문명의 노예가 되어가고 있다. 자율성을 잃고 기계화되어갔다. 획일적인 목표와 계산 속에서 조직된 채 살아가는 로봇 같은 존재로 변해갔다. 자신이 만든 사회로부터도 소외되는 역설적 상황이 펼쳐진 것이다. 그러니 사람들이 과거보다 더 불행하다고 느끼는 것은 어쩌면 당연한 일이다.

과학은 인간에게 '프로메테우스의 불'과 같은 축복을 선사했다. 오늘날 선진국 중산층이 영위하는 삶은 봉건 시대 군주보다 풍요롭다. 하지만 과학은 인간에게 축복과 재앙을 품은 '판도라의 상자'를 함께 주었다. 과학의 원리를 따름으로써 삶은 합리화했으나 지금 우리는 과거보다 더 큰 공허감과 좌절감 속에서 살아간다. 합리화된 과학 원리를 지킬수록 인간의 가치가 사라지는 인간 부재의 모순 상황이 생겨났다.[6]

인간은 기술 발전이 삶을 풍요롭게 하는 소비 미덕 사회를 기대했다. 하지만 현실은 반대였다. 인간이 개발한 기술의 힘이 인간을 밀어냈다. 인간은 자신이 만든 사회로부터도 추방당하고 있다. 어찌 된 일인가.

기술이 발전하면서 이제 기계가 사람의 노동을 대신한다. 인간의 기술력은 좁게는 원자구조, 넓게는 우주에 이르기까지 거의 모든 것을 이용할 수 있을 정도로 발달했다. 그러나 인간은 여전히, 오히려 과거보다 더 불만족스러운 삶을 살고 있다. 인류가 꿈꿔온 이상 세계는 건설되지 않았다.

풍요로움이 사람의 마음을 넉넉하게 만들어주지는 못했다. 살기 좋을 줄만 알았던 세상은 점점 더 각박하게 변해갔다. 불신에 가득차 갈등하고 반목하는 일이 끊이지 않았다. 폭력과 약탈이 난무했다. 중상과 모략이 만연했다. 전쟁이 사라지지 않았다. 거대한 혼란이 증폭될 뿐이다. 이러한 이율배반 현상은 왜 생겨난 것일까.

부익부 빈익빈 현상을 지속적으로 만들어냈다. 계층 간 대립도 심화했다. 환경 차이에서 오는 세대 간 대립도 더 커졌다. 적도를 경계로 남과 북의 생활 격차도 크게 벌어졌다. 세계 전체가 적대심과 증오감에 휩싸여가고 있다. 공통성을 상실한 사람들 사이에는 이질감이 크게 자리잡았다.

교육이 널리 보급될수록 인간은 더 완전해지고, 더 선하고 가치 있는, 더 보람 있는 삶을 살아야 마땅하리라. 하지만 현실은 그렇지 못했다. 교육의 기회는 늘어났어도 인간이 다른 인간을 해하는 마음은 사라지지 않았다. 잔혹한 범죄는 과거보다 더 늘어났다. 왜 그런 것일까.

일반적으로 지식의 총화는 십 년마다 배가된다고 한다. 그러나 지식이 확대된 만큼 우리 모두가 지혜를 갖춘 지혜인智慧人이 된 것은 아니다. 아이러니는 이뿐이 아니다. 지식이 그릇된 목적과 행동에 도구로 활용되는 일도 잦다. 현대인은 과거보다 더 많이 배웠으나 과거보다 더 어질고 선한 존재가 된 것은 아니다. 오히려 배울수록 더 이기적이고 계산적이고 개인주의적 성품을 가지게 되었다. 지식을 개인의 이익 추구에, 그것도 잘못된 방식으로 이용하는 일이 늘어간다. 슬픈 일이 아닐 수 없다.

사회를 과학화하고 합리화했어도 세상을 천국으로 만들지는 못했다. 삶이 효율성을 기반으로 체계화됐지만, 과거보다 더 밝아진 것은 아니다. 인간다운 삶을 위해 세계를 합리적으로 조직화하는 것을 당연하게 여겼다. 인간 부재라는 심각한 문제를 초래했다. 세상 모든 것이 물질적으로 측정되고 계산되어 숫자로만 표시되는 사회로 변해가고 있다. 어찌 된 일일까.

물자를 최대한 생산하고 소비하는 사회, 능률을 극대화하는 사회, 그것은 이미 우리 사회가 물질의 왕국이 되었다는 것을 보여준다. 물질의 왕국이란 인간의 이성을 근간으로 하는 차원 높은 정신 작용을 요구하지 않는다. 그저 계산적 명령에 따라 움직이는 기계적인 세계다. 사람들은 정신 가치를 탐구할 필요가 없다. 오로지 육체적, 물질적 쾌락만 좇으면 그만이다. 이는 결국 자유의지를 상실한 채 외부적 요인에 휘둘리는 외부 지향적 인간사회로 인류문명을 후퇴시킨다.

종교는 어떠한가. 종교가 널리 퍼졌지만 인간 마음은 오히려 종교와 멀어졌다. 종교적 지혜로 정신을 맑게 해 이웃과 화합하고 경건한 마음으로 내세를 준비하는 마음 운동은 일어나지 않았다. 인간은 마음을 상실한 채 부도덕한 일을 무감각하게 받아들이고 실행한다. 자신만을 위한 이기적인 쾌락에 젖어 살아간다. 왜 그러한가.

더욱이 오늘날에는 매스컴 덕분에 종교 전파 운동이 나날이 확대되고 있다. 빌리 그레이엄B. Graham의 전도 운동 크루세이드Crusade를 보라. 날마다 많은 곳에서 얼마나 많은 새로운 교회가 지어지고 있는가. 사람들은 달라지지 않았다. 이기적이고 세속적인 욕망에 사로잡혀 인간적 윤리마저 상실해가고 있다.

이 모든 일이 우리에게 말해주는 것은 무엇인가. 우리가 생각하고 살아가는 방식에 대해 근본적으로 다시 성찰해야 한다고 말해주고 있지 않은가. 물음의 해답을 찾기 위해서는 현대세계를 더 깊이 이해할 필요가 있다. 앞서 말한 안티노미* 사상을 좀 더 구체적으로 정리해 보는 것도 필요하다.

서구 지성계는 아주 오래전부터 근대 문명을 비평해왔다. 19세기 아놀드M. Arnold와 버틀러S. l Butler로 대표되는 문명비평가에서부터, 1차 세계대전 후의 슈펭글러O. Spengler, 토인비A. Toynbee 같은 역사가, 철학자 하이데거M. Heidegger와 야스퍼스K. Jaspers, 사회비평가 소로킨P. Sorokin, 오르테가 이 가세트J. O. y Gasset 등에 이르기까지, 깊고 넓고 빛나는 문명 비평이 존재한다. 이처럼 20세기의 주류 비평은 문명비판이라고 해도 과언이 아니다. '서구의 몰락'이라는 주제와 함께 인류사적 종말이라는 난제들이 오늘날 지성계를 관통하고 있다.

서구 문명의 몰락을 알리는 징후들을 일일이 열거하는 것은 무의미하다. 여기서는 문명 비평의 주장과 쟁점들을 개관하려 한다. 특히, 서구 특유의 분석적, 귀납적 접근법이 아닌 동양 문화 고유의 직관, 종합적 안목을 통해 문명 비평사를 재정리할 것이다. 그렇다고 새삼 동서양의 사고방식이 어떻게 다른지 열거하려는 것은 아니다. 키플링R. Kipling이나 노스럽F. S. C. Nothrop이 주장했듯 동서양을 대립적으로 구분하는 선입관은 피해야 한다. 이 말은 동양적 접근방식이 우월하다는 주장이 아니다.[7] 지금은 동서양의 차이점과 공통점을 인류라는 관점에서 다시 읽고 지양止揚해야 할 때다.

동양적인 종합적 사유가 필요하다고 주장하는 데는 몇 가지 이유가 있다. 이제까지 현대문명에 대한 사유는 귀납적이고 분석적인 경향이 지배적이었다. 세계에 대한 이해가 대부분 단편적이고 부분적으로 흘러 편향된 논리다. 인류의 관점에서 현대문명을 효율적으로 성찰하기 위해서는 다른 방식이 요구된다. 연역적이고 종합적이며 입체적인 통찰이 필요하다. 근대 산업문명이 서구에서 시작해 동쪽으로 향했다고 하는 이른바 동진東進 과정을 생각해 봐도 종합적 사유는 반드시 필요하다. 서구적 사유 방식만 고집하는 것은 객관성을 잃는 것이다. 동양이라는 사유의 위치를 다시 세우는 것은 문명 비평에 이점이 많다. 서구와 다른 면에서 초월적 감각으로 문제를 보고 사유할 수 있다. 전체 인류 역사와 문명을 종합적으로 성찰할 수 있다.

이러한 맥락에서 종합적, 입체적, 직관적 접근 방법을 통해 현대문명을 진단하는 것은 특별한 의미를 지닌다. 지금 우리가 사는 세계는 가장 풍요하면서도 빈곤하다. 합리적 목적을 추구하지만, 극도로 불합리하다. 평화를 원하면서 전쟁을 일삼는다. 현대문명이 가진 이러한 자가당착은 결국 인간 자신을 희생하도록 만든다. 눈에 보이는 문제들만 병폐가 아니다. 공해, 사고, 인구 폭발, 자원 고갈, 식량 부족, 전쟁, 빈부 격차는 중요한 문제다. 눈에 보이지 않는 심층적 근원에 잠재해 있는 문명 문제도 주의를 기울여야 한다. 인간 상호 간 불신과 소외 현상을 성찰해야 한다. 이를 반대할 학자는 없을 것이다.

문명이 발달했으나 인간의 정신은 병들어 죽어가고 있다. 현란한 물질문명에 젖어 인간은 자기 자신마저 상실했다. 인간의 가치와 존엄성이 무너졌다. 물질적 척도로 인간의 가치를 계량화하는 비인간적 세계다. 이러한 문명의 실상을 마주한 인류는 고뇌한다. 사회적으로는 경제생활을, 국가적으로는 전쟁의 공포를 고민한다. 정신적으로는 문명에 쫓겨 불안하게 살아가는 인류를 고뇌한다.

아포리아의 해답을 찾기 위해 문명을 통찰해야 한다. 인간 정신세계의 심층에 자리한 것이 무엇이고, 그것의 원인과 결과, 그 요인이 무엇인지 입체적으로 파악해야 한다. 이를 위해 다음 장에서는 물질주의를 비판하는 지성계의 논의를 살펴보려 한다. 지성계는 대체로 '물질적 영향이 인간의 행동을 근본적으로 변화시켰다.'고 주장한 볼딩K. E. Boulding의 논리에 수긍하는 입장이다. 이제 이들의 논의를 토대로 현대문명이 어떻게 이치를 거슬러 역행하고 있는지, 문명의 역리현상逆理現象을 고찰해보자.

2

과학기술의 발달은
인류세계에 기여하고 있는가?

물질적으로 풍요해도 정신은 빈곤한 시대다. 기계와 능률을 중시하고 인간 존재를 무시하는 시대. 전통적인 문화를 경시하면서 정신적 고뇌와 불안이 가득 찬 시대. 가능하다면 무엇이든 개발하고 생산하는 시대. 과학, 기술, 문명, 제도, 조직이 인간을 소외시키며 자기증식하는 시대. 되도록 많은 물자를 생산하고 소비하며 능률을 최대화하는 것에 열광하는 시대. 그러한 가치가 지배하는 시대. 신과 이성을 거부했으나 새로 가치체계를 확립하지 못한 시대. 인간이 기계와 문명을 창조하고는 그것의 명령에 복종하고 봉사하는 시대다.

인간은 과학기술이 발달하면 노동으로부터 해방될 것이라 믿었다. 기술이 발전해 생산이 자동화되면 필요한 모든 물질적 자원을 얻게 된다고 생각했다. 모두가 저절로 혜택을 누리는 세계가 되리라 믿었다. 천국의 문이 열릴 것이라 믿고 달려왔다. 그러나 과학기술의 자기증식은 역설적으로 인간을 소외시키고 인간들이 서로를 불신하도록 만들고 있다. 모든 것이 급진적으로 변화하면서, 우리가 옳다고 믿고 따르던 모든 가설이 흔들렸다. 이제 현대인이 느끼는 감정은 허무감이 전부다.

현대문명을 가속하는 것은 무엇인가. 간단히 답하기 어렵다. 복잡한 변동 요인들이 그 안에 존재한다. 우리가 사는 세계는 헤아릴 수 없이 많은, 서로 다른 지향과 힘들이 얽혀 상승相乘*하면서 교호한다. 수많은 변동 요인들이 시간[時], 공간[空], 위치[位], 주관과 객관의 요청, 이 네 차원에서 상호 영향을 주고받으면서 발전해왔다.

놀랍도록 발전한 과학기술이 현대문명을 변동시킨 주요 원인이라는 것은 부인할 수 없다. 그것은 객관적 사실이다. 고대사회는 문명 변동의 요인이 주로 지리, 기후와 같은 자연환경이었다. 근세 초기에는 새롭게 출현한 사상이나 종교 운동이 문화 변동을 일으켰다. 현대는 이러한 비非유기적, 유기적 요인들보다 급속도로 발전한 과학기술이 다른 모든 분야에 영향을 주면서 변화를 추동한다. 과학기술이야말로 변동의 가장 중요한 촉매 역할을 한다. 과학과 기술의 시대가 온 것이다.

원래 과학과 기술은 선도 아니고 악도 아니다. 과학기술은 인간이 창조한 피조물이다. 과학기술의 가치는 인간의 행복을 증진하는 데 이용할 수 있는가, 없는가에 달려 있다. 과학은 자연계의 원리와 법칙을 이해하기 위해, 기술은 그 원리를 실제 현실에서 활용하기 위해 존재한다. 과학과 기술은 불가분의 관계다. 인간은 이 둘을 결합해 다양한 문명의 이기를 만들어낼 수 있었다.

문화, 사상, 과학, 기술이 발달하면서 인간이 자연의 힘을 개발하고 이용하는 능력 또한 크게 증대했다. 의식주, 교통, 통신, 문화생활 등 삶의 모든 영역이 풍요로워졌다. 과학기술 혁명은 삶 전반에 근본적이고 질적인 전환을 가져왔다. 새로운 에너지가 개발되고 노동 수단의 자동화가 이루어졌다. 고분자 화학을 통해 새로운 원료를 개발했다. 이 모든 복잡한 과정을 컴퓨터 정보처리 기술로 체계화했다. 이런 추세가 지속된다면 앞으로는 더 놀라운 문명이 전개될 것이다. 인공적 광합성에 의한 식품, 인체의 각종 인공 장기, 극저온화학, 극초음속항공기HST, 컴퓨터 백과사전, 인간 복제 등. 지금은[1970년대] 상상할 수 없는 놀라운 세계를 전망해 볼 수 있다.[8]

후진사회는 사정이 다르다. 과학기술의 발달 정도는 국가 간 격차가 크게 벌어져 있다. 그렇지만 인류는 이미 하나로 연결되어 있다. 새롭게 개발된 과학기술이 세계 전역으로 파급되는 일이 가능한 것이다. 자동차, 비행기, 라디오, TV 등 수많은 전자제품과 석유화학제품이 아프리카 대륙의 오지에서도 사용되고 있다.

지금처럼 과학기술이 계속 발전하면 상품 생산의 한계는 머지않아 사라지게 될 것이다. 이미 소비 미덕 사회는 선진사회만의 특징이 아니다. 벨D. Bell은 미국 사회를 예로 들어 후기산업사회에 대해 이야기한다. 앞으로 세계 모든 나라가 사고 – 쓰고 – 버리는 소비 행위를 덕목으로 여기는 소비사회에 진입한다.[9]

모든 올바른 사유가 그렇듯 지금 이 문명의 변화를 긍정적으로만 보아서는 안 된다. 부정적 면도 함께 보는 밝은 눈을 가져야 한다. 과학기술 발달이 인류에게는 축복이면서 재앙이 될 수 있다. 한편으로는 물질의 양적 풍요를 누리게 되었으나, 다른 한편으로는 대기오염, 수질오염, 소음공해, 환경파괴, 인구 폭발, 식량 부족, 정신공해, 정보공해 등 인간의 생존을 위협하는 환경이 만들어졌다. 자원 고갈 문제를 보라. 지구 자원이 무한하다고 전제했던 경제 성장론은 한계가 여실히 드러나고 있다.[10]

자원 고갈에 대한 예상은 1970년부터 시작됐다. 그때부터 이미 망간은 물론 보크사이트, 납, 아연, 주석, 철 등 인류문명을 발전시켜온 자원이 지구에서 고갈되고 있다고 보고되고 있다.[11] 석유 추출 기술을 더 개발해도 앞으로 수백 년 동안 발전을 지속할 정도로 넉넉한 양을 제공하지 못한다. 이런 추세라면 지금까지는 무한한 것으로 생각했던 공기와 물도 고갈되고 말 것이다. 『유토피아냐, 죽음이냐?』를 쓴 프랑스 농업경제학자인 뒤몽R. Dumont이 말한 대로, 앞으로 지구는 하나의 생물처럼 죽음을 맞게 될지 모른다.[12]

핵무기를 무제한 개발하는 것도 인류 전체를 죽음으로 내몰 수 있다. 냉전 시대 미·소 양국이 개발한 핵폭탄 중 일부가 터져도 세계 전체가 공멸할 수 있다. 이런 위험 속에서 군비 경쟁은 계속되고 있다. 1971년 미국 군축관리국 발표만 봐도 세계의 연간 군사비 총계가 교육비와 공중위생비의 합계를 이미 능가했다.[13] 과학기술이 생명을 위한 것인지, 죽음을 위한 것인지 분간할 수 없는 지경이다. 다시 야만의 시대가 오고 있는 것인가.[14]

이처럼 이치를 거스르는 문명의 역설들은 그나마 눈으로 볼 수나 있다. 진짜 무서운 위협은 전도된 인간과 과학기술 사이의 관계다. 이것이 가려져 있다. 인간은 분명 창조자로서 과학기술을 발전시킨 주역이지만, 지금 인간은 자신이 만든 과학기술에 지배당하고 있다. 과학기술이 인간 의지를 파괴하고 통제하는 사회가 된 것이다. 이처럼 가치가 뒤집힌 세상은 소설 『프랑켄슈타인의 괴물』에도 그려져 있다. 인간이 자신이 만든 존재로부터 도전받고 쫓기는, 주객이 전도된 세상이다. 심지어 최근의 TV쇼를 보면, 주인공이 인간이 아니라 정밀한 기계가 등장하기도 한다. 이는 인류문명의 영웅적 주체가 인간이 아니라 기계라고 말하는 것이 아닌가. 인간이 그런 세상에 순응하고 있음을 역설하는 것이 아닐까. 현대인은 인간과 기계의 위치가 뒤바뀐 세상에서, 심지어 그것을 느낄 수 있는 감각도 상실한 채 살아가고 있다.

거대한 공장의 시스템을 보라. 인간과 기계의 위치가 어떻게 뒤바뀌었는지 분명하게 알 수 있다. 공장 기계 앞에서 노동하는 인간의 모습은 무력하고 초라하다. 인간의 노동이 기계의 움직임에 맞춰 적응한 것 이상도 이하도 아닌 상태다. 인간이 기계를 지배하는 것이 아니다. 기계가 인간의 움직임을 제어한다. 인간이 기계의 부분품이 된 것이다. 예컨대, 포드 자동차 공장의 조립 생산 라인이 대표적이다. 그곳에서 인간이 수행하고 있는 작업이 무엇인지 보라. 더 무서운 진실은 이제 인간은 육체뿐 아니라 사고방식마저 기계화되어가고 있다는 사실이다. (그러나 르네상스 시대의 대학사·과학사·기술사를 보면, 적어도 과학을 뜻하는 science라는 말이 출현하기 전까지는 인간의 지식은 사회적 효능 면에서 예술화시킨 교양예술 liberal art을 의미했다. 기술은 이용의 목적을 예술화시킨 기계예술 mechanical art이다.)

기계문명 사회에서 첫 번째 가치는 능률의 최대화다. 능률이 다른 모든 것을 희생시킨다. 그 점에서 능률의 가치는 절대적이다. 이제 더이상 인정人情은 최고 덕목이 아니다. 전통적으로 동양에서는 유교의 어짊, 의로움, 예의, 지혜, 믿음[仁義禮智信]을 사람의 도리로 여겼다. 서구에서도 지혜와 어짊과 용기가 행동 윤리였다. 기독교는 믿음·소망·사랑을 중시했다. 하지만 현대사회는 오직 능률이 인간의 가치를 결정한다. 인간의 가치는 얼마나 일을 효율적으로 수행할 수 있는가에 따라 기계적으로 측정되고 판단된다. 능률이 최고 가치가 되어버린 사회다. 그런 사회에서 성공한다는 것은 사실상 인정에 휘둘리지 않는 기계적 인간이 된다는 것이다. 그야말로 감정이 메마른 사막 같은 세상이다.

기계문명의 두 번째 가치는 생산의 최대화다. 무엇을 왜 생산하는가

하는 문제는 부차적이다. 생산에 관한 가치 철학도 필요 없다. 어떤 물자든 최대한 많이 생산하는 것이 최고 가치다. 생산이 수단이 되어야 하지만 오늘날 기계문명 사회는 목적 없는 생산을 끊임없이 강요한다. 이윤 추구를 최대 목표로 하는 자본주의 사회만의 문제가 아니다. 공산주의와 사회주의 체제에서도 공통으로 발견되는 현상이다. 개발도상국이라고 예외가 아니다. 세계 모든 나라가 한목소리로 말하지 않는가. "생산하라! 생산하라! 그리고 또 생산하라!" 사람들은 생산지표, 국민총생산, 성장률과 같은 경제지표가 인간의 행복 지수라고 착각한다. 신문의 주요지면을 차지하는 기사 대부분이 이러한 내용으로 채워져 있다.

물자를 많이 생산할수록 행복도 커진다는 생각은 단순한 가상에 불과하다. 그것은 인간을 '일차원적 소비인 Homo consumenus'으로 만드는 것이다. 그것은 인간사회가 아니라 기계사회의 가치 기준일 뿐이다. 물품을 많이 소비할수록 행복이 커진다면 왜 부유한 나라의 부유한 사람 중 현대문명을 거부하는 사람이 생겨나는가. 부유한데도 반체제적 삶을 선택하는 이가 왜 있겠는가.

물자 생산을 최대화하는 것을 가치로 보는 사회는 지구를 파괴한다. 생산을 위해 자원을 고갈시키고 소진하도록 만든다. 자원 고갈이 자원전쟁을 가져올 것이라는 예상도 가능하다. 인간들은 성장의 한계를 인정하지 않는다. 최대한 생산하려고만 든다. 이는 기계적 사고방식에 불과하다. 풍요 속 빈곤이라는 문명의 이율배반은 바로 이러한 인간의 무지 때문에 생겨난다.

기계문명의 세 번째 가치는 개발의 최대화다. 우리는 개발이 곧 발전을 의미하는 개발 중심 시대에 살고 있다. 스스로 가치판단도 하지 않는다. 새로운 아이디어라면 무조건 그것이 무엇이 되었든 개발하려 든다. 만들 수 있는 것이라면 무엇이든 만들고 보는 것이다. 비록 인류를 학살하는 가공할 무기라 하더라도. 그러한 자신의 행동을 정당화한다. 과거 영국과 미국 과학자들이 독일 나치의 위협에 대항하기 위해 원자폭탄을 제조한다고 합리화했던 것도 같은 맥락이다.[15] 미국 33대 대통령 트루먼H. S. Truman도 일본 히로시마와 나가사키에 원자폭탄을 투하하면서 전쟁을 끝내고 미국인의 인명을 구한다는 명분을 내세웠다. 1, 2차 세계대전 동안 전장과 후방을 아울러 수천만 명이 전사했다. 무수한 시체가 쌓여 산을 이루었다.

인간을 기계화하며 사고의 가치 기준마저 기계화하는 세계란 도대체 어떤 세상인가. 우리에게 닥친 이 새롭고도 심각한, 비인간적이며 몰가치한 세계의 문제들을 어떻게 풀어야 할까. 생산과 능률의 최대화를 숭배하고 절대시하는 가치관, 가능하다면 무엇이든 개발하고 생산하려는 가치 없는 추구, 그런 사회에서는 인간이 이성적으로 각성할 수 없다. 목적에 합치하는 가치를 추구하는 데 실패할 수밖에 없다. 비인격적인 기계가 자기 자신과 같은 구조를 계속해서 만들어내는 자기증식의 시대가 열린 것이다. 이런 세계에 순응하는 한 인간이란 존재는 무능하고 무가치하다. 바로 이 순간에도 인간과 사회의 기계화는 계속되고 있다.

의식주의 모든 생활이 기계의 획일성에 따라 표준화된 세계는 인간의 개성을 기대할 수 없다. 같은 음식을 먹고, 같은 텔레비전 프로그램을 보고, 같은 교통수단을 이용하고, 같은 종류의 일을 기계적으로 반복할 뿐이다. 결국 우리 모두 개성을 상실하고 만다. 개성 없는 익명 상태가 된다. 무명성無名性, 그것은 기술 노예machine slave가 지닌 공통된 특징이다.[16] 이제 인류는 인간이 기술화된 세계에 진입했다.

현대사회에서 인간은 총체성을 잃고 분자화된다. 인간으로서 마땅히 가져야 할 개성도 상실한다. 몰개성 상태에 놓인다. 그 때문에 현대인은 날마다 불안을 경험한다. 우리가 어디에서 와서 어디로 가는지 알지 못한다. 그저 시간에 쫓기고 기계에 쫓겨 살아간다. 인간을 통제하는 사회는 누구나 항시 불쾌감과 공허감과 절망감을 어렴풋이 느끼며 살아갈 수밖에 없다.[17]

프롬 E. Fromm은 『희망의 혁명』에서 이러한 감정을 현대에 나타난 새로운 유령이라고 기술한다.

> "유령이 우리 안에 얼굴을 쳐들고 돌아다니고 있다. 그러나 그것을 뚜렷하게 보고 있는 사람은 극히 소수에 불과하다. 그것은 지난날의 공산주의나 파시즘의 망령이 아니다. 새로운 망령이다. 그것은 완전히 기계화되고, 최대한으로 물자를 생산하고 소비하는 일에 집중하고 컴퓨터로부터 지시를 받는 사회다. 이러한 사회과정에서는 인간 자신은 기계라는 전체의 한 부분이 되어가고 있다. 충분한 음식물과 오락이 주어졌으나 수동적이며, 생명다움을 상실한다. 감정도 고갈된다. 이 새로운 사회의 승리와 더불어 개인주의와 사생활은 소멸하고 말 것이다."[18]

미국의 법사회학자 리스먼 D. Riesman의 명저 『고독한 군중 *The Lonely Crowd*』은 이런 현대 대중인 mass man의 모습을 잘 포착했다. 그에 의하면 대량 생산과 소비, 교통수단과 미디어의 발달 속에서 현대인은 자아를 상실해가고 있다. 리스먼은 근대화를 이끈 존재가 전통적인 가치와 도덕을 내면화한 내부지향형 inner-directed 인간이라고 규정한다. 현대 군중은 이러한 가치와 도덕을 상실한 채 외부의 추세만을 수동적으로 좇아가는 존재다. 그 점에서 그들은 타자의 명령에 지배당하는 외부지향형 otherdirected 인간이다. 현대의 이런 모습은 인간이 더이상 이성적 각성과 의식적 노력 속에서 목표를 세우고 실현하는 자율적 존재가 아니라는 것을 말해준다. 매스컴의 감시와 설득에 따라 타율적으로 움직이는 전파탐지형 radar type 인간에 불과하다. 리스먼이 지적했듯 군중이 된 현대인은 타인이 하는 행동을 수동적으로 따라 하는, 자아를 상실한 인간이다.[19]

기업은 광고비로 막대한 자금을 지출한다. 사람들은 유행이 조금만 지나도 물건을 폐품 취급하는 소비인人이 되고 만다. 이런 소비 현상을 비판하는 목소리도 많다. 가령 패커드V. Packard는 『폐품생산자 *The Waste Makers*』라는 명저에서 미국의 생산업자들을 조소한 바 있다.[20] 그에 의하면, 광고란 숨은 설득자hidden persuaders다. 대중의 무의식에까지 스며들어 조종하는 힘을 지니고 있다. 우리는 깨달아야 한다. 소비 천국이 인간에게 행복감을 주지는 않는다는 것을. 오히려 불만감이 더 커질 뿐이라는 것을.

과학기술문명은 인간을 경시한다. 신과 이성을 모두 거부한다. 기계 가치만 중시한다. 인간 가치를 인정하지 않는다. 그야말로 주객이 전도된 상황이다. 무엇보다 더 불쾌한 진실은 인간이 자신이 만든 체제를 통제할 수 있는 지배력을 상실했다는 점이다. 인간은 컴퓨터가 계산한 결정을 그대로 실행하기만 할 뿐이다. 의지적 노력 없이 컴퓨터가 계획해준 대로 행하는 것이다. 물자를 최대한 생산하고 소비하는 것을 제외하고는 어떠한 목표도 세우지 않는다. 인간이 생각할 필요가 없는 사회가 된 것이다. 컴퓨터가 절대군주처럼 군림하고, 인간은 이를 신봉하고 맹종한다. 컴퓨터가 계산한 것은 무조건 옳다고 믿는 이런 사회가 지속되면 어떻게 될까. 아마 언젠가는 인간의 소망은 생각하지 않고 컴퓨터가 명령하면 무턱대고 전쟁도 일으키게 되리라.

사람은 지금까지 인간을 노동으로부터 해방하기 위해 노력해왔다. 기술의 진보와 기계의 발달을 주도했다. 그런 인간이 진보와 기계의 노예가 되어가고 있다. 이는 지성을 가진 사람이라면 누구든 느끼는 현대 문명의 모순이다. 사이크스G. Sykes는 현대문명의 자가당착을 이렇게 개탄했다. "사람은 처음에 과학기술의 도움을 받으려 했으나 지금은 오히려 그것으로부터 삶을 구원해 달라고 요청하며 몸부림친다." 미국의 작가 메일러N. Mailer도 인간이 자신의 피조물에게 육체뿐 아니라 영혼까지 빼앗긴 상황이라고 한탄했다. 프랑스의 역사가 엘륄J. Ellul은 인간이 하느님의 형상대로 만들어진 것이 아니라 기계의 모습으로 다시 만들어지고 있다고 비판했다.[21] 문명비평가 멈퍼드L. Mumford 역시 현대문명을 기관사도 브레이크도 없이 달리는 기차에 비유했다.[22] 토플러A. Toffler가 주장한 미래 충격이 현대문명에서 연속적으로 일어나고 있다.[23]

게오르규C. V. Gheoghiu는 2차 세계대전 직후 서구 문명을 25시라고 진단했다. 25시란 인간을 구제할 수 있는 시간이 지나갔음을 의미한다. 현대문명이 최후에서도 한 시간이 더 지나버렸다는 것이다. 25시가 비단 서구에만 한정된 상황이겠는가. 그것은 이미 하나의 세계 현실이다. 현대인은 자유와 행복을 넘겨주고 부富를 샀다. 인간이 시간과 물질의 노예가 되어가는 과정이다. 현대 시민들은 보람 있는 삶을 추구하며 살려 하지 않는다. 일하면서 여흥을 즐기는, 안주하는 삶을 원한다.

이후 게오르규는 자신이 개념화한 '기계인간', '기술사회'에서 한 걸음 더 나아가 컴퓨터 사회를 예고했다. 모든 일을 인간 대신 컴퓨터가 처리하고 지배하는 컴퓨터크라시computercracy 사회를 경고했다. "숫자의 법칙에 따라 사회가 지배될 것이다. 숫자가 체포하고, 숫자가 선언하고, 숫자가 차압하고… 인간은 단지 하나의 숫자에 지나지 않는다."라고 탄식했다.[24] 게오르규가 말한 대로 컴퓨터크라시 사회는 인간을 구원하지 않는다. 파멸에 이르게 한다. 컴퓨터에 의존하는 사회는 희망보다는 더 깊은 절망으로 우리를 이끌어갈 것이다. 인간의 이름마저 숫자로 된 등록 코드가 대신하게 될 것이다. 인간의 모든 정보가 컴퓨터 코드로 등록되는 것이다. 인간의 행동을 감시하고 기록하는 사회. 그런 사회에서는 자유와 인권, 사생활을 기대할 수 없다. 인간의 모든 것이 완전히 약탈당하고 만다. 앞으로 인간사회는 과연 어떻게 변하게 될까.

그것은 인정도 없고 인간성도 결여한 각박하고 메마른 사회다. 사막 같이 윤기 없는 사회, 인간마저 물질로 취급되고 그 이상의 존재가 되지 못하는 사회, 이런 세상에서 인간은 행복할 수 있을까. 대체 이대로 간다면 인류의 미래는 어떻게 되는 것일까. 미래에는 지금보다 더 잘 먹고 더 잘 입게 되리라. 더 많은 육체적 욕망을 충족할 수 있을 것이다. 동시에 이성이 쇠퇴하고 감정이 메말라 갈 것이다. 인간이 기계로 전락한 사회가 우리의 미래가 될 수 있다. 그렇게 되면 예상하지 못했던 새로운 문제가 발생하리라. 18세기 철학자 라메트리J. O. de La Mettrie가 말한 '인간기계론L'Homme Machine'이 실현될 수 있다. 인간이 복잡한 자동장치를 가진 '느끼는 기계'에 불과한 존재로 취급받게 된다. 우려하지 않을 수 없다.

과학기술에 대한 맹신을 버려야 한다. 과학과 기술은 인간에게 행복과 불행을 동시에 주는 존재다. 이 명백한 이율배반적 모순을 보지 못하고 좋은 면이나 나쁜 면만 보고 찬양하거나 비난하는 것은 잘못된 행동이다. 현대인의 위험은 과학기술 사회의 이러한 양면성을 성찰하지 못한 데 있다. 맹목은 결국 현대문명을 파멸의 위기로 내몰아갈 것이다.

3

조직 속에서의 인간생활이 뜻하는 것

기술에 대한 현대인의 신앙은 과학의 원리를 인간사회에 적용하게 만든다. 사람들은 사회조직의 합리화가 갈등 해소와 작업 능률 향상에 도움을 준다고 생각한다. 그것이 사회 발전이라고 믿고 사회를 효율적으로 통제하고 조정하고자 한다. 현대사회가 관리화 사회로 변해온 이유다.

인간은 그동안 자유·평등·박애가 실현된 사회를 만들고자 했다. 계급과 인종 차별, 종교 박해, 인권 유린과 같은 불합리한 문제들을 바로잡고자 노력했다. 사람을 위한, 사람에 의한, 사람의 사회를 실현하고자 했다. 과학과 기술의 힘을 키우는 데 인간의 모든 힘을 집중시킨 것도 이러한 사회를 구현하기 위해서였다.

산업화는 직간접적으로 전통사회를 붕괴시키고 근대사회를 탄생시킨 원동력이다. 산업화가 진행되면서 인간사회 또한 합리화의 과정을 거쳤다. 쿨리 C. Cooley에 의하면, 전통사회는 원시집단primary groups이 지배적이다. 가족, 가문, 취락 등과 같이 자연발생적인 친근성을 기반으로 정의감과 단결성 같은 가치들이 강조된다. 변화가 더디고 정적이며, 느리게 발전하는 것이 특징이다. 전통사회는 사람 간의 근접성이 가치판단 기준이 될 때가 많았다. 친족 관계를 촌수로 계산하는 관습에서 잘 알 수 있다. 이러한 특징 때문에 사회활동이 불합리한 인습의 지배를 받는 경우가 흔하게 발생한다.(물론 전통사회를 단순히 불합리한 인습이 응집된 사회라고만 평가해서는 안 된다. 하지만 이것은 적어도 18세기 계몽주의의 합리화 운동 이후 서구에서 전통사회를 바라보는 지배적인 시선이었다.)

산업혁명의 영향으로 형성된 근대사회는 이차집단secondary groups에 의해 구성된다. 여기서 말하는 이차집단이란 혈연과 지연 중심의 자연 발생적 요인이 아닌 이익과 기능을 중심으로 새롭게 형성된 근대적 집단을 의미한다. 사회적으로 구성원들 사이에 형성되어온 사적 감정이나 친밀성이 약화한다. 법 통제력과 관료조직은 강화된다.

그런 의미에서 근대 산업사회는 관리가 잘된 조직사회다. 기업인 모임, 노동조합, 군대, 학원, 학회, 교회, 친목단체, 봉사단체 등 수많은 크고 작은 조직들이 둥근 고리처럼 사회를 조직한다. 이러한 종류의 자발적인 조직들은 선진사회에 더 많이 발견된다. 그런 사회에서 사회생활을 잘 영위한다는 것은 여러 조직에 가입해 그 일원으로 사는 것이다. 화이트W. H. Whyte가 말했듯 근대인은 그야말로 '조직인간the organization man'*이다.[25]

공산국가 사회도 형식은 다르지만, 양상은 자본주의 사회와 비슷하다. 원시집단이 파괴되고 이차집단이 형성되는 과정이 자연적이거나 자

---

* 화이트는 '조직인간'이라는 개념을 통해 조직을 위해서 살고 거기에 속하기를 갈망하는 인간형, 조직과 집단을 더 중시하는 전체주의 사회를 비판한다. '조직인간'은 미국 중산층 사회가 프로테스탄트 윤리를 바탕으로 구성되었으나, 개인주의를 숭배하면서 오히려 조직에 더 순응하고, 또 그것을 곤경으로도 생각하지 않는 인간으로 변한 것을 지적하는 용어다.

발적이지 않다는 점이 다를 뿐이다. 공산 사회의 이차집단은 권력 집단의 자의에 따라 강제적이고 인위적으로 만들어졌다. 공산 사회든 아니든 근대화된 사회가 과학적이고 합리적인 기술사회라고 믿었다는 점이 같다.

도시화와 교육화 운동 역시 근대 관리사회가 구성되는 데 큰 역할을 했다. 급속도로 진행된 도시화는 사람들을 지연과 혈연으로부터 분리하도록 만들었다. 배타적이고 예외적으로 주어졌던 교육의 기회가 보편화되었다. 신문, 라디오, TV, 강연, 강습과 같이 다양한 매체 수단이 개발되면서 교육의 일반화도 빠르게 진행되었다. 하나의 사고를 동시에 많은 사람에게 직접, 대량으로 호소하는 의사소통 체계가 가능해진다. 이를 토대로 사회는 더 능률적이고 조직적이며 생산적으로 변해갔다.

현대사회는 작은 하부조직을 무수히 거느린 거대한 시스템이다. 사회를 전체 목적을 위해 부분들을 움직이는 합리적인 시스템으로 재조직한다. 내부 기관들이 상호 관련성을 맺고 계속해서 움직이는 유기적 생명체처럼 작동한다. 이 기관들은, 이를테면 원료를 처리하고 생산하고 소비하는 소화기계통과 같은 서브시스템subsystem이다. 여기에는 생산품을 각 지방에 공급하는 혈관계통과 같은 교통조직망이 형성된다. 모든 정보를 민첩하게 전달하는 신경계통 같은 기능조직도 갖추어져 있다.

이 모든 계열 조직 중 어느 하나라도 병들면 안 된다. 병의 원인을 찾고 치료하지 않으면 다른 조직체계에도 영향을 준다. 부분의 실패는 사회 전체의 기능 이상으로 이어진다. 예컨대 영국의 석탄노조가 임금투쟁을 위해 파업하자 곧바로 전력 생산에 영향을 줬다. 나아가서는 생산업계 전체를 무력하게 만들어 사회를 마비시켰다.[26]

유기적으로 조직된 근대 관리사회의 핵심은 정부다. 전통사회는 정치가 체제 지배의 역할을 수행한다. 근대사회는 정치가 사회조직을 관리하는 역할을 한다. 정치가 서브시스템들 간 관계를 조정하고, 사회문제를 해결하기 위해 작동한다. 이를 위해 조직되지 않은 개인까지 동원한다. 경제와 문화의 발전을 주도하는 기능과 역할을 담당한다.

관리사회로서 현대사회는 모든 일에서 불합리한 낭비 요소들을 제거한다. 부분들이 협력해 공동의 목표를 지향하도록 철저히 관리한다. 사회 전 분야에서 빈틈없고 짜임새 있는 합리화가 구현된다. 조직의 구성 역시 치밀하기 그지없다. 라인 조직 원리와 스태프 구성법과 같은 조직 이론이 이를 잘 말해준다. 모든 조직이 기계와 같이 체계적으로 작동한다. 합리적이고 과학적인 사회가 지배한다. 조직의 능력이 우선시되는 '조직 시대'가 열린 것이다. 지식의 생산도 집단두뇌 think tank라는 이름으로 조직된다.

사회조직의 합리화 운동은 한계가 있다. 역기능과 부작용이 나타날 수밖에 없다. 현대사회는 조직을 합리화함으로써 능률을 최대한 끌어올린다. 흐트러짐이나 혼란 없이 과학적으로 사회를 조직한다. 사회 모든 조직을 제도화한다. 그 결과 기계와 같이 냉정한 메커니즘이 작동하게 된다. 여기서 제도란 '관행의 묶음 a cluster of usages'을 의미한다. 이 모든 현상은 이제 사회가 관행과 조직 원리에 따라 개인의 의사와는 무관하게 작동하는 조직체로 변해가고 있음을 말해준다. 더 나아가서 제도적으로 잘 짜인 조직체는 조직 스스로가 자기운동을 시작한다. 이처럼 조직체가 제도화하는 것에 이점이 없지 않다. 중요한 것은 이런 사회는 개인의 자유와 의지가 배제될 수밖에 없다는 점이다. 개성이 사라진 몰개성 사회로 변해간다.

사회 조직체를 거대한 메커니즘에 의해 제도화할수록 개인의 위치는 위축된다. 개인은 이름 없는 무명無名 상태로 존재한다. 대기업 조직사회를 떠올려보면 쉽게 이해가 갈 것이다. 특정 대기업은 가난한 나라의 국민총생산보다 많은 이익을 낸다. 이렇게 이익을 내기 위해 기업은 조직의 목적을 최우선으로 한다. 개인의 의미는 기업의 내부와 외부 어디에서도 뚜렷하지 않다.

이같이 사회조직의 능률화가 강화되면 사회 권력 단위로서 가장 큰 힘을 가진 정부 역시 더 철저하게 조직된다. 도슨C. Dawson이 말한 것처럼 조직사회는 치밀한 정밀기계처럼 정치화되고 관료화된다. 관료기구는 능률을 향상한다는 목적으로 조직의 합리화를 지속한다. 정치조직의 힘이 강화될수록 대중은 쉽게 조종된다. 근대 대중매체를 통해 대중의 생각을 조작하는 일이 쉬워진다. 관료주의와 기계주의가 발달할수록 인간 자신을 무기력한 존재로 만들어버리고 만다.[27]

과학기술을 정치권력이 마음대로 사용할 수 있게 되면 어떻게 될까. 국민의 잠재력을 여러 측면으로 계발하고 활용해 높은 성과를 낼 수 있지만 위험도 커진다. 정치공학 기술로 대중의 생각을 마음대로 조작할 수 있게 된다. 개인의 자유와 평등과 같은 민주주의의 전통 가치를 상실하게 만든다.

개인의 삶을 침해하는 감시사회를 토인비도 예견했다. 저서 『세계제국』에 그의 생각이 잘 그려져 있다. 2차 세계대전 후 발표된 조지 오웰G. Orwell의 명저 『1984년』도 같은 시각이다. 소설의 주인공들은 역사 사실을 왜곡하는 정부 부처인 진리성Ministry of Truth에서 일하다가 애인을 사랑했다는 이유로 사랑성Ministry of Love에 체포돼 고문을 당한다. 사랑성의 목적은 비밀경찰들이 국민이 서로 불신하고 증오하게 만들어 반정부 운동을 막는 것이다. 이는 전체주의 체제의 부정적 측면을 극대화해 보

여주는 상징적 장면이다.[28]

지식이 급격히 발달하면서 생겨난 문제도 무시할 수 없다. 지식의 전문화와 분화는 일반인이 지식에 접근하는 것을 어렵게 만든다. 소수 엘리트 집단만 과학적 도구를 이용함으로써 대중감시가 쉬워진다. 소련에는 오웰의 소설에서처럼 전체주의 사회가 여전히 진행 중이다. 탈스탈린화가 일어났으나 대중감시는 계속되고 있다. 솔제니친의 서구 망명 이후에도 체제를 반대하는 지성인에 대한 박해는 멈추지 않았다.

감시사회는 소련이나 공산국가의 특이 현상이 아니다. 1970년 미국 대통령선거에 과학기술과 정보기술을 동원해 상대 당의 계획을 도청했던 워터게이트 사건을 떠올려보라. 청교도 후예가 만든 민주국가인 미국이라고 해서 감시사회의 위험이 예외가 아니다. 어떤 체제든 전체주의가 지배하는 사회, 관리화와 합리화만 추종하는 사회는 언제든 감시사회로 전락할 수 있다.

사람들이 사회를 합리적으로 재편성하고자 했던 원래 목적은 무엇인가. 그것은 인간의 자유와 평등과 공영을 극대화하는 것이다. 사회가 합리화된 후 오히려 사람의 권위가 현저히 작아진 이유는 무엇인가. 사물이 극단으로 치우쳐 조화를 잃으면 안 된다. 사회 전체의 이익을 위한다는 추상적 명분이 아무리 좋아도 개인의 인권 신장과 반대되면 무의미하다.

무기력한 사람이 증가한 사회는 히틀러 같은 독재자를 또다시 태어나게 할 위험이 잠재되어 있다. 프롬이 말했듯 합리성을 명분으로 개인의 자유를 억압하는 사회는 무서운 결과를 초래한다. 사람들이 자유의 짐으로부터 도피하여 오히려 권력에 굴종하려는 마조히즘 성향masochistic perversion을 드러내고 만다. 권력은 이러한 대중의 성향을 악용해 사디즘

성향sadistic perversion으로 전도시킨다. 현대인은 자유를 잃고 지배당하게 된다.[29]

현대문명이 근원적인 자가당착에 빠지지 않도록 주시해야 한다. 관리화 사회는 우리를 일차원적인 인간으로 만들어버린다. 개인의 자유가 사라진 세계는 아무리 진보해도 의미가 없다. 인간을 배부르면 행복한 어린아이로 퇴행시킬 뿐이다.[30] 조직의 권위나 카리스마 있는 지도자에게 무조건 복종하는 사회는 무의미하고 무가치하다. 그런 사회에서 인간은 자기를 상실한다. 조직에 기생하듯 살아가는 자기상실형 조직인이 되고 만다.

4

자아를 상실한 현대인의 가치관

현대세계를 변혁시킨 정신의 힘은 무엇인가. 그것은 비렉 P. Viereck이 말한 가치혁명이다.[31] 가치혁명이란 사람의 마음에서 일어나는 정신혁명의 한 부분이다. 눈에 보이지는 않지만 이러한 마음의 변화는 결국 그 생활 속에서 점진적으로 출현하고 만다.

근대화를 탄생시킨 서구 문명의 바탕이 되는 정신은 헬레니즘과 헤브라이즘이다. 거기에는 그리스도교와 그리스·로마 철학이 담겨 있다. 서구인의 정신계를 풍요롭게 한 이 두 개의 정신적 조류는 상극하면서 서로 융합해 조화를 이룬다. 그 결과 신을 중심으로 하는 신본주의神本主義와 그 신의 형상을 본떠 창조된 특별한 존재인 인간의 존엄성을 중시하는 인본주의가 정점을 이루어 결합한 가치 단계가 형성된다.

신을 최고 가치로 삼는 가치체계는 내세적이고 의존적이다. 비현실적인 면이 있지만, 인간에게 삶의 의의를 부여한다. 자신에게 맡겨진 사명을 완수하고자 충실히 노력하는 개인의식을 이루게 한다. 신본주의도 그 점에서 분명한 의미가 있다. 노동의 신성함, 신앙의 용기, 성실, 정직과 같은 덕목들을 만들어 낼 수 있었다. 이는 서구사회 윤리가 지닌 근본이라고 할 수 있다. 중세 이후 르네상스 시대에도 사람들은 이러한 신앙을 행동규범의 초석으로 삼았다.

베버M. Weber가 『프로테스탄트 윤리와 자본주의 정신』에서 역설했듯이 종교개혁은 근대 자본주의 제도의 정신적 바탕을 이룬다. 베버는 신의 예정을 교리로 삼는 칼빈주의에 주목했다. 칼빈주의는 성직자나 수도사뿐 아니라 상인이라는 직업 또한 하나님의 부름에 의해 사명을 부여받은 존재라고 생각했다. 아울러 인간은 하나님으로부터 일시적으로 위탁을 받아 물질을 관리하는 청지기라고 여겼다. 베버는 이러한 칼빈주의의 종교적 사명감과 금욕주의를 토대로 근세 자본주의 제도와 윤리가 발달했다고 설명한다.[32]

신본주의적 가치 위계는 신대륙 발견과 산업혁명과 같은 역사적 사건을 추진하는 힘이었다. "정직은 최상의 정책"이라는 프랭클린B. Franklin의 말처럼, 신본주의는 근면하고 성실하고 바르게 살고자 노력하는 서구인의 삶의 태도를 있게 한 원동력의 하나였다.

산업혁명이 가속화하고 물자의 대량 생산이 가능해지면서 사람의 정신생활에 심대한 변화가 생겨났다. 이는 산업혁명이 목표 달성 수단으로 사용하는 도구적 과정instrumental process을 중시한 것과 무관하지 않다. 사회 전반에서 생겨날 수 있는 불안정과 위험 요소들을 구조적으로 안정화하는 제도적 과정institutional process이 미처 마련하지 못하는 상황이 발생했다. 역사적 변동의 불균형은 정직과 성실 같은 전통적 도덕으로 대응을 할 수 없다. 올바른 정신적 대응이 이루어지지 않고 변화에 임기응변하듯 적응하는 융통성과 유연성이 더 강조될 수밖에 없다.[33]

이러한 정신 풍토 속에서 실리주의가 득세한다. 종교적 신앙과 같은 삶의 태도를 현실적이지 않다고 경시하게 된다. 루터교 목사이자 반나치주의자였던 본회퍼D. Bonhoeffer는 서구인의 이러한 비종교적인 삶을 개탄한 바 있다. 그는 사람들이 교회에 가지만 진정한 종교생활이 이루어지지 않는다고 비판한다. 신앙과 생활이 유리되고 하느님이 삶의 변두리로 밀려났다는 것이다.[34] 이런 사회 분위기 속에서 19세기 말 니체F. Nietzsche는 "신은 죽었다."고 선언한다. 이러한 정신적 위기는 이후 기독교 신학계에 영향을 준 사신 신학Death of God Theology에서도 표현된다. 영국의 로빈슨J. A. T. Robinson, 미국의 알타이저T. Altizer 등이 대표적 운동가다. 바하니언G. Vahanian은 신이 서구문화를 치장하는 장식품이 되었다고 통탄한다. 이러한 비판들은 결국 우리 세계가 하나의 거대한 정신적 공백을 경험하고 있다는 것을 말해준다.[35] 세속주의는 무신론을 낳고 무신론은 윤리적 무정부 상태를 낳았다.

전통적 유신론有神論이 붕괴하면서 인간의 의미도 변화했다. 르네상스 이후 근대 문명이 숭상해 온 인간 존엄성과 개인의 자유가 부식되어갔다. 인간이 하느님의 형상대로 창조된 것이라는 믿음이 사라져갔다. 인간이 동물로부터 진화했다는 다윈C. Darwin의 설명을 더 신봉했다. 인간의 존엄성에도 금이 가기 시작했다.

현대사회의 변동을 설명하는 다양한 이론이 출현했다. 마르크스K. Marx의 경제적 인간론, 니체의 권력적 인간론, 프로이트S. Freud의 성적 인간론 등 모두 우리 시대의 특정한 진리를 드러내는 이론들이다. 이 이론들은 인간 가치가 추락하는 현대세계의 위기를 막지 못했다. 현대문명의 위기는 인간의 본성을 경제, 권력, 성 어느 하나만으로 설명해서는 규명할 수 없다. 일원론적 해석에 치우치면 현대문명이 품은 문제의 복합성을 충분히 성찰할 수 없다. 예컨대, 문명의 위기를 인간이 경제 이익이

나 권력이나 성적 만족 같은 자기 이익을 실현하기 위해 타자를 수단으로 간주하면서 생겨난 것이라고 단순화할 수 없다. 인간의 이상과 도덕과 가치를 사유할 자리가 줄어들기 때문이다.

전통적인 신에 대한 신앙이나 이성적 힘마저 잃어가고 있다. 실리주의가 지배하는 세상은 모두가 각자의 이익에 비추어 세상을 판단한다. 사람 수만큼이나 가치 위계가 생겨난다. 국가 간 분쟁도 끊이지 않는다. 윤리적 아나키 상태가 생겨날 수 있다. 이러한 현상이 현대문명의 한 특징이 되어가고 있는 것처럼 보이는 것이 사실이다. 발달한 매스컴을 통해 더 심화하고 있다. 영상문화는 이성보다 감각을 끊임없이 자극한다. 인간은 오로지 감각적 자극에만 반응하는 감각인간感覺人間이 되어간다. 주체적인 자유의지가 아닌 타인의 삶을 추종하는 타인 지향적 삶을 살아간다. 도시는 우애와 연대감을 잃고 '고독한 군중'의 무리로 구성된다. 이 모든 사회현상은 문명 전체를 윤리적 무정부 상태로 만들 수 있다.

기본적인 윤리 기준이 사라지고 있다. 장소와 필요에 따라 좋고 나쁨이 수시로 변한다. 상황윤리situation ethics가 사람의 마음을 지배한다. 인간세계에 영원불변하고 완전무결한 것은 없다. 때와 장소가 변하면 모든 것이 변한다. 사람의 마음도 달라지고 상황과 욕구도 변한다. 모든 것이 변해도 인간은 인간이다. 인간이 인간을 존중하는 기본적이고 근원적인 가치 기준은 달라질 수 없다. 만약 그마저 망각한 채 본능적이고 감각적으로만 산다면 어떻게 될 것인가. 실리와 편익, 안일과 향락, 호기심과 욕망만을 좇는 사회로 변할 것이다. 그런 인간사회가 과연 동물사회보다 낫다고 말할 수 있을까.

인간 가치가 땅에 떨어진 사회. 이름 대신 등록번호로 사람을 호명하는 사회. 윤리나 인격이라는 말조차 진부하다고 느끼는 사회. 인격과 자유, 인권, 사생활이 박탈된 사회. 누구도 이를 비판하거나 항거하지 않고 있다. 오늘의 이 세상은 과연 누구를 위한 세상인가.

기성세대가 정신적 파산 상태를 방관하는 동안 젊은 세대는 세계적으로 반체제 운동을 일으키고 있다. 이는 현대문명의 정신적 공백 상태를 만들어낸다. 어쩌면 당연한 현상일 것이다. 세대 간 갈등은 지금만 특별히 발생하는 것이 아니다. 사회 변동이 극심해지면 언제든 출현한다. 고대 메소포타미아 신화에 나오는 모신母神 티아마트에 도전한 젊은 신 마르두크의 대결을 보라. 그리스 신화의 크로노스와 제우스의 싸움을 보라. 젊은 세대는 기성세대와 다른 경험을 지녔기에 기존의 질서를 다르게 인식한다. 다른 전제를 내세워 기성세대를 비판한다. 이는 19세기 소설 투르게네프I. S. Turgenyev의 『아버지와 아들』에도 잘 묘사되어 있다. 젊은 청년 특유의 이상주의, 정의감, 진취성, 동정심, 개척정신, 모험심은 사회를 바꾸는 하나의 힘이다. 이 때문에 기존체제의 부조리에 맞서 거부할 수 있는 것이다. 이런 청년의 모습은 과거나 지금이나 비슷하리라. 어느 시대를 막론하고 청년은 순수하고 민감하기에 불합리에 저항한다.

미국 젊은이들은 민주주의를 구가해온 역사적 전통에 비춰 백인우월주의나 인종주의, 경제적 불평등 문제들을 부끄럽게 생각한다. 미국 학생들은 인도주의를 표방하면서 베트남 전쟁을 반대했다. 분노를 분출하고 전쟁의 무가치함을 주장했다. 나아가 빈민들을 위한 사회복지도 주창했다. 라이히C. Reich는 저서 『미국의 녹색화 *The Greening of America*』에서 비인간화된 미국 사회에서 인간의 존엄성을 되찾으려는 '제3 의식 Consciousness III'을 논한 바 있다. 여기서 제3 의식이란 젊은이들의 정신적 활력소를 일컫는다. 앞으로 사회를 쇄신하는 힘의 근원도 바로 여기에 있다는 것이다.[36] 순수한 마음에서 부정, 부패, 불합리, 부조리에 반항하는 젊은이의 기개는 높이 평가해야 하리라.

반체제·반문명 운동이 지향한 의식혁명*이 반드시 좋은 결과로 이어진 것은 아니었다. 의식혁명이란 지향과 결과가 일직선으로 그려지는 단순한 선형 운동linear motion이 아니다. 미국 사회에서 일어났던 청년세대의 사회비판 운동은 그 의의에도 불구하고 한계가 있었다. 현대사회와 더 나은 미래 사이의 간격을 좁히기 위한 가교역할을 하지 못했다. 서글프지만 불만 토로가 무책임한 비판에 그치는 경우도 많았다. 미래사회에 대한 이상을 제시하지 않는 비판은 인간 상호 간의 불신을 조장하는 데 그칠 뿐이다. 불안, 분노, 절망감 같은 부정적인 감정만 드러내는 표현방식도 문제다. 그렇게 해서는 사회가 변하지 않는다.

이러한 현상이 특정 세대에 국한된 것이 아니다. 불신과 불만이 사회적으로 퍼져 있다. 부정적 감정 표출과 사회적 불신은 사회를 병들게 하는 큰 원인이다. 사람이 사람을 의심하고 나쁘게 생각하는 불신 풍조가 퍼지게 된다. 부모는 물론 친구와 이웃, 스승에게도 적의를 돌린다. 강한 사람에게 무조건 반항하는 것을 강직한 양심적 행동이라고 착각한다. 착각 속에서 반항이 애국의 길이며 사회정의를 실현하는 길이라고 외치는 이도 있다. 이런 그릇된 분위기에 젖어 있는 사회는 타인을 협력의 대상으로 보지 않고 이용하려 한다. 감사하는 마음 없이 현실적 이해에 초점을 맞춘다. 이들의 마음은 항거와 투쟁을 미화하는 심리로 무장되어 있다. 이런 사회는 인륜과 도덕, 인간의 양심이 한낱 낡은 시대착오적 관념으로 치부된다.

잘못된 의식혁명意識革命*은 현실을 변혁하지 못한다. 퇴폐적이고 반항적이며 폭력적이고 파괴적인, 때로는 자포자기에 가까운 인간 심리의 움직임에 불과한 경우가 많다. 새로운 창조를 위한 반항을 만들어내지 못한다. 사회에 대한 폭력적인 거부에 그치곤 한다. 사회 도피적이고 자학적인 인간형이 늘어나게 만든다. 소위 위대한 거절이라는 이름으로 현실을 부정하지만, 대안 없는 현실 부정에 그치고 만다. 역사에는 그러한 사례들이 얼마든지 있다.

성 윤리의 해이도 큰 문제다. 문화란 무엇인가. 그것은 인간이, 자신이 가진 동물적 본능을 억제함으로써 공동사회의 행동 기준인 도덕을 구성하고 실천하는 데서 비롯된다.(원래 도덕은 동양에서는 큰 것 또는 관대한 것을 의미하고, 서양에서는 사람됨이라는 뜻의 라틴어 'vir'에서 유래되어 '사람 된 길'이라는 뜻을 갖는다.) 성적 본능이 이성의 힘을 추월한다면, 그것이 우리 인간 삶에 끼치는 악영향은 얼마나 클 것인가. 아주 오랫동안 인류가 인간의 성을 문화적으로 승화시키고자 노력했던 것은 인간의 문화를 지켜나가기 위해서였다. 문화를 바로 세우지 않는다면 인간세계는 동물세계로 돌아가, 결국 상호 인간관계의 파경을 불러올 것이다.

왜 이러한 결과가 생겨났는가. 젊은 세대의 가치혁명이 더 높고 좋은 것을 창조하지 못한 이유는 무엇인가. 기성세대의 위선과 무능을 비판하고 조소하면서 새로운 가치체계를 수립하지 못한 까닭이 무엇인가. 기존의 모든 것을 불신하면서 새로운 신앙의 대상을 발견하지는 못한 것은 무엇 때문인가. 이는 우리 선조들이 살아온 역사적 현실이 불가피한 최상의 길이었다는 것을 반증하는 것은 아닐까. 이에 대한 사회학의 설명을 살펴보자.

전통 가치체계는 의식주 해결이 가장 중요한 문제였던 농경사회를 기반으로 구성되었다. 전통 문명 시대를 살펴보면, 동양에서는 오륜五倫

이 있었다. 군신유의, 부자유친, 부부유별, 장유유서, 붕우유신과 같은 도덕이 세워졌다. 아랫사람이 윗사람에게 복종하는 것을 미덕으로 간주했다. 서양에서도 검소, 절약, 근면, 복종, 사랑, 인내 등과 같은 전통적인 덕목들이 작동했다. 이러한 행동규범은 전통사회가 비록 정체되기는 했어도 안정된 사회를 유지할 수 있었던 토대였다. 이 시대의 존경받는 인간상은 조용하고 점잖고, 젊어도 생각이 깊으며 신중하게 행동하는 사람이었다.

선진사회나 중진사회의 중산층 젊은이들은 과거에는 상상할 수 없는 풍요를 누리며 성장해왔다. 한때 미국에서는 스폭B. Spock의 『육아법』을 따라 아이들이 원하는 것을 모두 사주는 교육이 유행하기도 했다. 완구, 만화, 의복, 과자 등 아이들은 원하는 것을 모두 얻을 수 있었다. 그 결과 아이들은 노력을 통해 무엇인가를 획득해가는 기쁨을 알지 못하게 됐다.[37] 미국의 사회비평가 굿먼P. Goodman은 오늘의 젊은이들 대다수가 노력 없이 풍요를 누리면서 무지하게 자라난다고 비판한다. 그에 따르면, 풍요롭게 자란 아이들은 근면과 절약이 왜 필요한지 알지 못하며, 힘들게 일하려 하지 않는다.[38] 풍요를 이룩하는 방법은 모르고 풍요를 누리려고만 한다.

근면, 절약, 인내의 필요성이 사라지면 어떻게 될까. 스펜서H. Spencer의 쾌락주의가 설명하듯 사람들이 이익과 향락만을 추구하게 될 것이다. 벤담J. Bentham과 밀J. S. Mill이 말한 공리주의처럼 편리만을 원하게 될 수 있다. 도덕적 책임도 회피할 수 있다. 결혼이나 이혼은 물론 양육과 같은 개인적인 삶의 모든 순간 이익과 편리를 따지게 될 것이다. 텔레비전 같은 매스컴은 날마다 외친다. 사람들을 안락과 편익, 폭력과 성, 고도의 소비생활을 추구하도록 유도한다. 일시적인 흥미만을 제공하는

TV쇼가 얼마나 많은가. 이런 환경에서는 인간의 마음이 정상적으로 자라날 수 없다. 비뚤어진 환경과 여건을 바꾸지 않으면 안 된다. 여건이 바뀌면 마음이 달라지고, 결심도 달라진다. 필요와 가치 기준도 변한다. 이것은 당연한 이치다.

현대의 가치혁명은 전통적 가치를 붕괴시켰으나 새로 가치 구조를 형성하지 못했다. 방향을 찾지 못하고 서로가 불신하는 사회를 만들었다. 이런 사회는 그 누구든 인간다움과 인간다운 마음을 상실하게 된다. 인정, 도덕, 윤리를 케케묵은 낡은 가치라고 조소하면 안 된다. 전통 가치들마저 잃으면 우리가 사는 세상은 문명에서 원시로 회귀하게 될 것이다. 동물적이고 원시적인 것들이 부활하고 복귀하게 될 것이다. 우리는 이러한 현실을 잘 성찰해야 한다. 가치혁명이 오히려 역설적으로 가치 없는 몰가치 사회를 만들 수 있다. 우리가 겪고 있는 혼란은 문명 전환의 과도기가 빚은 이상 현상이다. 옛것은 지나갔으나 새것이 아직 나타나지 않았기 때문이다.

5

인간가족을 바라보는 현대

과학기술의 놀라운 발전은 지구를 시공간적으로 빠르게 압축했다. 1517년 마젤란 탐험대가 작은 범선을 타고 세계 일주를 하는 데 걸린 시간은 3년이다. 그때와 비교하면 오늘의 세계는 실로 작아졌다. 초음속 비행기가 출현했으며 인공위성을 이용한 전파 통신망이 발달했다. 지금 세계는 하나의 지구촌이다. 지구 전체가 하나의 정보 단위로 축소되고 있다.

현대 과학기술의 힘으로 세계 단일화가 이루어지고 있다. 알렉산더와 칭기즈칸의 무력으로도, 로마제국의 보편 자연법으로도, 또 단테와 스피노자의 지력으로도 실현하지 못했던 일이다. 2차 세계대전 당시 미국 공화당 대통령 후보 윌키 W. Willkie가 꿈꾸었던 『하나의 세계 *One World*』가 실제로 구현된 것처럼 느껴진다.[39]

철학 사조에서도 세계통합의 정신적 바탕이 마련되고 있다. '동은 동, 서는 서'라는 키플링식 이분법은 이미 옛이야기다. 동양의 사상이 서양식 합리적, 분석적 사고의 영향을 받은 것과 마찬가지로, 서양도 이제는 동양의 종합적, 입체적, 직관적 접근방식에서 의미 있는 성찰을 끌어냈다. 근래에 와서 서양인들도 동양의 가족주의, 윤리, 종교 등의 영향을 흡수하기 시작했다.

특히 종교 차원에서 '대화의 광장'은 괄목할 만하다. 그리스도교에서 신교와 구교 대립이 상당히 상호 이해 관계로 변했다. 교파를 초월해 모든 기독교를 하나로 묶고자 했던 에큐메니컬 ecumenical 운동은 러시아 정교회까지 끌어들이는 데 성공했다. 불교와 그리스도교도 서로에 대한 이해를 기초로 대화하고 있다. 사회복지를 위한 공동 운동도 전개하고 있다.

지식인들이 국제 학술 활동을 통해 범세계적으로 융합하고 있다. 각 분야의 전문가가 제휴해 공동 연구가 이루어지는 상황이다. 또 새로운 연구 방법을 교류하고 협력하기 위해 학자, 기술자, 예술인, 문인의 교류도 더욱 활발해졌다. 대학 간 교수 교환도 촉진되고 있다. 기쁜 현상이 아닐 수 없다.

국가 간 유대는 경제 차원에서 더 강화되고 있다. 산업화가 진척되면서 국수주의를 부르짖는 국가는 고립될 수밖에 없다. 보편화되고 있는 민주주의 정신의 영향도 크다. 더 큰 이유는 근대 산업이 성장할수록 국가 간 협력이 불가피하기 때문이다. 성장을 위해 계속 요구되는 자원과 기술을 어떤 국가도 완전히 자급자족할 수 없다. 이런 까닭에 무역은 더욱 증진되고, 다국적기업의 성장도 빠르게 진행되고 있다. 그것은 세계의 경제 통합을 촉진했다.

좀 더 구체적으로 살펴보자. 세계통합을 이룩한 유엔 같은 기구들이 분야별로 증가하고 있다. 유엔교육과학문화기구 UNESCO, 유엔개발기구 UNDP, 국제통화기금 IMF, 국제부흥개발은행 IBRD, 관세 및 무역에 관한 일반협정 GATT, 국제전기통신연합 ITU, 식량농업기구 FAO, 세계기상기구 WMO, 국제노동기구 ILO, 유엔산업개발기구 UNICO 등 다양한 국제통합 기구들이 인류를 하나로 만드는 구심 역할을 하고 있다.

이러한 세계통합 지향성은 세계정부의 가능성을 진지하게 논의하도록 만들었다. 예를 들어, 평화 운동가 개리 데이비스 G. Davis는 1948년 미국 국적을 포기하고 세계시민 됨을 선언했다. 이른바 '평화의 모반謀叛'을 감행했다. 그는 모든 지성인이 인류의 대의를 위해서라면 비록 자신의 국가와 민족의 주장과 다를지라도 세계정부 수립에 참여해야 한다고 주장한다.[40] 미트라니 D. Mitrany는 세계평화를 위한 기능주의적인 방법을 제시했다.* 그것은 우선 비정치조직이 기능적으로 연합한 후 이를 점차 국가 단위로 확대해 궁극적으로는 국가 간 통합을 이루어내는 계획이다. 시카고대학교 총장을 지낸 허친스 R. M. Hutchins도 세계정부 헌법기초위원회를 앞장서서 이끌고 있다.[41] 쟁점이 있다면 그것은 세계정부의 권력을 최대화 maximalism할 것인가, 최소화 minimalism할 것인가 하는 문제다. 『인간의 도시 *The City of Man*』에서 왜거 W. Wager는 세계정부의 길이 인류가 지향해야 할 방향임을 역설했다.[42]

세계정부 수립을 적극적으로 주창하지 않는 사람도 이러한 현상을 긍정적으로 바라본다. 인류가 '하나'의 세계를 향해 움직이고 있다는 것

---

* 미트라니의 기능주의적 세계평화론은 상호작용하는 사회에 기능적인 상호의존관계가 생기면 공통의 통합이익이 생기고, 그 통합이익은 두 사회를 불가분의 관계로 만들어 통합을 촉진한다는 관점이다. 이와 다르게 미원은 「평화교육과 평화운동」 (1981) (조영식, 『아름답고 풍요하고 보람있는 사회(이하 연설문집)』 제2권, 경희대출판국, 2003, 제1권, p. 395)에서 세계정부는 아직 이해관계와 사상의 대립이 존재하는 한 시기상조라고 전제한 후, 우선 대화와 협상을 통한 평화를 모색해야 한다고 주장한다. 이를 위해 지구공동사회 Global Common Society로서의 지구통합사회 Global Integrated Society 건설을 주창한다. 이는 있는 그대로의 국가형태를 두고 공존하면서 적대심을 풀고 협력하는 체제를 의미한다. 미원은 지구공동사회로 향하기 위해 과도적으로 지역협동사회 Regional Cooperation Society를 만들고 이를 더 키워 지구협동사회 Global Cooperation Society로 확대하는 과정을 거치는 현실적, 단계적 통합이론을 제시한다(「21세기 동아시아 시대에 있어서의 한국 일본 중국의 역할」, 『연설문집』 제3권, p. 1067).

을 모두가 반긴다. 동서 냉전체제가 사라지고 있다는 해빙의 징후들을 발견하고 기뻐한다. 오랜 숙적 관계인 미국과 중국이 국교를 재개하고, 소련이 일본과 가까워져 가고 있다. 인도와 중국 사이에도 새로운 화해의 기운이 감돌고 있다. 게다가 이미 우주 시대도 개막했다. 1969년 달에 착륙한 아폴론 11호의 우주인 암스트롱N. Armstrong의 눈에는 지구가 작은 공처럼 보였을 것이다. 이렇게 작은 지구 위에 150여 개 민족국가가 난립하고 전쟁이 끊이지 않는다는 사실은 이해할 수 없다.

역사 운동은 그렇게 단순하지 않다. 역사는 한 방향으로만 움직이지 않는다. 구심운동이 있으면 원심운동이 있다. 역사의 흐름 속에는 서로 다른 방향성이 동시에 존재한다. 바로 이러한 동시성이 지금 우리에게 주어진 문제의 핵심이다. 오늘의 삶을 돌아보라. 시공간적으로 빠르게 압축되었음에도 의식 영역은 여전히 갈등과 분열이 존재한다. 민족감정이 격해지고, 국가 간의 대립 역시 날로 심해지고 있다.

원심운동은 첫째, 백인과 유색인종 사이의 인종 대립에서 찾을 수 있다. 서구 중심의 백인들이 세계를 지배하던 시대는 이미 지나갔다. 백인종이 선천적으로 우미한 체격과 체력, 우월한 지력을 소유했다는 고비노A. de Gobineau의 인종주의나,[43] 백인들이 세계를 지배하는 하는 것이 '천부의 사명'이라고 말한 키플링J. R. Kipling의 생각은 시대착오다.

흑인 사회의 반항과 폭동은 미국에서는 블랙 무슬림Black Muslims, 블랙 팬더당Black Panther Party과 같은 정치적 운동조직의 출현으로 더 커졌다. 그 결과 정치를 포함한 여러 분야에서 흑인들의 진출도 눈에 띄게 늘어났다. 남아프리카 연방, 로디지아, 모잠비크, 영국, 프랑스, 캐나다, 벨기에 등에서 이와 비슷한 일들이 거세게 번지고 있다. 특히 남아프리카 연방에서 정략적으로 펼친 인종분리정책apartheid은 문제를 해결하기보다 저항을 더 키웠다. 만일 이러한 유색 혁명의 물결이 러시아로 번진다면 어떻게 될까. 앞으로 인종 대립이 촉발한 분열 지향적 운동들은 더 복잡해질 것이다.

동양에도 인종의식이 있다. 백인을 우월한 인종으로 바라보는 시절은 이미 지나갔다. 아시아인도 백인우월주의와 비슷한 또 다른 우월의식을 드러내곤 한다. 황색 의식의 부활이 그중 하나다. 오늘날 부흥하는 민족주의의 저변에는 이러한 우월주의가 어느 정도 내재해 있는 것이다. 유색인종 사이에도 갈등이 존재한다. 황갈색 인종들이 아프리카의 우간다, 케냐 등지에서 흑인들에 의해 배척받는 아이러니가 일어나고 있다. 인종이 다르다는 이유로 차별하고 증오와 편견, 대립의식을 드러낸다. 더 큰 문제는 이러한 인종 대립이 쉽게 사라지지 않을 것이라는 점이다. 이처럼 인종 문제는 복잡하다.

두 번째 원심운동은 지구적 남북문제가 초래하는 분열 지향의 양상이다. 남북문제는 가난한 나라들 대부분이 열대지역에 자리하면서 생겨났다. 대부분의 부유한 국가는 북반구에 위치한다. 지금 세계의 부는 소수의 부유한 국가가 독점하고 있다. 대다수 약소 후진국들은 풍부한 자연 자원을 보유하고 있음에도 경제적으로 어려운 실정이다. 기존의 동서 이데올로기 갈등과 더불어 남북 빈부 차에서 오는 갈등이 복합적으로 얽혀 있다. 이는 새로운 국제 문제를 야기하고 있다. 근대화를 향한 노력에도 불구하고 여전히 후진국의 앞날은 어둡다. 선진국과 격차가 계속 확대되고 있다. 신생 국가들은 독립 후 경제 발전을 도모하고 있다. 이런 노력에도 불구하고 인구 폭발과 대중의 무지와 무분별로 인해 실질적인 성장이 이루어지지 못했다. 남북 사이의 문화와 지식의 격차도 좀처럼 좁혀지지 않고 있다.

선진국의 경제 원조는 괄목할 만하지만, 전쟁 비용에 비하면 원조액은 턱없이 적다. 원조를 받는 나라는 대외 원조에 의존해 다른 노력을 하지 않는 비굴한 의존성이 강화되고 있다. 외래품을 숭배하고 소비 풍조를 조장하는 현상도 나타났다. 소수 지배층이 부당이득을 취하는 사례도 많다. 원조국도 원조를 이용해 수혜국에서 시장을 확대하려 든다. 원조가 경제 식민주의를 팽창시키는 수단으로 사용되는 것이다.

이런 추세가 계속된다면 워드B. Ward가 『부국들과 빈민들』에서 말한 것처럼 빈부 대결이 더 격해질 수 있다.[44] 지금과 같은 조건에서는 빈국은 계속해서 불리한 위치에 놓일 수밖에 없다. 바로 이러한 한계들이 세계의 미래에 그림자를 드리운다. 부유한 국가는 더욱 부유해지고 가난한 국가는 더욱 가난해지는 것이다. 세계 식량 문제만 예로 들더라도 조속히 해결될 가망성이 희박하다. 가난한 국가의 상황을 고려하면 식량 문제는 크게 우려스럽다.

셋째, 민족주의 분열 지향 운동이 세계를 하나로 만드는 것을 방해한다. 민족주의는 종류가 많다. 혈연 중심 민족주의, 언어·종교·문화 중심 내셔널리즘 등 다양하다. 어떤 목적에서 시작되었든 앞으로 국제사회에서는 자국의 이익을 위한 실리 추구가 강화될 것이다. 이익 추구가 다른 모든 가치를 지배하며, 다른 가치들을 종속시킬 것이다. 이는 미국을 중심으로 결속된 자유진영 내부에서 분열이 발생하는 근본 이유다.

물론 공산권도 분열이 일어나고 있다. [1970년대] 동구권은 유고슬라비아화가 진행됨으로써 이미 소련의 일사불란한 통제를 상당히 벗어났다. 유고슬라비아, 루마니아 등 독자 노선을 지향하는 국가들이 생겨났다. 중공과 소련의 갈등도 심화하고 있다. 중·소 전쟁의 가능성을 말하는 사람도 있다. 정치적으로 정책의 공동 노선을 기대하기 어려운 상황이다. 이념의 동질성이 이해의 공통성을 더는 보장해주지 않는다.

서구 제국도 분열이 가속화되고 있다. 미국은 '그리스도 제일주의'를 내세워 유럽과 하나로 엮고자 주창해왔다. 대표적인 세계정책 구상 중 하나가 대서양 공동체다. 이러한 구상은 이미 설득력을 상실했다. 일본과 필리핀 등 친미 노선을 견지해왔던 나라들도 워싱턴의 통제에서 점차 멀어지고 있다. 최근 국제정치학계에서 말하듯 다극화 현상은 민족주의적 분열 지향성을 바탕으로 하고 있다.

이러한 분열 지향성은 민족국가 내부에서도 발견된다. 소수 종족의 종족주의가 분열 양상을 더 복잡하게 만든다. 나이지리아에서 일어난 이보족의 반란, 스페인 바스크족族의 반란, 이라크 쿠르드족의 반란, 캐나다 프랑스계 후예의 반란 등이 그것이다.

격변하는 시대 상황을 고려하면 세 번째 세계대전 발발이 불가능한 것이 아니다. 언제 어디서 무엇을 계기로 전쟁이 폭발할지 알 수 없다. 인류는 이런 불안 속에서 세상사에 떠밀려 바람 부는 대로, 물결치는 대로 살아야 할까.

6

인간다운 사회의 새 지표 - 인간성 회복

인간은 정반正反 대립하는 정신과 물질을 발전적으로 통합해 새로운 것을 창조할 수 있다. 인간의 이러한 이성적, 물질적 노력이 곧 통정統整*이다. 인간의 정신 활동은 헤겔이 말한 세계 이성이나 마르크스가 말한 유물사관으로 축소해 설명할 수 없다. 인간의 모든 정신 활동은 삶의 원리를 자연 원리의 필연성으로 설명하는 자연법칙으로 다 풀 수 없다. 규범을 수립함으로써 세계를 변혁하려는 규범 운동도 모든 것을 해명할 수는 없다. 정신 활동을 바르게 수행하기 위해서 의식적 각성이 무엇보다 중요하다. 더불어 필연적으로 주어져 있는 삶의 방향들을 만들어가는 의지적 노력이 요구된다.

인간은 의식하는 존재다. 스스로 의지를 품고 살아간다. 인간의 의지가 어떤 결정을 하고자 한다면 뜻하는 목표가 먼저 있어야 한다. 현대 문명의 파멸을 피하고 새로운 길을 찾고자 한다면 인류를 생각하면서 접근해야 한다. 인류가 공동으로 원하고 추구할 수 있는 공통 목표를 먼저 세워야 한다. 인류가 추구해야 할 새로운 공통 목표란 무엇인가.

이는 새로운 이데올로기를 제창하는 데 그 목적이 있지 않다. 이제까지 얼마나 많은 근세의 사상가가 새로운 이데올로기를 창안했던가. 복음처럼 설파해왔던가. 비전을 앞세워 인류를 구원하겠다고 전파해왔던가. 지금에 와 돌이켜보면 그 모든 사상은 실패한 것이 되고 말았다. 이미 벨을 비롯한 많은 사상가가 '이데올로기의 종언'을 말하고 있지 않은가. 지금 여기에서 또 다른 이데올로기를 제시하려 든다면 그것은 시대착오일 뿐이다. 아무리 새로워도 실패하고 만다. 이데올로기 문제는 지나간 문제다. 시공간의 객관적 요건과 사회적 요청이 이미 변했다. 인류 역사는 말해주고 있다. 시간이 경과하고 시대가 변하면, 모든 것이 무용지물이 되고 만다.

이런 견지에서 볼 때, 우리가 추구해야 할 인류 공통의 창조적인 공동 목표는 자아회생自我回生이다. 이는 '인간 회복'을 의미한다. 그것은 정반正反을 새로운 합合으로 만드는 데 필요한 일이다. 누구도 이의를 제기하지 않을 것이다. 그렇다면 우리가 추구해야 할 새로운 인간사회의 정신적 목표와 지주는 무엇인가. 우리는 그것을 사람의 존엄성과 가치가 존중되는 신인본주의, 문화주의, 복지주의, 평화주의, 대중적 보편주의에서 찾아야 한다. 이를 실현하기 위해 그 무엇보다 새로운 사회의 윤리와 행동을 위한 가치 덕목을 만들어야 할 것이다.

인간의 존엄성을 모독하는 사회에서 벗어나야 한다. 능력 개발이 불합리한 주의나 제도에 의해 제약받는 사회에서 탈피해야 한다. 모든 억압과 억제로부터 인간을 해방해야 한다. 칸트의 실천이성을 굳이 말할 필요도 없다. 사람이 사람을 수단으로 생각하는 일이 없어져야 한다.* 인간성을 바탕으로 서로 사랑하고 아끼고 위할 줄 아는 '사람에 의한, 사람을 위한, 사람의 사회'가 이루어져야 한다. 그러한 사회를 바라는 마음이 보편화되어야 한다.

내일의 이러한 이상사회를 어떻게 명명하면 좋을까. 대중문화사회, 문화복지사회, 민주평등사회…. 무엇이라고 불러야 할까. 이름이 무엇이든 그러한 사회를 실현하기 위해서는 정치권력이 사람을 무시해서는 안 된다. 군주에게 무조건 복종하고 충성을 강요했던 봉건 제국주의의 망령이 되살아나면 안 된다. 전체주의라는 이름 아래 개인이 희생되면 안 된다. 민중을 기초로 하고 민중의 소리를 바탕으로 하지 않는 엘리트 정치는 아무리 사회가 발전해도 인간에게 무가치하다. 인간을 도외시하고 인간 의사를 무시하는 행동이나 결과도 무의미하다. 인간은 자발적인 참여가 없으면 만족이나 행복을 느끼지 못한다. 어떤 인간도 마네킹이 되기를 원하지 않는다.

비인격적인 힘으로 사람을 지배하면 안 된다. 기계나 관료기구들이 지닌 익명적 권위에 의탁하면 안 된다. 기계화된 사회는 아무리 생산력이 커도 인간을 노예화하므로 싸워야 할 대상이다. 벗이 될 수 없다. 사람을 위하지 않는 모든 제도, 운동, 사상, 세력은 무의미하다. 이 모든 것은 인간의 수단이지 목적이 아니다.

과학기술을 인간화해야 한다. 기계도 인간화해야 한다. 사회조직도 인간화해야 한다. 이는 인간 이외의 모든 사물이 인간을 위해 존재해야 한다는 말이다. 그것은 인간과 사물, 주체와 객체의 위치를 바로잡는 운동[주객위 정위화主客位 正位化*]이다. 인간의 생명까지 위협하고 있는 전쟁,

---

* 칸트가 『실천이성비판』에서 말한 정언명령(Categorical Imperative)은 "너의 의지의 준칙이 항상 동시에 보편적 법칙 수립의 원리로서 타당할 수 있도록 행위하라." 그리고 "너는 너 자신에게서나 다른 어떤 인격체에서, 인간을 단지 수단으로서가 아니라 언제나 동시에 목적으로서 다루도록 행위하라."는 것이다. 인간과 더불어 모든 이성적 피조물은 오로지 목적 그 자체이며, 이는 인간이 곧 그의 자유와 자율의 힘에 의해 살아가는 신성한 도덕 법칙의 주체라는 의미다.

공해, 불안, 긴장 등을 생각해 보자. 물질적 성장만을 발전으로 착각하는 지적 풍토를 바꿔야 한다. 모든 가치의 중심에 인간의 존엄과 행복, 문화 창조와 인류사회의 평화를 두어야 한다. 그것이 참다운 인간회복론*의 주안점이 되어야 한다. 사람은 말처럼 빨리 뛰지 못한다. 호랑이처럼 날쌔지 않다. 거북처럼 바다와 땅 양쪽에서 살 수 없다. 인간은 신도 동물도 아니며 단지 지혜만을 남달리 뛰어나게 가졌을 뿐이다. 인간은 인간으로서 가야 할 자신의 길을 걸어가야 한다.

물질과 양적 성장만을 추구하는 현대 기술사회에서 가장 시급한 과제는 인간의 주체성을 확립하는 일이다. 기술문명이 인간을 위해 봉사하는, 인간을 위한, 인간의 참된 사회를 회복하기 위한 새로운 지표를 세워야 한다. 고도로 발전한 기술사회지만 현대인은 많은 것을 상실했다. 인간이면 마땅히 누려야 할 기쁨과 슬픔과 같은 정서 생활을 잃었다. 기계가 사람의 생각까지 지배하려 든다. 사람들은 실리와 물질적 편익을 추구하느라 인간의 존엄성을 좀먹는 인간 부재의 현상을 감지하지 못한다. 인간 권리의 복권은 인간사회가 마땅히 가야 할 길이요, 당위*적 요청이다. 인간복권의 과업을 성취하는 일이 우리 시대의 정신이다. 재론할 필요도 없다.

바로 여기에 인간혁명, 인간선언의 당위적이고 역사적인 요청이 있다. 더 많은 것을 소유하고 더 많은 것을 사용하는 것을 삶의 목적으로 삼는 사람은 자기도 모르는 사이에 인간의 존엄을 스스로 던져버린 '소비충消費蟲'이 되고 만다. 합리성만 주장하고 모든 것을 계량화된 이치로 판단하는 사람은 아무리 옳은 것을 추구해도 인간다운 정서를 스스로 포기한 '기계 인간'이나 다름없다. 지식 습득을 최고 가치로 생각하는 사람은 창의성이 없는 지식 사전으로 전락하고 만다. 폭넓고 조화로운 인간성을 상실했기 때문이다.

인간혁명은 평화에 기초한 인간 행복과 문화 창조, 인류 전체의 복리 증진을 최고 가치로 삼는다. 그것을 이념으로 인간성 개조에 역점을 두어야 한다.* 나아가 인생을 맛보며, 아름답게, 멋있게, 값있게, 훌륭하게, 보람 있게 살아가는 행복한 가치 인생을 구현하는 것을 목표로 세워야 한다. 그것은 도덕적, 이성적 가치를 추구하고 현실적 욕망을 버리는 이상주의가 아니다. 아무리 학교에서 그렇게 교육해도 그대로 행하는 사람은 극히 드물다. 희로애락과 먹고 사는 일은 당연히 인간성의 한 부분이다. 춤과 노래, 연극과 미술 등 예술을 즐기는 본성을 버릴 수 없다. 그러한 인간의 욕구를 멸시해서도 안 된다.

충분히 발전하지 않은 나라는 다른 생각을 할 수 있다. 1970년 일본 교토에서 개최된 국제미래학회 세미나에서 일본 대표들이 공해 문제를 우려한 적이 있다. 이때 동남아시아 대표들은 공해 문제보다는 다소 피해가 생겨도 공업화를 실현해야 한다고 주장했다. 경제적으로 궁핍해 비참한 생활을 탈출하는 것이 중요하다고 불만스럽게 토로했다. 공해가 선진국만의 문제가 아님을 알지 못하는 것이다. 산업화가 진척되고 있는 후진국도 공해와 오염 문제에서 결코 자유롭지 않다. 심지어 선진국에서는 해로운 공해 산업을 자국 보호 목적으로 타국으로 수출하는 일까지 벌어지고 있다.

---

* 이러한 생각을 기반으로 미원은 1981년 6월 28일 코스타리카에서 열린 제6차 세계대학총장회의에서 행한 기조연설문 「평화교육과 평화운동」(『연설문집』 제2권, p. 401)을 통해 '세계평화의 해, 평화의 달, 평화의 날'을 유엔에서 조속히 제정해 줄 것을 건의한다. 미원이 최초로 발의한 이 건의는 1981년 11월 30일 뉴욕 유엔본부에서 개최된 제36차 유엔총회에서 157개 회원국의 만장일치 찬성으로 '1982년부터 매년 9월 셋째 주 화요일을 세계평화의 날로(2001년부터 9월 21일로 고정), 1986년을 세계평화의 해로 정한다.'고 결의하는 결과를 가져왔다.

선진국의 부유한 사람들이 아무리 많은 물질적 풍요를 누리고 소비하며 살아도 행복을 느끼지 못하는 사실을 되돌아보아야 한다. 이들은 원하는 것을 다 할 수 있어도 고독과 불행을 느낀다. 그것은 인간 이상의 그 어떠한 것에서 가치와 행복을 구한다 해도 결국 모두 헛되다는 것을 말해준다.

인간 정신혁명에서 말하는 인간 회복이란 비인간적이고 반인도주의적인 발전을 배격하는 것이다. 원자폭탄 제조뿐 아니라 모든 전쟁 무기들은 반인간적이다. 개발 자체를 거부해야 한다. 인간의 생명을 의학으로 조작하거나 수정하는 일도 배척하지 않으면 안 된다. 만일 인간이 생명다운 과정을 제거한 채 인공으로 만들어진다면 그것은 헉슬리 A. Huxley가 『멋진 신세계 *Brave New World*』에서 그려낸 비인간적 사회로 가는 것이다. 생명이 사람다운 가치를 상실한 채 생명 공장에서 인공으로 무수히 태어나는 과학 세계를 상상해보라. 두렵고 놀라운 비인간적 세계가 아닐 수 없다.

역사가 발전하더라도 비인간적 법칙이나 추세에 의존하면 안 된다. 인간이 스스로 취사선택하는 의지 작용 속에서 목표를 향해 나아가는 의식적 추진력이 역사 발전의 원동력이 되어야 한다. 그 방향은 당연히 인간복권*에 의한 인간세계 구현이다.

우리는 인간을 위한 과학 세계를 요망한다. 과학사회, 인공 사회, 인조 사회를 원하는 것이 아니다. 희망과 절망, 파멸과 발전, 이 갈림길에 접어든 인류문명이 이제 어느 방향으로 역사의 조종간을 틀어갈 것인지. 모든 것이 우리 손에 달려 있다. 지식과 기술을 사람의 복리를 위해 쓸 것인지, 혹은 오늘날의 비인간화 추세를 그대로 방치하여 그러한 곳에 쓸 것인지. 사람이 기계의 노예가 될 것인지, 주인의 자리를 되찾을 것인지. 이를 결정하는 것은 인간 자신이다. 모든 것이 우리 의지가 얼마나 결연한가에 달려 있다. 인류가 이룩한 경제성장은 자연히 얻어진 것이 아니다. 각별한 의지적 노력으로 이루어진다. 문명 발전도 마찬가지다. 저절로 이루어지지 않는다. 인간 스스로 결의하고 노력해서 만들어 가는 것이다.

인류에게 당면한 긴급 과제는 과학기술 개발과 정신 개발을 조화시키는 것이다. 이 또한 인간의 마음에 달려 있다. 의식적 지도성意識的 指導性*에 입각한 정신과 물질의 통합과 지양을 실현하는 일도 같은 이치에서 출발한다. 인간의 운명은 인간이 스스로 창조하는 것이다.

이러한 의미에서 우리가 구현해야 할 인간복권*은 부정적 방법으로 이루어질 수 없다. 파괴가 곧 건설을 의미하지 않는다. 마이너스 사이클(부정적 측면)이 아닌 플러스 사이클(긍정적 측면)에서 삶의 의미를 찾아야 한다. 부정하고 불평하는 대신 가능성과 희망을 통해 현실을 인식해야 한다. 긍정적인 노력과 협력을 바탕으로 역사 창조에 힘차게 참여해야 한다. 그것이 인간복권의 참된 방법이다.

세계는 지구촌화해가고 있다. 인간복권 운동은 작은 국가나 지역 차원에서 완전히 이루어질 수 없다. 큰 인류 차원에서 인간복권 운동을 실행해야 한다. 현대인은 과거와 비교할 수 없을 정도로 이동하며 세계를 돌아볼 수 있다. 인류가 지구를 단위로 하나의 가족이 되어야 할 때가 온 것이다. 종교의 차이, 이데올로기 차이, 문화와 인종과 빈부 차이, 세대 차이, 종교인과 비종교인 차이 등 차이는 엄연히 존재한다. 다원적 문화유산은 그대로 유지하되 인류라는 큰 범주 속에 모든 것을 다시 묶어야 한다. 헉슬리가 희망한 '문화적 심포니'를 인류적 차원에서 만들어 내야 한다. 그것이 인류가 멸망을 피하고 같이 살아갈 수 있는 길이다.

인간은 생래적으로 자기중심적이다. 개인주의, 종족주의, 민족주의를 초월하는 것은 힘든 일이다. 바른 교육을 통해 통합적인 사유를 기를 수 있다. 올바른 길을 찾는 주체적 시각을 교육할 수 있다. 자기중심주의를 벗어나 인류주의로 승화시켜 나아가는 교육이 필요하다. 그렇지 않으면 인류 세계에 더 나은 내일, 더 나은 다음이란 있을 수 없다. 과연 인간에게 이기적인 나로부터 인류의 관점으로 고양하는 정신의 힘이 존재하는가. 비관론자들은 그러한 가능성을 부인할 것이다. 사람에게는 사물의 도리를 꿰뚫어 보는 지혜와 능력이 있다. 잠재력도 있다. 인간은 반드시 해야 할 일이 있을 때마다 수단과 방법을 고안하고 꼭 이루어내는 강인한 의지와 능력을 지니고 있지 않은가!

이러한 신념을 기르기 위해 역사와 철학을 깊이 이해하는 안목이 필요하다. 오늘의 어지러운 상황만 보는 근시안적 사유를 벗어나야 한다. 거시적으로 인류의 과거와 현재를 보고 미래로 연장하는 긴 시간적 관찰 능력을 길러야 한다. 역사적으로 보면 오늘날과 같은 격심한 변동은 과거에도 존재했다. 절대적 변이 시대도 여러 번 있었다. 인류는 그때마다 모든 역경을 잘 극복하고 새 역사를 창조해왔다.

우리는 종종 과거의 추억을 낙원처럼, 미래의 희망을 천국처럼 여긴다. 현실은 고통으로 가득 찬 사바세계라고 생각한다. 이는 지금 우리에게만 주어진 아포리아가 아니다. 시대마다 사람들이 풀어야 할 난제가 존재했다. 우리 조상들은 난관과 모순이 닥칠 때마다 그것을 극복하며 역사를 창조했다.

거시적 안목에서 현대문명을 살펴보자. 발달한 과학기술은 인간에게 문명의 편익을 제공했다. 그와 동시에 사회를 조직하고 기계처럼 작동하게 만들었다. 인간 자체를 소외시켜갔다. 생명까지 앗아가는 전쟁과 공해, 긴장과 소외가 생겨나고 있다. 이런 상황 속에서도 우리에게는 소망이 있다. 소망이 있는 한 결코 자포자기할 수 없다. 뜻이 있는 곳에 길이 있고, 길이 있는 곳에 빛이 있다. 환경이 어지럽다고 해도 인간성과 자연성을 되찾는 일을 멈춰서는 안 된다. 자연 파괴를 중지해야 한다. 과학 만능과 합리적 독단을 지양해야 한다. 지식과 기술을 선하게 사용[善用]해야 한다. 과학 문명이 정당하게 인간에게 봉사하도록 만들어야 한다.

근대 이후 인간은 이성의 힘을 근간으로 사회를 지배했다. 과학의 힘으로 자연을 개발했다. 앞으로 인간 복권 다음에 올 새 사회에는 새로운 인본사상이 필요하다. 새 인간중심주의Human-centrism**를 현대 정신으로 정립해야 한다. 과학의 왕국, 물질의 왕국이 아닌 인간의 왕국을 다시 세워야 한다. 인간 정신이 살아 있고 인간 정신이 주재하는 인류사회를 재건하지 않으면 안 된다. 바로 이것이 현대인에게 부과된 책무이자 소망이다.

* 저자가 주장하는 인간중심주의는 근대적 사유체계에서 배태된 인간우월주의 혹은 인간예외주의와 뒤섞일 수 없는 개념이다. 현대문명의 난제를 풀기 위해 인간가치의 회복을 주창해온 미원의 철학적 지향성이 응축된 표현이다. 미원은 유구한 인류 역사를 창조해온 참된 원동력이 인간의 자율적 의지와 창조력이라고 강조한다. 현대문명세계의 종말론적 위기가 진정한 인간가치, 인간다움을 상실한 데에 그 원인이 있다고 본다. 그 점에서 인간 '중심' 사회란 인간가치가 쇠락한 인간 '부재' 사회에 대한 부정의 의미로 구성된다.

2

인간 역사의 회고와 그 진로

1. 우리는 인류사를 어떻게 보아야 할까?

2. 신석기혁명 시대-제1차 혁명

3. 농경혁명 시대-제2차 혁명

4. 산업혁명 시대-제3차 혁명

5. 정보과학혁명 시대-제4차 혁명

1

우리는 인류사를 어떻게 보아야 할까?

참된 삶을 살기 위해 인간이 무엇이고, 인류가 어떻게 살아왔는지 알아야 한다. 역사는 인간이 살아온 발자취이자 거울이다. 옛것에 견주어 새것을 헤아릴 수 있는 온고지신의 자료다. 새로운 미래의 지표를 모색하는 뜻있는 사람이라면 던져야 할 질문이 있다. 인류가 과거에는 어떻게 살았고, 앞으로는 어떻게 살 것인가를 물어야 한다. 이율배반적인 자연과 사회의 관계 속에서 만들어진 역사를 보면서 미래의 길을 찾아야 한다.

이 질문은 철학적 역사성을 지닌다. 오늘의 모든 것, 모든 일은 인간의 정신 활동과 역사의 산물이기 때문이다. 모든 현대문명의 축복과 해악이 어디에서 온 것인지 그 전모를 깨닫기 위해 인간의 정신적, 역사적 원천으로 거슬러 올라가 뿌리를 살펴보아야 한다. 현상계現象界의 모든 사물과 사건은 시간적, 공간적, 역사적 인과성을 지니고 있다. 모든 것이 상호 관련성 속에서 일어난다. 불교에서 말하는 업Karma이 존재한다. 우리의 사고가 철학적이면서 역사적이어야 하는 이유다.

여기서 '역사적'이라고 말할 때 주의할 것이 있다. 역사를 '지난날의 옛이야기'로 생각하는 통념에서 벗어나야 한다. 분석적 시간관은 시간을 과거, 현재, 미래로 삼분하고 역사를 과거의 일로 귀속시킨다. 이는 생각에 시간적 체계를 부여한다는 장점이 있다. 시제를 과거, 현재, 미래로 구분하는 언어학과 같이 시간 구분 자체는 역사 이해에 유용하다.

철학이라는 높은 차원에서 본다면 이처럼 시간 순서에 따라 역사를 절단하는 것은 불가능하다. 신과 자연과 사회와 인간의 상호 관계는 내적 통일을 이룬다. 더 세밀하게는 인간 자신의 정신적, 내면적인 갈등도 여기에 얽혀 있다. 단순히 시간을 구분해 놓으면 '지금'이라는 시간은 존재할 수 없다. 모든 것이 영원한 과거의 물결 속으로 사라지고 만다. 우주 차원에는 '영원한 현재'가 있을 뿐이다. 더 엄밀히 말하면 시간이 흐르는 것이 아니라 사물이 변하는 것이다. 과거 혹은 미래라는 것은 우리의 이해를 돕기 위해 관념적으로 구성된 논리적 구조일 뿐이다. 현재가 없는 과거나 미래는 존재할 수 없다. 아우구스티누스Augustinus는 이미 5세기 초엽에 이 점을 지적했다. 그에 의하면 시간이란 세 종류의 현재로 되어 있다. 우리가 체험하고 있는 현재, 현재의 기억으로서의 과거, 현재의 기대로서의 미래가 있는 것이다.

이런 의미에서 역사란 단순히 과거에 속한 옛이야기가 아니다. 역사를 뜻하는 'history'의 어원이 '찾아서 안다'고 하는 'historia'에서 유래한 것만 봐도 알 수 있다. 역사가는 사료를 발굴하고 정리할 뿐 아니라 분석하고 해석함으로써 옛일을 알아내려 노력한다. 역사는 바로 그러한 노력의 산물이다. 이때 역사가의 시각은 완전히 객관적일 수는 없다. 역사가 자신의 주관과 시대적 관점이 역사 서술에 개입되기 마련이다. 역사 사실을 시대 변천에 따라 새롭게 해석할 여지가 존재한다.

역사 해석 과정에서 주관성의 여지는 사실상 역사에 대한 다양한 학설을 태어나게 한 산모라고 할 수 있다. 역사 연구 방법을 완벽하게 과학화할 수 없는 것도 이 때문이다. 시대 변천에 따라 역사를 다시 기술하는 것은 영원한 숙제다. 시대정신이 변하고 새로운 사실이 발견되거나 사람들의 주관적, 객관적 요청이 달라지면 역사를 보는 눈 또한 달라진다.

지금까지 역사가들은 주로 역사 변동의 주체 세력이 무엇인지 논쟁해왔다. 그들의 이론을 살펴보자. 고대인은 역사의 주체를 신으로 생각했다. 초자연적 힘에 의한 운명이 역사라고 생각했다. 인간의 역사를 신의 섭리로 파악하는 신의사관神意史觀을 주창했다. 철학가 아우구스티누스의 『신국론 *The City of God*』이 대표적이다. 르네상스 운동 이후 인간의 능력이 높이 평가되면서 위인들의 리더십을 역사의 주인으로 보는 영웅사관이 우세해졌다. 대표적인 학자는 계몽철학자 볼테르Voltaire다. 플루타르크의 『영웅전』, 칼라일T. Carlyle의 『영웅숭배론 *Heroes and Hero-Worship*』도 이러한 생각을 대변한다. 마르크스 유물사관의 계급이론은 역사의 주체를 신이나 영웅이 아닌 생산력에서 찾는다. 그 밖에도 칸트의 인종설, 헤르더Herder의 민족설, 헤겔의 국가설, 로렌츠 폰 슈타인L. von Stein의 사회설, 버클H. Buckle의 경제지리사관, 애덤스H. Adams의 에너지사관 등 많은 이론이 있다.

역사 변동을 이끄는 참된 힘은 앞의 이론들이 주장한 비인격적 힘이나 역사법칙, 또는 신의 섭리가 아니다. 역사는 인간과 사회와 자연이 서로 관련을 맺으면서 상호 주체적으로 연결되어 역동적으로 만들어가는 상관상제相關相制의 관계성* 속에서 만들어진다. 이러한 교호交互 작용을 통해 새로운 역사가 생성되어왔다. 역사란 저절로 이루어지지 않는다. 인간이 의지를 지니고 사람들의 의식과 정신을 깨워 새롭게 세상을 변화시킬 수 있도록 이끌어가는 정신적 지도, 말하자면 '의식적 지도성意識的 指導性'*을 통해 형성되어왔다. 역사를 움직이는 진정한 원동력은 인간의 상황적 여건과 당위적 요청 속에서 이루어지는 인간의 의지다. 이는 위에 열거한 이론들이 태동하게 된 배경이기도 하다. 앞선 저서 『문화세계의 창조』에서도 말했듯 역사는 바로 이러한 주리생성主理生成의 원리*로 설명할 수 있다.[1] 그런 관점에서 나는 의식적 지도성을 역사의 주체로 보는 역사관을 특별히 주리생성론적 문명사관이라고 불렀다. 이번 장에서는 이러한 역사 관점에서 인류의 역사를 살펴보려 한다. 이와 관련해 기존 역사 연구가 대상으로 삼은 것이 무엇인지 검토해 볼 것이다.

동서를 막론하고 고대 역사가들은 하나의 왕국, 하나의 나라, 하나의 도시국가에 한정해 역사 연구를 진행했다. 주로 왕가를 중심으로 한 정치사가 그 중심에 놓였다. 자연스럽게 특정한 대상의 정치적 흥망성쇠가 주된 기술내용이 될 수밖에 없었다. 고대의 역사관은 그야말로 '과거의 정치학'이라고 할 수 있다. 그러한 생각은 고대 그리스 역사가 헤로도토스나 『사기』를 쓴 중국 전한 시대 사마천에게서 공통적으로 발견된다. 이는 당시 사회가 퇴니스가 말하는 공동사회*처럼 사회적 변동이 적었던 전통적 농경사회라는 점에서도 그 원인을 찾을 수 있다. 고대사회는 왕족이나 지배층 내부의 권력 투쟁 이외에는 기록할 만한 사건과 문화, 사회활동이 적었다고도 볼 수 있다.

---

* 퇴니스 F. Tönnies는 사회를 공동사회 gemeinschaft와 이익사회 gesellschaft로 나누고, 공동사회는 가족, 친족, 마을과 같이 공동체를 중심으로 구축되는 단일성을 지닌 전통적인 사회로, 이익사회는 회사나 도시와 같이 계약과 교환 활동을 중심으로 이루어진다고 말한다. 퇴니스는 공동사회에서 이익사회로 이행하면서 공동체적 생활양식은 사라지고 현실적·이익적 생활양식으로 변해간다고 보았다.

과학화와 산업화가 이루어진 근세 시기는 이익사회가 출현하면서 사회가 다원화되고 다기능화된다. 역사의 주요 대상이던 왕권과 이를 둘러싼 국제관계는 더 복잡해졌다. 역사 기술 역시 사회사, 문학사, 법사상사, 음악사, 경제사, 철학사, 문화사, 과학사, 예술사 등으로 분화한다. 19세기는 그야말로 '역사의 세기'라고 부를 만큼 전문적인 분야의 역사서들이 새롭게 쏟아져 나왔다. 이러한 역사서들은 일정한 한계가 있었다. 이들 역사서 대부분이 세계인의 감각보다 민족 감정을 더 자극했기 때문이다. 세계대전은 이러한 근세인의 역사 인식이 간접적 요인으로 작용했다고 볼 수 있다. 우리는 이를 기억해야 한다.

근세 시기에 세계사의 통일적 발전을 말하는 역사철학이 없었던 것은 아니다. 헤겔과 같은 철학자는 '세계정신 weltgeist'을 궁극적인 세계사의 주체라고 보았다.** 이는 아우구스티누스의 『신국론』처럼 형이상학적이고 추상적 관념으로 역사를 이해하고 있어 주류 역사 연구가 되지는 못했다.[2] 20세기 초 셰퍼 D. Schäfer와 같은 역사가는 그의 저서 『현대세계사』에서 모든 나라의 민족사는 세계적 역사운동에 참여하는 합동극의 일부가 되어야 한다고 새로운 학설을 주창했다.[3]

토인비의 『역사의 연구 *A Study of History*』는 역사 연구의 신기원을 이룩했다고 할 수 있다. 토인비는 민족사 단위에서 서구 중심으로 역사의 발전을 서술했던 역사학자 랑케 L. von Ranke의 접근법에서 탈피해 문명체體를 새로운 역사 연구 대상으로 삼았다. 그는 19세기의 러시아 역사가 다

** 헤겔은 역사는 '철학적 역사'에 의해서 가능하며, 세계사란 "이성의 상이며 소행"이라고 생각했다. 역사를 철학적으로 파악한다는 것은 우연성을 배제하고 내적인 필연성에 따라 개념적으로 파악하는 것을 의미한다. 그는 세계사의 흐름이 결국엔 이성적으로 진행된다고 보고, 세계정신을 지닌 이성민이 역사가 어디로 향하는지를 알고 있다고 말한다. 따라서 보편적 인간 정신이 특수하고 역사적인 현실 속에 펼쳐져 있으며, 민족정신은 세계사 각 발전 단계에서 전개된 보편적 세계정신 현상으로 간주한다.

닐렙스키N. Danilevskii와 제1차 세계대전 이후 '서구의 몰락'을 예견한 독일 철학자 슈펭글러의 역사철학을 계승 발전시켰다. 세계사에서 출현했던 28개 문명을 중심으로 인류의 역사를 도전과 응전의 역사법칙으로 설명했다. 이러한 원리를 바탕으로 문명을 발생·성장·쇠퇴·해체의 주기적 과정으로 기술했다. 토인비는 문명이 멸망하면서 새로운 문명의 씨앗을 배태하는 이른바 문명의 부자父子 관계를 추적했다.[4]

토인비의 문명사관은 민족 중심 사관과 서구 중심 역사관을 초월하는 데 확실히 큰 공헌을 했다. 그가 지금 또다시 역사의 대상을 새로이 설정한다면 1930년대에 설정했던 문명체라는 대상에 만족할 수 있을까? 1934년 그의 명저가 처음 간행되던 때와 지금 세계는 크게 달라졌다. 1969년 7월 16일 달에 착륙한 아폴로 11호가 보내온 골프공 만한 지구 사진을 본 이후 우리의 사고는 변할 수밖에 없었다.

인류가 발견한 우주의 시간과 공간, 넓이와 길이는 과거보다 확연하게 커졌다. 지구는 광막한 망망대해와 같은 우주에서 보면 풀잎 하나 같은 존재다. 이런 지구에서 문명체가 몇 개 있었던들 그것이 역사의 기본 단위가 될 수는 없다. 수백억, 수천억 년을 말하는 유구한 우주의 시간 속에서 종교, 인종, 민족, 지역, 국가 등으로 인류의 역사를 구분하는 것은 결코 절대적 가치판단의 기준이 될 수 없다.

여기에서 새로이 나타나는, 아니 반드시 나타나야 하는 역사의 대상과 단위는 결국 인류라는 존재다. 우리는 한 부모에게서 태어난 사람을 형제라고 부른다. 한 지방에 같이 사는 사람을 동향인이라 한다. 또 같은 나라에 태어난 사람은 동포다. 같은 시간에 지구에서 태어나 살아가는 우리를 무엇이라 불러야 하나. 두말할 나위 없이 그것은 인류가족* 이다. 사해형제四海兄弟다.

인류는 왜 과거부터 서로 이방인, 이교도라 하면서 다른 사람, 다른 민족을 적대시해왔는가. 왜 사귀려는 노력을 하지 않았을까. 외국인의 재물을 빼앗는 것은 왜 죄가 되지 않는다고 여겼을까. 어째서 외국인에게는 물건을 비싸게 팔아도 괜찮다고 믿었을까. 왜 양심의 가책을 느끼지 않을까. 심지어 완전과 절대, 자비와 사랑을 표방하는 종교인들마저 서로 싸웠는가. 이래서야 미래 세계가 어떻게 옳은 방향으로 나아갈 수 있겠는가!

우리는 배워서 알고 있다. 단결하지 않는 국민은 일어나지 못한다. 시대 조류에 역행하는 국민은 승리하지 못한다. 인류 역시 마찬가지다. 현재와 같은 분열과 분쟁을 멈추지 않는다면 세계의 앞날은 더 어두워질 것이다.

지금 세계는 마치 춘추 전국 시대 중국과 같다. 서로 다른 민족국가들이 난립하고 서로 이기기 위해 대결한다. 민족국가라는 시야에 갇혀 국가 이익만 추구한다. 자국의 이익을 위해 주권을 행사한다. 주권이 모든 이론을 초월해 존재한다고 주장한다. 그것이 지금 세계 현실이다. 국제사회에서는 약속은 있어도 법은 없다. 이성이 존재하지 않는다. 도덕도 힘을 행사하지 못한다. 자국의 이익만 추구하며 행동하는 국가의 잘못을 누구도 규제하지 못하고 있다.

시간과 공간의 모든 차원에서 지구촌화해가는 오늘의 세계에서 무엇보다 시급한 일은 정신혁명*이다. 인류를 생각하면서 사물을 보고 판단하고 계획함으로써 인류애를 회복해야 한다. 인류사관을 통해 통일된 세계를 이해하고 세계의 오늘과 내일을 염려해야 한다. 인류를 한 단위, 한 가족으로 볼 수 있는 폭넓은 시각을 배양해야 한다. 인류사적 자각과 의식을 보편화해야 한다. 이러한 정신혁명을 정신적 차원에서 하나의 인류상人類像을 세워 나아가야 한다.

인간이 평등하다면 인류는 근본적으로 동등하다. 우리를 가르는 마음의 장벽을 무너뜨려야 한다. 인류세계라는 차원에서 오늘의 아포리아들을 해소해가야 한다. 그러기 위해 자유로이 분석하고 토론하는 지적 풍토가 마련되어야 할 것이다.* 이러한 토론 과정은 인간이 자신의 힘으로 앞날을 설계하고 인류의 이상이 담긴 새로운 내일의 세계를 건설해 가는 작업의 정신적 초석이다.

하나의 세계문화권이라는 개념은 이미 우리가 사는 세계에 실현되고 있다. 세계가 하나로 구성되는 세계화가 진행되고 있다. 교통·통신 수단이 발달하면서 지구는 시공간적으로 축소했다. 그 결과 평등한 인간, 동일한 인류라는 개념도 보편화되고 있다. 문화, 경제, 과학, 기술, 관광 영역에서 국제적 교류 역시 증가했다. 군사 외교적 협력도 크게 증대했다.[5] 1974년 2월 소련의 작가 솔제니친이 국외로 추방된 사건이 상징적이다. 소련의 관점에서 보면 그의 반체제 행동은 '반국가적 행위'였다. 그를 사형시키지는 못했다. 여기에는 변화하고 있던 세계 여론이 큰 역할을 했다. 그 안을 들여다보면 공산권 안에서도 서서히 과격주의가 후퇴하고 있음을 알 수 있다. 실제로 세계 지성인들은 솔제니친의 생존을 자기 일처럼 기뻐했다. 세계시민주의적 인본주의가 그만큼 전 지구에 확산된 것이다.

---

* 미원은 평양 학도병 의거 모의 사건으로 1945년 1월 헌병대에 끌려가 투옥되는데, 이때 감옥생활을 하면서 육체적, 정신적 고통을 당하게 된다. 이때의 사건을 기록한 수기 「학도병 의거 사건」에서 감옥에 함께 있던 동지들과 서로의 지식을 공유하고 토론하면서 자신의 우주관을 발견하게 되었다고 말한다. 토론하면서 지식을 더 확실하게 소화할 수 있었다고도 말한다. 이 글에는 모진 고문 속에서도 이러한 깨달음을 얻게 되어 자신의 호를 '美源'으로 짓게 된 사연도 함께 실려 있다(1·20학병사기간행위원회 편, 『1·20 학병사기學兵史記』, 1988, 서울 : 1·20동지회중앙본부, p. 240).

마찬가지로 세계 문제를 인류의식으로 바라보면 전쟁이야말로 실로 무의미하다. 고대·중세·근세와같은 기존의 도식적인 시대 구분도 다시 생각하게 된다. 역사를 세 시기로 구분한 것은 서구인의 역사관을 반복하는 것이다. 이러한 시대 구분은 독일 역사저술가 켈르너 C. Kellner가 1696년에 쓴 『고대사』 『중세사』 『근세사』에서 유래한다. 여기서 고대는 로마 제국의 멸망까지, 중세는 서구 문명이 탄생하기 이전의 암흑시대까지, 근세는 서구 문명 시대를 가리킨다.[6] 이러한 시대 구분에 사로잡히면 인류 역사의 진정한 흐름을 정확하게 파악하지 못한다.

기존 시대 구분은 본질적으로 서구 중심이다. 그것은 세계사의 주류를 서구 문명으로 생각하도록 만든다. 그 이전의 고대 동방 문명, 그리스·로마 문명, 또는 중국·인도·잉카·마야·이슬람 문명 등을 본류 역사를 위한 지류 역사로 해석하게 만들 수 있다. 서구 중심적 역사 인식은 자기도취적이고 자기중심적인 사관이 아닐 수 없다. 모든 역사의 기본이 될 이상적인 역사 개념으로 수긍할 수 없다. 한 인간의 과거 기록이 다른 사람의 것이 될 수 없지 않은가. 한 나라의 민족사로써 모든 사람의 역사, 인류의 역사를 썼다고 말할 수 없다. 인류를 단위로 세계 역사를 보는 인류사관이 필요하다. 이러한 문제의식 속에서 다음 몇 가지 새로운 견해를 제시하려 한다.

첫째, 공간적 차원에서 인류 전체를 하나의 인류가족으로 보는 거시적 안목이 필요하다. 동양과 서양 문명을 융합할 수 없는 이질적인 것으로 생각해서는 안 된다. 동양과 서양을 하나의 역사적 실체라고 믿으면 안 된다. 고대 국가들은 상호 교류 없이 서로 외딴 섬으로 존재했다고 보는 역사관은 배제되어야 한다. 인류 역사를 제대로 알고 극복해야 한다.

세계를 여행할 때마다,* 구름 한 점 없는 맑은 하늘에서 지구를 내려다본다. 거기에는 산과 평야, 강과 호수, 바다가 연속적으로 이어진 풍경이 있다. 형태는 조금씩 달라져도 분리되지 않는 이 풍경은 어디를 가나 똑같다. 나라들 사이를 단절시키는 자연의 장벽은 어디에서도 없다. 절대로 넘어서는 안 되는 경계선이 지구에는 존재하지 않는다. 국경이란 인간이 임의로 상황에 따라 그어놓은 선에 불과하다. 넘어서는 안 되는 어떤 것이 결코 아니다. 다른 민족이나 국가는 적이 아니라 이웃사촌이다. 우리와 똑같은 형제다. 우리는 역사에서 무엇을 올바로 배우고 느껴야 할까.

20세기 인도가 낳은 위대한 지성인 라다크리슈난S. Radhakrishnan에 따르면 이집트 문명, 메소포타미아 문명, 인도 문명을 이질적인 유형으로 구분하는 생각은 잘못된 시각이다. 고대 문명체 사이에는 원천적 동질성이 존재한다. 그들 사이에는 빈번한 문화 교류가 있었다.[7] 물체의 개념, 행동, 음향 등을 그림으로 표현한 수법, 제사, 방직, 채료, 도기법, 소박한 각종 기구 등에서 공통적인 것이 많이 발견된다. 언어도 비슷한 점이 많다. 이를테면, 인도의 신 아그니Agni는 라틴어 'Ignis', 슬라브어 'Ognu', 리투아니아어 'Ugnis'로 표현된다. 인도의 디야우스Dyaus 신은 그리스어에서는 'Zeus'로, 라틴어는 'Jovis', 북부 독일어는 'Zio'로 표현된다. 이러한 유사성이 말해주는 것은 무엇인가. 그것은 인류문화의 동질성을 드러내는 것이면서 고대 문화가 상호 교류하고 있었다는 증거다.

문명 차이만 강조하는 기존의 역사관은 지양해야 한다. 공통성과

---

* 미원은 여행의 참 가치를 역사를 꿰뚫어 볼 수 있는 것이요, 사회의 참모습을 훤히 들여다보는 것이라고 여러 차례 세계여행을 한 후에 쓴 글 「우리도 잘 살 수 있다」(『연설문집』 제2권, p. 1301)에서 말하고 있다. 이 글 역시 1965년 에콰도르의 키토에서 작성된 것으로 기록되어 있다.

유사성을 찾는 역사관이 필요하다. 인류라는 관점에서 문명 간 공통성을 찾는 것은 인류학적 역사 고증보다 중요할 수 있다. 날로 좁아지고 있는 지구에서 인류가 평화적으로 공존공영하기 위해 필요하다. 문명 간 이질성을 드러내는 것보다 문명 간 동일성을 찾는 것이 더 시급하다. 이는 인류의 파멸을 피하고 우리가 인류가족으로서 함께 사는 데 필요한 과정이다.

인간은 생물과 다르다. 동물과도 다르다. 그것은 우리가 남과 북 어디에 살든, 피부색이 어떻든 변하지 않는 공통된 사실이다. 피부색, 종교, 언어, 습관이 달라 보여도 인간은 모두 본질적 동질성을 지니고 있다. 인류는 역사적으로 같은 기원을 가진 동일 존재다. 이러한 관점에서 인류사를 다시 되돌아봐야 한다.

둘째, 인류사관의 핵심은 역사의 주인공이 인간이라는 생각이다. 성서에도 인간의 가치는 온 세계보다 크다고 적혀 있지 않은가. 역사를 형성하는 주체는 신이나 생산력, 물질, 문화, 조직, 지리, 기후 등과 같은 비인격적 힘이 아니다. 사람의 의지가 곧 역사를 만드는 힘이다.

인간은 물질이 아니다. 생각하지 않는 식물도 아니다. 단순히 지질이나 기후의 영향을 받아 인간이 이루어지고 인간의 행동이 결정된다는 생각은 이치에 안 맞다. 인간이 식물처럼 비료와 날씨와 기온에 따라 풍작도 되고 흉작도 될 수 있다는 말인가. 인간은 생각하고 꿈꾸며 살아가는, 공작工作하는 독자적인 존재다. 이를 잊어서는 안 된다. 인간의 역사가 환경에 의해 결정되는 것으로 보아서는 안 된다. 잘못된 시각이다. 만일 그랬다면 유럽, 중동, 동남아시아, 아프리카, 아메리카, 오세아니아 등 서로 다른 지역에 사는 사람들은 콩과 배추의 씨가 다르듯 각기 다른 역사를 창조했어야 했다. 같은 나라 안에서도 기후와 지리 조건에 따라 다른 문화를 창조했어야 마땅하다. 역사는 그렇게 되지 않았다.

모든 역사 변화가 자연이나 과학 또는 경제 메커니즘의 자율 운동이 만들어낸 결과라고 생각할 수 없다. 주체와 객체의 생성 작용 위에서 인간의 의지가 작동하고 있음을 다시 확인해야 한다. 인류는 공동 목표를 세우고 공동 노력을 해야 한다. 과학과 기술의 발달을 바르게 선택해야 한다. 현재에 만족하지 않고 내일을 만든다는 생각으로 노력하는 인간 본연의 모습을 되찾아야 한다.

자연에서는 돌연변이와 같이 양이 질로 비약하는 일이 일어난다. 이는 자연의 이치에 따라 진행되는 생성 작용이다. 인류 역사는 이러한 자연법칙만으로는 이루어지지 않는다. 인류 역사가 질적으로 변환하기 위해서는 그 무엇보다 인간 자신에 의해 인류 역사를 다시 생성해가는 의식적 지도성*을 되찾아야 한다. 존재는 자연법칙으로 이루어지고, 당위*는 의식적 변혁으로 이루어진다. 인간의 역사에는 막연한 생성이란 있을 수 없다. 의식적 변혁이 이루어지지 않는 한 생성이란 존재하지 않는다. 인간은 '의식적 생성'의 원리를 따라 생각하고 행동하는 존재다. 사람의 마음이 의지적으로 움직일 때 참다운 인간 역사를 다시 쓸 수 있다. 의지를 바탕으로 역동적이고 창조적으로 환경과 교호 작용할 때 비로소 참 인간의 역사가 새롭게 창조된다.

셋째, 인류사회에 기술 혁신이 일어날 때마다 사회적으로도 큰 변화와 개혁이 일어났다. 인간의 환경과 생각도 바꾸어 놓았다. 이러한 변혁 때문에 연속적인 관계를 맺고 있는 동일한 문화에서도 질적으로 다른 정신문화와 물질문명, 생활양식이 출현하게 된다. 하나의 문화라 해서 반드시 동시대적인 것으로 볼 수 없는 상황이 생겨날 수 있다. 인류사가 기술 혁신을 근거로 시대를 구분해야 하는 이유도 여기에 있다.

환경이 달라지면 인간의 생각도 달라진다. 그 환경은 기술의 발달을 통해 개선된다. 인류사를 고대·중세·근세와 같이 단순히 단계적으로 구분하는 시각에서 벗어나야 한다. 인류사의 구분은 학문의 원리를 따라 거시적이고 총체적으로 그 질과 내용의 변화를 따라 새로 이루어져야 한다. 물론 거시적으로 인류 역사를 정의하는 방식에는 다양한 시각이 존재해왔다. 콩트A. Conte는 신학 시대, 철학 시대, 과학 시대로 인류사를 기술했다. 애덤스는 본능 시대, 종교 시대, 기계 시대로 인류사를 정의했다. 이밖에 미개사회, 전통사회, 근대사회로 구분하는 시각도 있었다. 이 책에서는 이러한 구분과 달리 인류 역사를 기술 혁신과 사회변혁이라는 관점에서 거시적으로 조망한다. 변혁적 메타모포시스*를 중심으로 인류 문명사를 신석기혁명 시대(제1차 혁명), 농경혁명 시대(제2차 혁명), 산업혁명 시대 (제3차 혁명), 정보과학혁명 시대(제4차 혁명)로 나눠 살펴보려 한다. 이를 통해 인류문명이 어떤 의식적 변혁 과정을 거친 결과인지 증명해보고자 한다.

2

신석기혁명 시대
- 제1차 혁명

지구 역사는 인류 역사의 출발점이다. 지구는 인류의 생존 무대다. 지구를 서식처로 삼아 인류 역사가 형성돼왔다. 지구는 우주에서 보면 하나의 작은 별에 불과하리라. 인류에게 지구는 자신의 모든 발자취가 고스란히 담긴 공간이다. 인류의 소중한 생명의 터전이다. 우리가 사는 이 지구가 도대체 무엇인지를 아는 것이 필요하다. 지구가 어떤 기원과 생성 과정을 거쳐 오늘에 이른 것인지 알아야 인간의 역사를 이해할 수 있다.

지구는 태양의 1만2000분의 1, 목성의 130분의 1 정도 크기다. 지구의 기원은 정확하지는 않다. 18세기 라플라스는 태양계의 기원을 가스성운의 냉각과 수축에서 비롯되었다고 보는 성운설을 주장했다. 소행성설이나 수소설과 같은 이론도 등장했다. 1969년 아폴로 11호가 달에 착륙했던 역사적 사건을 계기로 지구 형성의 비밀을 풀기 위한 노력이 가시적인 진전을 보였다. 여전히 우리는 지구의 모든 것을 알아내지는 못했다. 현재 우리가 추측하는 지구의 기원은 이렇다. 은하계의 작은 일부로서 태양계가 생겨났고, 지구는 그 중심인 태양의 유성으로 태어났다. 약 45억~50억 년 전부터 뜨겁던 지각이 식기 시작했다. 그러면서 암석층을 형성했으며, 오늘날과 같은 지구가 만들어지기 시작했다.[8]

최근[1970년대] 원자물리학의 발달로 지구의 나이를 과학적으로 측정하는 일이 가능해졌다. 가령, 자연 상태에서 암석에 함유된 우라늄 238은 65억 개 원자 중 하나가 붕괴하면서 다른 원자로 변한다(우라늄 235는 10억 개 중 하나가 그렇게 된다). 수억 년의 시간을 지나면서 이렇게 모체에서 떨어져 나온 원자가 다시 쪼개져 새로운 원자를 탄생시키는 과정이 진행된다. 이후 방사능이 없는 안정적인 질량수인 206, 207, 208이라는 세 가지 납의 동위원소isotope로 정착해간다. 방사성 측정법은 납에서 측정되는 방사능 수치가 얼마인지를 계산해 역으로 암석의 나이를 알아내는 방식이다.

지금까지 밝혀진 바로는, 약 50억 년 전부터 형성된 지구가 태양의 주변을 돌다가 점차 시간이 지나면서 냉각된다. 지상 온도가 섭씨 약 6000도에서 약 100도 이하로 떨어진 약 20억 년 전부터는 지구에 미생물이 나타나기 시작했다. 지질학자들은 지구에 유기체가 나타난 시기를 대체로 시생대를 포함한 전캄브리아기로 추정한다. 약 20억 년 전부터 15억 년 동안 계속된 긴 암흑시대를 거치면서 지구에 유기체가 탄생했다고 본다. 이후 고생대, 중생대, 신생대를 거치면서 좀 더 복잡한 구조를 지닌 동식물 수십만 종이 나타났다.

약 100만 년 전부터는 지구는 여러 차례 빙하시대를 겪는다. 빙하기가 진행되면서 공룡과 같은 동물들이 멸종한다. 하지만 이러한 변화는 한편으로는 지혜를 가진 인간이 성장하는 계기가 되었다. 이렇게 긴 시간을 거슬러 올라가면 현 인류와 가장 비슷한 원인猿人, 인류학적으로 진인眞人이라 부르는 존재가 출현한 시기를 어느 정도 추산할 수 있다. 지질학적으로 신생대 후반부터라는 것이 학계의 정설이다. 우리와 비슷한 유인원類人猿(hominis-near men) 화석 중에는 영국의 인류학자 리키L. S. B. Leakey가 1964년 동부 아프리카에서 발견한 호모 하빌리스Homo habilis [handy-man]가 있다.[9] 호모 하빌리스는 지금 우리의 모습과 비교하면 크게 달랐다. 직립했으나 뇌의 용량은 원숭이와 비슷한 수준이었다.

인류의 기원을 화석 연구에만 의존한다면 그것은 불완전할 수밖에 없다. 앞으로 고고학적 기술이 더 발달한다면, 이제까지 알려진 이러한 사실들 역시 언제든 뒤집히고 말 것이다. 우리가 지구에 대해 알고 있는 사실들이 불완전하다는 것을 인정하면서 다음 이야기를 진행하자.

지질학적으로 보면 홍적세 중기에 빙하시대가 시작된다. 이때부터 빙하기와 간빙기가 번갈아 나타났다. 이때 출현한 구舊인류 중에 1871년 자바섬에서 발견된 직립원인直立猿人-Pithecanthropus erectus이 있다. 1923년 중국 저우커우뎬(周口店)에서 발견된 베이징원인北京原人-Sinanthropus pekinensis도 있다. 이들의 생존 연대는 약 50만~60만 년 전으로 추산된다.[10] 1907년 독일에서는 하이델베르크인Homo heidelbergiensis이 발굴된다. 'homo'라는 말이 붙은 것에서 짐작할 수 있듯, 이들은 사람의 모습과 비슷했다. 생존 연대는 약 40만 년 전으로 추산된다. 1856년 라인강 상류 네안데르탈 계곡에서 발견된 네안데르탈인Homo neanderthalensis은 제3간빙기에서 제4 간빙기 사이, 약 15만~10만 년 전 지구에 살았던 것으로 추정된다. 네안데르탈인의 골격과 두뇌 용량은 현 인류와 닮았다.

이러한 안트로푸스anthropus와 호모homo가 살았던 시대의 지구는 오늘날과 달랐다. 지각 변동이 잦고, 기후 변화도 격심했다. 이들은 척박한 지구 환경 속에서 생존을 위해 분투해야만 했을 것이다. 우리가 발견한 이러한 최초의 인류는 동굴에서 서식하며 어떤 의미에서는 동물과 비슷한 삶을 영위했다. 하지만 지혜를 가지고 도구를 사용했다는 점에서는 동물과 다른 삶을 살았다. 비록 신체적 능력은 동물들보다 약했으나 슬기로움을 지니고 있었다. 머리를 쓰고 도구를 만들어 자연을 극복해나갔다. 또한 이들 최초의 인류는 집단생활을 하면서 언어를 만들어 사용한 것으로 알려진다. 의미를 전달하는 사유 능력을 개발할 수 있었던 것이다.

인간과 동물의 차이는 무엇보다 인류가 도구를 만들어 사용했다는 점에서 분명하다. 구석기인은 골각기와 목기, 석기 등을 만들어 사용했다. 석기는 사냥과 동물 껍질을 벗기는 데 사용했다. 구석기는 대략 50만 년 전 자바인이 나타났던 시대로부터 네안데르탈인이 사라진 약 3만 5000년 전까지를 이른다. 현재 연구자들은 석기 종류와 제작기술 방법에 따라 구석기를 크게 초기·중기·후기로 나누어 연구하고 있다. 돌덩이의 가장자리를 깎아 만든 석각 석기, 돌 파편을 가공해 사용하는 박편석기, 그리고 악부握斧와 석도를 만들어 사용하는 마석磨石 기술의 발달 정도를 따져 시기를 나눈다. 이들 홍적세 인류는 유럽, 아프리카, 중동, 동아시아 일대에 널리 퍼져 있었다. 1868년 프랑스 크로마뇽의 동굴에서 발견된 크로마뇽인의 생존 시기는 지금으로부터 약 4만~1만 년 전으로 추정된다. 이들은 후기 구석기와 초기 신석기에 걸쳐 성장했다.

원인류原人類 또는 구인류舊人類로 불리던 최초의 인류와 비교하면 크로마뇽인은 신인류新人類로서 현생인류와 비슷한 점이 많았다. 이들은 석기뿐 아니라 동물의 뼈로 비녀, 바늘, 낚시, 작살은 물론 활도 만들어 사용했다. 동물 가죽을 꿰매어 옷을 만들었으며 불을 사용해 고기를 구워 먹었다. 사회조직도 발달했다. 무리 지어 사냥하고, 주술적 종교 신앙에 따라 시체를 묻고, 자연 세력을 집단 숭배했다. 동굴벽화에서 알 수 있듯, 이들은 자신들의 기원을 그림으로 표현하는 원시적 예술 행위도 하고 있었다. 동물 형상을 자연 그대로 본뜬 조각들도 다수 발견되고 있다. 생동하는 동물의 모습을 담은 것이 특징이다. 이렇게 발달했던 크로마뇽인들은 약 1만5000년 전 갑자기 지상에서 자취를 감추어 버린다. 그 이유는 아직 정확히 알려지지 않았다. 학설에 따라서는 이들이 현생인류의 조상이라는 견해도 있다.[11]

현생인류인 호모 사피엔스Homo sapiens는 홍적세가 끝나고 충적세가 시작될 무렵, 지금으로부터 1만5000년 전후에 지상에 나타났다. 이들은 그 이전의 안트로푸스나 호모보다 두뇌 용량이 컸다. 지구의 기후가 따뜻해지면서 대평원을 누비며 번성해갔다. 호모 사피엔스가 출현하면서 인류의 도구 제작기술은 급속도로 발달했다. 이른바 신석기혁명이 일어났다. 인류 역사에 기록된 첫 번째 혁명이라고 할 수 있다. 급진적으로 변화하는 변신적 변이로서 메타모포시스metamorphosis*가 삶의 모든 분야에서 발생했다.

신석기혁명은 많은 분야에서 동시적으로 변화를 유발했다. 지역으로 보면 중동에서 가장 먼저 변화가 일어났다. 신석기인들은 석공 기술을 비약적으로 발전시켜 정교한 활촉, 돌도끼, 돌칼, 돌낫 등을 생산했다. 움집, 호상湖上집 같이 이전보다 발전된 주거 형태가 출현했다. 토템을 숭배하는 부족사회에서 혈통과 지연과 같이 유대감을 기반으로 하는 종족사회로 발전해갔다. 통치 권력 또한 괄목한 수준으로 조직화해갔다.

무엇보다 가장 큰 변화는 경제와 사회 영역에서 일어났다. 농업과 유목이 발달하기 시작했다. 구석기 말부터 등장한 농업은 새로운 석기 기술이 발달하고 개, 소, 양, 산양, 돼지, 닭과 같이 가축을 사육할 수 있게 되면서 비약적으로 발전했다. 지금의 아메리카 대륙에서는 기니피그나 칠면조가 사육된 것으로 알려져 있다. 곡식 종류도 다양했다. 소아시아에서는 밀을, 북아프리카와 남러시아에서는 보리를 재배했다. 인도와 중국에서는 쌀농사가 주를 이루었다. 메소포타미아 지역에서는 사과 같은 과일도 재배했다. 북미 지역에서는 옥수수, 담배 등도 재배했다. 신석기인의 생활은 그 이전 시기보다 크게 풍족해졌다.

토기를 만드는 기술 또한 크게 발달했다. 토기 종류도 공기, 단지, 접시 등 다양했다. 현재 연구자들은 신석기인을 이때 만들어진 토기의 문양을 중심으로 승문토기계繩紋土器系와 무문토기계無紋土器系로 나눈다. 이들 대부분 자연 세력을 신격화해 숭배했다. 같은 시대에 제작된 것으로 보이는 지석dolmen이나 입석menhir과 같은 거석기념물이 이를 말해준다. 이러한 기념물들은 신석기인의 종교 활동과 깊은 연관을 가진 유물로 추정되고 있다. 신석기인은 다양한 종류의 옷도 만들어 입었다. 옷감의 소재는 지역마다 달랐다. 지금의 인도 지역에서는 면화를 활용했다. 중국은 양잠을, 중동은 양털을 활용해 옷감을 직조했다. 그만큼 신석기는 그 이전보다 거의 모든 분야에서 풍족했다.

신석기혁명이 지구 여러 곳에서 같은 속도로 나타난 것은 아니다. 고고학자들의 고증에 따르면, 세계에서 가장 오래된 도시로 알려진 여리고성城(성서에는 이스라엘 민족의 침입으로 멸망했다고 기록되어 있다)에서는 약 9000년 전에 이미 고도의 신석기 문화가 발달했다. 영국은 5000년 전까지만 해도 구석기 문화를 유지하고 있었다.[12] 실제로 지금도 그렇다. 한쪽에서는 현대문명이 크게 발달했지만 수단이나 뉴기니 같은 오지나 아마존, 나일강 유역 같은 곳에서는 여전히 원시적 문명과 비슷한 삶을 사는 사람들이 없지 않다.

약 1만 년 전에 일어나기 시작한 신석기혁명은 새로운 문명 세계가 탄생하는 바탕을 만들었다. 육지에서는 유목 생활을 통해, 해양에서는 배를 이용해 빠르게 퍼져나갔다. 이 과정에서 서로 다른 다양한 문화들이 접촉하면서 문화차용이 빠르게 일어났다.

그동안 200만 년 가까이 지구에는 큰 이변이 없었다. 비로소 신석기혁명을 통해 새로운 문명이 여러 지역에서 동시적으로 발생하게 된 것이다. 브린턴 C. Brinton이 말한 것과 같이, 문명의 발달이란 여러 시대를 거치고, 한 세대에서 다음 세대로 전승되면서 문화와 의식주 생활, 언어, 기술, 사상, 습관 등을 지속하는 축적 운동을 통해 이루어진다.[13] 그것은 인간이라는 존재가, 자연환경이나 사회뿐 아니라 문화적 토양 속에서 살아가는 존재라는 의미다. 그뿐만 아니라 언제나 더 나은 문화를 창조하려는 의식적 행위 속에서 보람을 느끼는 존재라는 것도 말해준다.

바로 여기에서 인간의 진정한 본성이 무엇인지 드러난다. 인간은 자연에 속하지만 바로 그 자연을 초월할 수 있다. 인간에게는 자신에게 부과된 운명적 시간이나 환경에 순응하지 않고 새로운 역사를 창조할 수 있는 자유의지가 있다. 다른 생물과 달리 인간만이 가진 이러한 특수성을 적용해 인간은 문화 창조를 이룰 수 있었다. 인류는 자연의 위력에 지배를 받지만, 자연에 굴복하지는 않았다. 세상에 처음 출현했을 때부터 비록 미미한 것이었을지라도 끊임없이 문화를 창조해왔다.

원시 문화를 창조했던 고대인의 삶의 발자취 속에서 우리가 발견해야 하는 중요한 의미는 무엇인가. 첫째, 인류는 단일체이자 공동 운명체라는 사실이다. 지구에서 인간이 만든 역사는 다른 생물과 비교하면 아주 짧다. 신체적 힘도 맹수보다 약하다. 인간은 그 무엇보다 집단을 이루어 힘을 만드는 법을 알았다. 이를 통해 온갖 자연의 도전을 함께 이겨냈다. 자연과 대결하기 위해 협력하면서 자연 세력에 굴하지 않는 역사의 주인공이 될 수 있었다. 지금처럼 민족이나 종교, 이데올로기가 다르다는 이유로 분열하지 않았다. 그럴 겨를도 없었다.

둘째, 인간은 지혜를 가진 동물인 호모 사피엔스다. 머리를 쓰고 도구를 만들어 사용할 수 있는 지혜를 지녔다. 지혜는 인류가 지닌 유일한 무기였다. 동물과 비슷한 생활을 했던 구석기에도 인간은 돌이나 동물 뼈, 가죽 등을 이용하는 지혜와 기술을 터득해 생활했다.

셋째, 신석기혁명과 같은 획기적 혁명은 앞으로도 또 일어날 수 있다. 문화의 변화는 일정한 속도로 비약 없이 꾸준히 변화해온 것이 아니다. 모든 것이 성숙해지는 시점에 도달하면 비로소 세계 전체를 변화시키는 메타모포시스*가 일어났다. 변혁의 인자들은 과거로부터 누적된 세력과 결합하면서 폭발하듯 번져나간다. 이 모든 혁명적 변화를 가능하게 하는 힘은 신이나 운명이 아니다. 오롯이 인간의 의지로부터 시작된다. 이루고자 하는 인간의 뜻이 혁명적 변동을 만들어낸다. 인간의 의식적이고 주리적 지도성主理的 指導性이 작용해 혁명이 일어나는 것이다. 메타모포시스적 변화는 인간 스스로 주체적으로 환경과 교호 작용하는 주체와 객체의 창조적 생성 작용의 결과라고 할 수 있다. 인류는 지상에 출현한 이후 끊임없이 역경에 시달리면서도 지혜와 협력을 통한 공동 노력을 멈추지 않았다. 이러한 의식적 노력 속에서 삶을 개척하고 놀라운 혁명적 발전을 이룩했다.

3

농경혁명 시대
- 제2차 혁명

신석기 시대의 농업은 인류가 정착해 생활하도록 만든 원동력이었다. 농업이 발달하면서 기술이 발전하고 물질적 충족이 이뤄졌다. 문자도 발달했다. 약 6000년 전부터 인류는 원시 문화에서 벗어나 문명 생활을 시작하게 된다. 이 시기에 인류사에서 두 번째 근본적인 변화가 일어났다. '원시문화'에서 '전통문명'으로의 전환이 바로 그것이다.

이러한 전환은 약 6000년 전 지금의 중동지방에서 제일 먼저 일어났다. 그로부터 1000년 후, 지금으로부터 약 5000년 전, 중국과 인도에서도 이러한 변화가 나타났다. 이론의 여지 없이, 동양은 세계에서 가장 오래된 인류문화의 발상지였다.

왜 문명이 동양에서 시작된 것일까. 그 이유는 무엇인가. 이에 대해서는 많은 학설이 존재한다. 해석도 제각기 다르다. 여기서는 옳고 그름을 판단하기 이전에 어떤 시각들이 있었는지 소개하고자 한다.

첫 번째 가설은 기후설이다. 문명 발생을 자극하는 데 온화한 기후가 가장 중요하다는 말은 고대 그리스의 철인 아리스토텔레스도 말했다. 현대에 와서는 예일대 교수 헌팅턴E. Huntington의 저서 『기후와 문명 *Climate and Civilization*』이 이러한 생각을 통속화하고 있다. 헌팅턴은 매우 춥거나 더운 지역에서는 문명이 발생하지 않는다고 주장한다. 화씨 38~64도의 기온과 72퍼센트 정도의 습도가 유지되는 아열대 지역이 가장 적합하다고 이야기한다. 지금의 중동인 동방에서 고대 문명이 발달할 수 있었던 것은 이 지역이 약 6000년 전에는 온대 기후 지역이었기 때문이라고 설명한다.[14] 이러한 가설로는 동방보다 기후가 더 좋았던 아시아나 아메리카 대륙에서 고대 문명이 발달하지 않은 이유를 해명할 수 없다.

두 번째 가설은 지형설이다. 19세기 영국의 역사가 버클H. T. Buckle이 대표적인 이론가다. 그는 지형地形을 크게 두 가지로 나눈다. 사람의 상상력을 자극하는 지형과 사람의 이해력을 키우는 지형이 있다고 주장한다. 큰 사막이나 산악 지대는 사람의 상상력을 자극하면서도 이해력을 돕지 못하기 때문에 문명이 발생하기에 부적당하다고 말한다. 반면 고대 동방, 중국, 인도 등은 사람의 이해력을 키우는 지형이라고 주장한다. 이 가설 역시 왜 더 좋은 산수와 지형을 가진 다른 지역에서 문명이 발생하지 않았는지를 설명해주지는 못한다.[15]

세 번째 가설은 인종설이다. 19세기 프랑스인 고비노A. de Gobineau와 영국의 체임벌린H. Chamberlain 등이 주장했다. 이들은 모두 백인우월주의적 시각에서 문명의 발달 원인을 설명한다.[16] 이러한 시각은 유색인종이 문명의 창조자가 될 수 없다는 논리를 품고 있다. 이는 옳지 않다. 메소포타미아나 이집트에서 세계 최초의 문명을 창조한 사람들은 그들이 말하는 아리안계 백인종이 아니었다. 인도 문명을 창시한 사람들은 유색인종인 드라비다인들이다. 중국은 몽골인종이 주역이었다.

네 번째 가설은 지질설이다. 앞선 이론보다는 비교적 뒤에 나온 이론이다. 비옥한 지질地質을 지닌 지역에서 고대 문명이 발달했다는 시각이다. 땅을 오래 사용하면 토양에서 영양분이 소실되고, 문명의 생명 또한 자연히 쇠퇴한다. 고대 동방에서 문명이 흥하고 쇠한 이유가 비옥한 지질에서 연유한다고 보는 관점이다.[17] 이 주장 또한 동방보다 땅이 더 비옥했던 미국 중서부나 서구에서 문명이 더 빨리 번성하지 못한 이유는 설명하지 못한다.

다섯 번째 가설은 역경설이다. 토인비가 그의 명저『역사의 연구』에서 주장한 논리다. 토인비는 문명의 발생과 성장의 주된 요인을 다양한 역경을 이겨내려는 인간의 정신에서 찾는다. 강의 범람이나 홍수와 같은 자연의 힘에 도전하거나 다른 민족의 침입에 굴복하지 않고 창조적으로 응전하면서 문명이 태동했다. 사람들을 단결시킨 역경이 문명 발달의 원동력이다.[18] 이는 문명 발달을 외부 요인이 아니라 인간 자신의 힘에서 찾는 시각이다. 이 가설 역시 한계가 있다. 그러한 논리대로라면, 수해를 걱정하는 강가나 한파로 인한 재해를 걱정하는 사막과 같이 자연의 역경을 극복해야만 했던 지역에서 더 위대한 문명이 창조되었어야 했다. 현실은 그렇지 않다. 도전과 응전으로 역사를 설명하는 토인비의 역경설 역시 문명 창조의 원인을 충분히 규명하지 못한다.

역사가 전개되는 과정은 그 원인이 하나가 아니며 다원적이다. 문명 창조의 요인도 하나가 아니다. 하지만 가장 중요한 힘은 아마도 꿈을 꾸고 의지를 품는 인간 자신이다. 인간의 꿈이 주관적이고 객관적인 여건들과 얽혀 새로운 것을 생성시키는 의지적 노력이야말로 문명 창조의 원동력이다. '해야겠다'는 의식적 노력이 지혜를 만들고 삶을 성장시키고 문명을 발전시켰다. 의식적 노력이 없다면 아무것도 이루어지지 않는다. 상황은 생각하게 만들고, 목적은 의욕을 품게 만든다.

이렇게 보면 세계 최초의 문명이 왜 고대 동방 지역에서 나왔는지 알 수 있다. 헌팅턴의 말대로 이 지역은 기후와 지형도 좋고, 토질도 비옥해 사람들이 많이 모여 살았을 것이다. 이른바 '비옥한 반달'이라고 불리는 지역이 메소포타미아로부터 팔레스티나를 거쳐 이집트까지 이어져 있었다. 인종적으로도 우수한 셈족과 햄족이 살고 있었다. 티그리스·유프라테스강과 나일강 등 수리水利가 좋은 땅이 펼쳐져 있었다. 비록 홍수와 같은 자연재해가 발생하는 지역이었으나 이러한 자연적 특성은 오히려 이곳 사람들의 정신과 의지를 강하게 만들었을 것이다. 사실상 앞서 말한 모든 요인이 결합해 동방에서 최초로 문명이 발달하도록 만들었다고 볼 수 있다.

이러한 시각은 인류 역사를 생존에 적합한 조건을 중심으로 설명한다. 정작 중요한 문명 창조의 진정한 근원은 내놓지 못한다. 앞서 살펴본 가설들만이 문명 창조의 원인이라고 한다면, 과거와 같이 현재와 미래도 이 지역에서 같은 민족에 의해 문명이 창조돼야 한다. 현실은 그렇게 전개되지 않았다.

역사를 창조하는 진정한 힘은 무엇인가. 그 힘은 무엇보다 사람들이 집단을 이뤄 살게 되면서 자연스럽게 작동시켜왔던 인간의 보편의지*에서 찾아야 한다. 더 옳고 나은 것을 향해, 더 편리하고 유리한 방향으로, 더 완전한 삶을 추구하는 주체의 의식적인 노력이야말로 문명 창조의 진정한 힘이다. 더 나은 삶을 실현하려는 인간의 의지가 집단 안에서, 집단 간 상호 경쟁적으로 작용하면서 인류문명의 변혁이 가능해진 것이다. 인간의 문명이 고도孤島나 산간벽지가 아닌 인간이 모여 사는 도시에서 이루어진 것도 바로 그런 이유 때문이다.

이러한 생각을 바탕으로 여러 문명이 탄생하고 성장했던 과정을 살펴보자. 전부는 아니라 하더라도 간략하게 기술해보고자 한다. 헤로도토스는 이집트가 나일강의 산물이라고 말했다. 이 말은, 티그리스·유프라테스강과 메소포타미아 문명, 인더스·갠지스강과 인도 문명, 그리고 황하와 중국 문명의 관계를 생각할 때 잘 들어맞는 명언이다. 여러 문명의 발생이 강의 범람이라는 역경을 극복하는 과정과 연관된다는 점에서 문명 간 공통점도 생각해 볼 수 있다.

고대 문명의 발흥에 대해 좀 더 주목해야 할 부분이 있다. 고대 문명들 사이에는 지금 우리로서도 상상하기 힘들 정도로 상호 교류가 존재했었다. 예를 들어, 이집트에서는 기원전 5000년부터 이미 동銅을 사용해 금석병용金石竝用 시대에 접어들었다. 또 기원전 2000~1500년경 소아시아의 히타이트 제국은 철 제련법을 발명하고 무기를 제작해 이를 기반으로 대제국을 건설했다. 이러한 철 문화는 빠른 속도로 다른 문명체에도 전파했다. 아마도 전쟁을 통해 전파가 가속화했을 것이다.

문명 교류의 증거는 문자 발명 과정에서도 찾아볼 수 있다. 이집트의 상형문자, 메소포타미아의 설형문자, 중국의 갑골문자 등 형태는 달라도 유사성이 존재한다. 가령, 18세기 프랑스의 드기뉴de Guignes는 갑골문자와 이집트 문자의 유사성을 발견하고 두 문명의 기원이 같다는 주장을 한 바 있다. 19세기 프랑스의 드라쿠페리de Lacouperie도 중국의 팔괘문자와 바빌론의 설형문자가 같은 근원에서 나왔다고 단정했다.[19] 비약이 없는 것은 아니나 인류문명의 동일 기원을 설명하는 기초적 가설을 제공한다는 점에서는 이러한 설명 역시 의미가 없지 않다.

학계는 세계에서 가장 오래된 문명의 발상지를 메소포타미아 남부의 도시 우르Ur 근방이라고 정설화하고 있다. 이 지역은 구약성서에 나오는 아브라함의 고향이다. 약 6000년 전 수메르인들이 농경 생활을 하면서 도시국가를 건설해 살았다. 그 후에는 북방에서 침입해온 셈계의 악카드인이 바빌로니아 왕국을 세웠다. 기원전 18세기 함무라비 왕조에 이르러 전성기를 맞는다.

메소포타미아 문명은 돔과 아치 건축, 평면 기하, 60진법, 점성술, 물시계, 법전, 상법 등 많은 유산을 남겼다. 기원전 8세기경 티그리스강 상류에 살던 아시리아인들은 우수한 무기와 기병으로 메소포타미아 전역을 점령해 군국주의 국가를 설립했다. 이후 이 지역은 100년이 못 되어 신新 바빌론에 의해 패망했다. 기원전 6세기에는 페르시아가 이 지역을 점령했다.

이집트는 약 6000년 전 햄족이 작은 촌락에 집결해 살아가다 도시국가를 만들고, 이후 이 도시국가들이 병합해 통일국가로 발전하면서 탄생했다. 오랫동안 면면히 지속된 이집트 왕조는 고古 왕조, 신新 왕조로 구분하는데 파라오의 권력은 신성과 같이 절대적인 전제였다. 이때 세워진 피라미드, 스핑크스, 오벨리스크 같은 거대 건축물은 인류사적 의미가 크다. 태양력, 상형문자, 수학, 조각, 종교 사상 등도 마찬가지다.

메소포타미아 문명과 이집트 문명 사이에는 소아시아, 시리아, 팔레스티나 지역을 중심으로 페니키아인, 히타이트인, 이스라엘인 등이 문명을 이루어 살았다. 이들은 강철 제련, 유리 염색, 조선, 알파벳, 유일신 사상 등을 후세에 남겼다.

인더스강 유역에서도 5000년 전부터 문명이 발흥했다. 모헨조다로Monhenjo-Daro 유적지에는 아직도 벽면 건물로 이루어진 그 시기의 옛 도시 모습이 고스란히 남아 있다. 주민은 밀과 보리를 재배하고 무소와 염소 등의 가축을 사육했다. 기원전 2000년경에는 이 지역에 북방 아리아인이 침입하여 베다Veda 경전을 토대로 종교 문명을 세운다. 카스트 계급사회 위에 세워진 이 문명은 나중에 발흥하게 되는 불교의 모체가 된다.

중국에도 약 5000년 전부터 황하 유역을 중심으로 문화가 발달해 왔다. 기원전 1700년경 은나라가 설립되었고, 청동기 문명이 성장한다. 주 왕조가 들어서면서 청동기 유물들과 갑골문자 같은 융성한 중국문화가 만들어진다. 오경을 바탕으로 한 음양오행 사상, 십간십이지, 문자, 역법, 법률, 지남침指南針, 화약, 종이, 의학 등도 이 시기에 발달했다. 이어 기원전 3세기 말에는 오늘과 같은 중국 본토의 통일이 이루어졌다. 진 제국에서 한 제국까지 만들어진 유교문화, 그 후 당 제국의 불교문화에 이르기까지 황하는 중국문화의 뿌리를 이룬다.

이 모든 고대 문명체는 서로 다른 모습으로 발전했다. 이 문명체들은 경쟁하면서 더 나은 인간 문화를 창조하기 위한 의지를 갖고 이를 실현하려고 노력하면서 완성되어 갔다. 이 점에서 고대 문명 사이에는 근원적 유사성이 존재한다. 간과되어서는 안 되는 부분이다.

이들 문명체의 구성원이 문명 창조에 의식적 참여를 수행했던 것은 아니다. 대부분의 문명 창조 과정은 토인비가 말했듯 창조적 소수Creative Minority의 역사적 결정이 큰 역할을 했다. 이집트 문명에서는 파라오를 중심으로 한 귀족이 있었다. 히브리 문명에서는 제사祭司 계급 또는 예언자 같은 종교인이 있었다. 또 인도 문명에는 브라만 계급이, 그리스 문명에는 신과 같은 영웅들이 존재했다. 로마 문명의 파트리키Patricci 계급도 마찬가지다. 모든 문명의 중심에는 문명 창조에 앞장섰던 창조적 소수가 존재했다.

문명 발달이 어느 시점에 도달하면 문명을 창조했던 인간의 의지적 노력은 희미해졌다. 문명 창조를 주도했던 창조적 소수 역시 자신들의 본래 사명을 잃어버렸다. 주목할 것은 이러한 시점에 이르러 각 문명체마다 위대한 정신적 지도자들이 출현했다는 점이다. 이들은 인간이 인간으로서 걸어야 할 정도를 가르치고 마음과 영혼을 깨우치는 정신적 사명을 감당했다.

이는 인류사의 동질성과 동시대성을 다시 확인시켜주는 중요한 대목이다. 기원전 6세기는 인류의 정신사에서 가장 큰 변화가 발생한 시기다. 중국의 노자와 공자, 인도의 석가모니, 페르시아의 조로아스터, 이스라엘의 선지자 이사야, 그리스의 탈레스 등 각 문명의 선지자들이 거의 동시대적으로 지구에 나타났다. 이들은 새로운 종교와 윤리, 철학사상을 세워 사람들에게 바르고 옳은 길을 설파했다. 그야말로 기원전 6세기는 야스퍼스가 말한 것처럼 역사의 정신적 '축의 시대Die Achsenzeit'였다.

여기서 또 한 가지 간과할 수 없는 사실은 물질과 정신의 상관성이다. 인간은 자연의 도전에 굴하지 않고 강한 의지력과 지혜로 용감히 응전해 물질적 풍요와 발전을 성취했다. 이를 성취한 후에는 그러한 마음이 안일해지는 시기가 왔다. 물질적 번영의 시기가 온 후에는 번영을 가능하게 했던 정신적 힘을 상실하는 시기가 뒤따라온다. 그것은 문명 창조의 역설적 진리라고 할 수 있다.

이것이 의미하는 바는 무엇인가. 인류 역사가 지금의 우리에게 던지는 교훈은 아마도 이런 것이리라. 정신적 이상을 추구하는 것이 우리를 못살게 만드는 것이 아니다. 그와 반대로 정신적 추구가 오히려 법질서를 확립하고 안정된 사회를 발전하도록 만드는 동력이 된다. 물질적 욕망만 추구하고 탐닉한다고 해서 더 잘살게 되는 것이 아니다. 오히려 자멸의 길을 걷게 된다. 이러한 아이러니를 보면서 우리가 사는 세계의 역사법칙이 무엇인지 알 수 있다. 이는 다른 의미에서 본다면 역사 변동의 원인이 인간 자신의 의지력에 있다는 것을 보여준다.

역사의 발전이 정체되고 문명이 와해하는 가장 큰 원인은 문명 외부에 있지 않다. 모든 요인은 바로 그 문명 안에 있다. 사람의 정신이 무기력해지면서 사회가 자체 분열을 일으키게 되고, 따라서 붕괴하게 된다. 바빌로니아 제국의 멸망은 강한 북방 민족들의 침입만 원인이 아니다. 바빌로니아인들의 정신생활이 내적으로 붕괴한 데서도 그 원인을 찾아야 한다. 마찬가지로 로마의 멸망 역시 외부 요인에 앞서 내부의 타락이 그 원인이었다.

이러한 고대 문명 가운데에는 쇠퇴하면서 자子문명을 낳아 그 명맥이 이어가기도 했다. 이집트 문명, 메소포타미아 문명, 크레타 문명 등은 사멸하면서 그리스·로마 문명이 태동하는 데 영향을 끼쳤다. 중국 문명은 이민족의 침입을 끊임없이 겪으면서도 그 명맥을 유지하면서 지금의 한국과 일본 문명의 발흥에 영향을 주었다.

전반적으로 볼 때, 인류사를 동양과 서양으로 구분하여 바라보는 것은 더는 적합하지 않다. 최초의 고대 문명은 지금의 중동지역에서 탄생했고, 그 후 인도와 중국에서도 문명이 발달했다. 반면 이 시기 서양은 오랫동안 문명권 바깥에서 미개 상태로 남아 있었다. 만일 동양의 앞선 문명이 없었다면 르네상스 이후 부흥한 서양 문명 또한 건설될 수 없었다. '빛은 동방으로부터'라는 말은 수사만은 아니다. 그것은 하나의 명확한 역사적 사실이다. 서구 문명이 우위를 점유하면서 이러한 역사적 사실이 왜곡되어 잘못 전달된 것뿐이다. 유럽 중심 사관이란 19세기 서구 역사가들이 우월감에서 만든 허상에 불과하다.

동서의 우열 논쟁을 여기에서 다시 하려는 의도는 추호도 없다. 그런 논쟁이 얼마나 무용한 것인가를 지적하려는 것이다. 인류는 하나의 역사를 가졌다. 동과 서, 민족과 민족을 이질적인 대립 관계로 해석하는 것은 그릇된 역사관이 아닐 수 없다. 이와 같은 그릇된 역사관의 노예가 되어서는 안 된다. 베이컨F. Bacon은 우리가 사물을 제대로 보는 눈을 가지려면 종족의 우상(인종적·민족적 편견), 동굴의 우상(종교적 편견과 배타주의), 시장의 우상(뜬소문을 믿는 것), 극장의 우상(무엇에 감정적으로 도취하여 착각하는 것)을 내버려야 한다고 말한다. 마찬가지로 인류사를 제대로 고찰하기 위해 우리 역시 역사에 대한 편견에서 벗어나야 한다.

이제까지 우리는 제1기 '사람이 자연에 지배되어 살던 시대'(신석기 혁명 시대)와 제2기 '사람이 자연과 공생하던 시대'(농경혁명 시대)를 인류사라는 거시적 관점에서 살펴보았다. 다음 장에서는 이러한 인류사적 흐름을 되새기면서 제3기 '근대 문명의 탄생 과정'(산업혁명 시대)을 살펴보고자 한다.

4

산업혁명 시대
- 제3차 혁명

인류는 약 6000년 전부터 자연과 공생하는 전통적 농경 문명을 이루었다. 이후 수천 년 동안 큰 변화를 겪지 않고 살아왔다. 동양과 서양, 중동, 중남미 등 여러 문명체들은 표면적 차이에도 불구하고 앞에서 언급한 대로 근본적인 유사성을 유지해 왔다.

14세기부터 서구사회에서는 제3의 메타모포시스(변신적 변이)*가 서서히 일어난다. 기술 혁명이 일어나고 근대 문명이 탄생했다. 인류문명이 탄생한 지 5500년도 지난 시점, 그러니까 지금으로부터는 약 500년 전부터 실질적인 서구 문명이 인류사회에 등장했다. 신석기혁명과 농업혁명보다 더 큰 의미의 전면적인 기술혁명 total technological revolution이 일어났다. 비로소 근대 문명이 출현했다.

역사적으로 볼 때, 기술혁신이 있을 때마다 인류사회는 큰 변화를 겪었다. 기술과 사회의 상호 협력이 강화되면 사회 발전도 그만큼 가속화되어갔다. 서구 근대 문명이 융성해진 시기는 1460년 티무르 왕조가 멸망한 때부터라고 할 수 있다. 이는 문명 발달이 아시아에서 유럽으로 이동해 간 시점이기도 하다. 같은 시기 중동과 인도, 중국의 문명체들이 점차 쇠약해져 갔다. 서구에서 발생한 근대 문명이라는 새로운 힘에 대항할 만한 세력이 이들 지역에는 존재하지 않았다.

서구 문명의 세계적 확산은 이미 알고 있는 바와 같이 식민주의와 제국주의를 통해 이루어졌다. 이는 현재와 같은 세계 상황을 초래한 배경이다. 비록 500년이라는 짧은 역사지만 서구인은 제국주의를 앞세워 신대륙을 정복하고 아시아와 아프리카를 침략했다. 이러한 서구 문명이 가진 힘의 원천은 무엇인가. 사람들은 그 힘을 근대화에서 찾는다. 근대화는 다층적이고 다각적인 의미를 지닌다. 근대화의 의미를 우선 고찰해보자.

근대화 운동은 일원적이고 단선적인 변동으로 설명할 수 없다. 근대화는 정해진 하나의 양상을 일컫는 개념이 아니라 동시적으로 다양한 변화들이 복합적으로 발생한 복선적인 변화의 총체다. 근대화를 한마디로 정의하려는 행위는 눈 감고 코끼리 만지는 식의 오류를 범할 수 있다. 근대화는 정치, 경제, 문화, 사회, 종교, 심리 등 인간 역사 전반에서 일어난 근본적인 변화다. 어느 한 분야만 한정해 규정하는 시각은 근시안적이다.

근대화를 인간이 자연을 지배하는 것이며 내가 아닌 다른 사람을 위해 봉사하는 것이라고 말한 블랙C. E. Black의 정의는 다소 추상적인 감이 있긴 하지만 상관성이 있는 해석이다. 근대화의 본질을 전통 문명과 대립시켜 설명하면 좀 더 이해가 빠를 것이다.

첫째, 정신적 차원에서 근대화는 합리화(과학화) 운동이다. 전통사회는 감정pathos이 합리logos보다 강하기 때문에 많은 부조리를 낳았다. 반면 근대인은 냉철한 과학적 안목을 가지고 사물을 따지고 캐며 합리적으로 사고하고 행동한다.

둘째, 경제적 차원에서 근대화는 산업화(기술화) 운동이다. 전통사회에서는 농업이 가장 중요한 생산이며 그것의 주된 에너지가 사람이나 동물의 노동력이었다. 반면 근대 경제는 기계와 기술에 의해 산업이 발달했다.

셋째, 정치적 차원에서 근대화는 민주화 운동이다. 전통사회의 정치 형태는 대부분 아테네 도시국가와 같은 노예제도를 근간으로 하는 한정된 민주제를 제외하고는 신정神政 군주전제 제도를 따랐다. 반면 근대사회는 개인의 자유와 평등을 지향하는 민주사회를 기반으로 작동한다.

넷째, 사회적 차원에서 근대화는 유동적이고 열린 사회를 지향하는 개방사회화(유동화) 운동이다. 전통적 농경사회는 계급, 지역, 국제 교류가 빈번하지 않은 폐쇄된 사회였다. 근대사회는 사회 이동성 social mobility과 개방성이 확대되고, 직업 역시 다원화된다. 계층 간 이동도 크게 늘었다.

다섯째, 심리적 차원에서 근대화는 절대적 가치관에서 상대적 가치관으로 변동하는 대중화 운동이다. 근대사회는 절대적 전통사회의 옛 가치를 존중하지 않고 새로운 상대주의적 상황 가치를 강조한다.[20]

이러한 근대화 운동이 인도나 중국이 아니고 서구에서 먼저 일어난 원인은 무엇인가. 간단하게 답할 수 없는 문제다. 기후나 지형이 좋다거나, 인종이 우수하다거나, 혹은 역경을 극복하면서 그렇게 되었다는 식의 가설로는 수긍할 만한 답을 얻을 수 없다.

어느 의미에서 수긍이 가는 한 학설은 맥클랜드 D. McClelland의 'Ach' 학설이다. 맥클랜드에 따르면 사람들이 새로운 문화를 창조하려면 어떤 정신적 바이러스mental virus를 가지게 된다고 말한다. 그로 인한 마음의 움직임을 'n-Ach(성취의 필요 need for achievement)'로 설명한다. 그에 따르면, 역사적으로 문명이 크게 발전하는 시기는 어떤 민족이든지 인간의 성취 욕구가 서로를 자극하고 활발해지는 때였다. 맥클랜드는 르네상스 시대부터 서구사회에서 성취 욕구가 문학, 음악, 철학, 경제, 정치 등 각 분야에 현저하게 나타났다고 지적한다.[21]

주체와 객체가 상호 관계를 형성한다고 보는 주객 상관 이론에서 본다면, 이러한 시각 역시 일차원적인 해석이다. 토인비는 역사 발전을 객관적인 외부자극에 대한 응전 양식으로 설명함으로써 단선적 성격을 벗어날 수 없었다. 맥클랜드 역시 역사 발전의 동력을 주관적인 성취 욕망에서만 찾는다는 점에서 불완전한 설명만을 제공할 뿐이다. 다시 말해, 우주의 원리와 세계의 정신은 유심론이나 유물론과 같은 단원론적 시각으로 일원화할 수 없다. 반대로 모든 원리를 인정한다는 식의 다원론도 역사를 충분히 설명해주지 못한다. 앞서 이야기한 것처럼 오로지 주리적인 생성의 원리만이 종합적인 역사 발전의 원동력을 설명해줄 수 있다. 의식적 각성과 이를 실현하려는 의지를 품고 주체와 객체가 상호 작용하면서 인간은 세계를 변혁해왔다.[22]

서구 근대화에 대한 이해는 거시적 역사 관점에서 다시 사유해야 한다. 서구의 근대화는 다른 문명에 비해 상대적으로 침체한 환경에서 오랫동안 정체되어 있던 서구인들이 같은 시기 자신들보다 더 크게 발달한 이슬람 문명을 접하면서 비로소 촉진될 수 있었다. 이슬람 문명을 통해 찬란했던 고대 문명의 문화유산을 만나는 기회를 얻게 되면서 서구 문명이 부흥한 것이다. 특히 십자군 원정 이후 문화 교류가 더욱 활발해졌다고 하는 역사적 사실을 떠올릴 필요가 있다.

이러한 문명 교류의 시각은 근대를 설명하는 전통적인 서구적 역사 인식을 정면으로 부정하는 것이다. 서양의 근대화에 대한 인식은 1860년에 스위스 역사가 부르크하르트J. Burckhardt가 쓴 『이탈리아 르네상스의 문화*Die kultur der Renaissance in Italien*』에서 유래한다. 그는 르네상스 운동이 하늘이 이탈리아인에게 준 천재적 자질이 만들어낸 창조물이라고 말했다. 이후 서구에서는 이러한 생각을 반복해오고 있다. 중세 말기의 종교적 신비주의, 특히 프랜시스 학파의 정신 운동에서 르네상스의 기원을 찾는 이론도 이러한 서구 중심적 시선에서 벗어나지 못했다.

다시 강조하자면, 근대화의 정신적 기반이 된 르네상스 운동은 특정 민족이 처한 지리 풍토나 선천적 재질에 의해 결정된 것이 아니다. 서구사회가 근대화를 추진할 수 있었던 것은 근대화가 가능할 수 있도록 준비된 내적 차원과 더불어 그것을 실현할 수 있는 외적 여건이 종합적으로 성숙했기 때문이다. 내적, 외적 차원이 동시에 준비됨으로써 사회 내외부가 총체적으로 변화하는 메타모포시스적 변혁이 일어난 것이다.

근대화의 토대로서 서구사회의 내적 성숙 과정이란 무엇인가. 중세 봉건사회는 동쪽의 비잔틴 제국이나 이슬람 문명에 비교하면 매우 뒤떨어져 있었다. 그렇다고 완전히 정체된 사회라고 보아서는 안 된다. 서구사회 내부에서도 점진적 변화가 일어나고 있었다. 이미 10세기 이탈리아 북부 지역에서는 상업이 부활하고, 이에 따라 자연스럽게 도시가 발달했다. 그러면서 고대 그리스·로마 문명의 잔해로 뒤덮인 도시에서 새로운 변화를 향한 약동의 기운이 일어났다. 도시에 사는 사람이라는 의미를 지닌 '부르주아지Borugeoisie'라는 말도 생겨났다. 이들은 영주나 농노가 아닌 중간계급을 형성했다. 이를 통해 당시 서구사회의 내적 변화를 짐작해볼 수 있다. 상업이 주를 이루면서 사람들은 사물을 '계산하여 이해를 따지는 습성'을 형성했다. 그것은 이후 합리주의가 싹트는 원인이 되기도 했다.

그러다가 차츰 생활 여건이 향상되고 도시 자치권을 주장할 수 있게 되면서부터는 자유에 대한 사람들의 갈망도 자연스럽게 커갔다. 귀족주의 특권계급의 횡포를 겪는 과정에서 평등사상도 자라났다. 도시 내부의 정치권력 다툼도 가문보다는 개인의 능력을 더 강조했다. 개인의 능력만으로 출세가 가능한 업적 지향 사회로 변해갔다. 사회가 유동적으로 변하면서, 새로운 가치관도 모색되었다. 중세시대의 신본주의에서 벗어나 인본주의가 발아하기 시작했다. 이러한 변화들은 근대화가 시작되기 전에 서구사회 내부에서 어떤 변동이 일어나고 있었는지를 잘 보여주고 있다.

특히 이러한 내적 변화와 성숙 속에서 서구사회는 스페인을 통해 다른 문명의 발달한 문화를 받아들였다. 점차 근대화의 길로 접어들게 된다. 당시 스페인은 이슬람 문명권에 속해 있었다. 고대 동방의 문명 유산과 접할 기회가 많았다. 동양 문명으로부터 문화적 차용을 지속했다. 중국으로부터 종이 제조법을 배우고, 인도로부터 설탕 제조법을 익힐 수 있었다. 사기그릇, 비단, 피혁 등을 제조하는 기술을 배웠다. 이처럼 이슬람문화는 약 10세기부터 서구에 큰 영향을 주고 있었다. 실제로 영어의 어원을 따져보면, cotton, sugar, orange, lemon, spinach을 비롯해 magazine, sofa, syrup, apricot, camphor 등 아랍어에서 유래하는 단어가 많다. 특히, 동양의 향료와 양념, 약초, 물감 등이 끊임없이 유입되면서 서구인들은 동양에 대한 호기심이 점점 더 커갔다. 아라비아 숫자가 소개된 것도 바로 이 시기다.

무엇보다 스페인을 거쳐 다시 소개된 그리스 철학은 서구사회에 큰 영향은 주었다. 10세기 후반 의학자 제르베르 도리악G. d'Aurillac은 이슬람 과학을 흡수한 대표적 인물이다. 그를 통해 토마스 아퀴나스T. Aquinas가 중세 철학에 아리스토텔레스의 철학을 흡수할 수 있는 길이 열리게 된다. 또 서구의 기사들은 이베리아반도의 톨레도를 공략하면서 많은 이슬람 학술 문헌들을 서구사회에 들여왔다. 이는 서구에서 수학, 천문학, 물리학, 화학, 철학 등을 발전시키는 데 크게 공헌했다. 이는 나아가 옥스퍼드, 소르본, 볼로냐 대학 등을 건설하는 지적 초석을 이루었다.

이처럼 중세 서구인은 동방의 문물에 큰 관심을 가졌다. 많은 사람이 성지순례 명목으로 이슬람 팔레스티나를 방문했다. 교황청마저 그런 일을 권장했다. 순례자 가운데에는 종교적 신앙인뿐 아니라 상인들도 많이 끼어 있었다. 이들이 문화 전파의 주역이었다고 할 수 있다. 11세기에 이르러 중앙아시아에 있던 셀주크 터키족이 이슬람 세계에 진출하면서 성지순례를 방해한다. 이 시기 서구에서는 십자군 전쟁이 발생했다. 약 200년이나 계속된 십자군 전쟁은 군사적으로는 실패한 전쟁이지만, 그것이 서구에 끼친 문화적 영향은 지대했다. 중동을 통해 동양 문물을 접촉할 수 없게 된 13세기 말에는 이탈리아 베네치아 사람 니콜로 폴로와 그의 아들 마르코 폴로가 육로로 중앙아시아 평원을 걸어서 중국까지 간 사건도 발생했다.

여러 가지 내적, 외적 요인이 동시에 작용하면서 서구 중세 사회가 근본적으로 뒤흔들렸다. 이 과정에서 서구 사람들은 정신적 혁명을 경험했다. 르네상스가 주창했던 휴머니즘은 바로 이러한 서구인의 정신혁명이 응축되어 나타난 것이다. 인도주의 혹은 인성주의로 번역하는 이 위대한 정신혁명의 본질은 무엇인가.

휴머니즘은 어원상 인간성이라는 뜻을 지닌 라틴어 humanitas에서 유래했다. 본래 이 말은 고대 로마의 철인이자 정치가였던 키케로 M. T. Cicero가 사람 homo과 문화인 humani을 구별해 사용한 데서 유래한다. 휴머니즘은 인간이 인간다운 문화 소양을 쌓아 인간답게 사는 것을 목표로 한다. 나아가 인간의 인격, 능력, 존엄성을 드높이는 사회를 만드는 것을 목적으로 한다.

르네상스 시대의 이탈리아 인본주의자들은 인간의 능력 발달과 존엄성을 억누르는 교회의 교권주의에 대항했다. 이러한 인본주의는 최초의 근세인이라 불렸던 페트라르카 F. Petrarca의 서정시에서도 잘 나타나 있다. 르네상스의 저항 정신은 보카치오 G. Boccaccio의 『데카메론』이 중세 교권과 기사도를 조소한 것에서도 발견된다. 마키아벨리의 『군주론』에 나타난 정치의 적나라한 모습도 같은 예다.

지오토, 프라 안젤리코, 레오나르도 다빈치, 미켈란젤로 등 르네상스 시대를 대표하는 예술가들이 형상하고자 했던 가장 중요한 대상 역시 인간의 모습이었다. 모나리자의 미소를 떠올려보라. 시스티나 성당에 그려진 것 같은 천지창조 신화를 이야기하는 것이 아니라 인간의 이야기를 들려주고 있지 않은가. 르네상스 인본주의가 추구한 인간상은 '전인全人적 인간'이었다. 레오나르도 다빈치는 '공예 mechanical arts'의 대표적 인물로서 철학, 문학, 조각, 그림, 건축, 축성법 등 모든 분야에 천재적 재질을 드러냈다. 알베르티 L. Alberti 같은 사람은 예술, 문학, 신학 등에서 위대한 작품을 남겼을 뿐 아니라 다방면에 뛰어난 재질을 갖추어 명성이 드높았다.

인간이 자기의 무한한 가능성을 개발할 수 있는 정신 풍토가 조성됨에 따라 서구는 다차원적으로 크게 팽창해갔다. 선박 기술, 나침반, 컴퍼스, 해도 등의 발달로 원양 항해가 가능해졌다. 이를 통해 서구인은 동방 항로와 서방 항로를 개척했다. 1488년 디아즈B. Diaz가 희망봉을 발견한 후 10년이 지난 뒤에는 바스코 다 가마Vasco da Gama가 인도까지 항해했다. 1492년에는 콜럼버스C. Columbus가 아메리카 대륙 중부의 도미니카섬에 상륙했다. 항해 기술의 발달을 통해 서구 국가들은 식민지를 확장할 수 있었다. 동시에 후추, 육계, 박하, 키나(※네덜란드어 kina, 영어 china), 장뇌 등의 향료를 동방에서 서구사회로 직접 가져오게 된다. 아메리카 대륙에서 담배와 매독 같은 해로운 것도 딸려 들어왔다. 하지만 고구마, 옥수수 등 새로운 작물을 들여와 서구의 식량 문제를 해결하는 데 근본적인 도움을 줬다.

서구의 팽창이 가능했던 또 다른 원인은 화약 제조였다. 유럽인은 중국으로부터 유황, 목탄, 초석을 혼합해 만드는 흑색 화약 제조 기술을 배웠다. 이후 14세기부터 공성포, 철포 등을 제조해 무서운 무력을 가지게 되었다. 그 결과 서구는 동방의 문명국들을 정복할 힘을 가지게 된다. 결국에는 서구 문명이 우위를 점하는 시대가 시작된다.

과학 지식의 팽창도 괄목할 만했다. 1543년 간행된 코페르니쿠스의 『천체의 회전에 관하여』에서 주장한 지동설은 망원경을 통해 천체를 연구한 갈릴레오와 케플러에 이르러 크게 발전했다. 인쇄술이 발달해 새로운 지식을 널리 보급하는 데 큰 역할을 했다.

이러한 변화들과 함께 종교도 변화했다. 휴머니즘을 기반으로 한 고전 연구는 성서를 새로운 시각으로 연구할 수 있는 식견을 열어주었다. 영국의 위클리프J. Wycliff나 보헤미아의 후스J. Hus 같은 개혁자들을 배출할 수 있도록 자극했다. 그리고 마침내 1517년에는 루터M. Luther의 종교개혁이 출범한다. 이 종교개혁은 우선 사람들의 정신 속에 여러 가지 잘못된 중세 신앙을 바로잡았다고 평가받는다. 이외에도 종교개혁은 서구 근대사회에 많은 영향을 끼쳤다. 민족주의를 자극해 여러 나라의 교회가 독립할 수 있었다. 성서 번역으로 국민 언어가 발달했다. 오직 믿음으로써 의롭게 된다는 사상이 생겨나 근대적 개인주의를 자극했다. 이는 개인과 민족의 자유를 확대해나갔다. 특히, 루터 사상은 근대사회와 민족자본주의를 형성하는 데 큰 영향을 끼쳤다.

급격한 전면적 변동을 배경으로 17세기 이후 서구 문명의 변화가 가속화했다. 마치 원인과 결과가 연쇄 반응을 일으키듯 혁명적 변화가 전개돼 갔다. 상이하면서도 서로 상관성을 지닌 혁명들이 서로 얽혀 사회를 다차원적으로 변화시켰다. 이 시기의 근대적 변혁과정은 다음과 같다.

첫째, 정치혁명이 일어났다. 1642년 영국의 청교도혁명, 1688년 명예혁명, 1776년 미국의 독립혁명, 1789년 프랑스혁명 등 구체제를 무너뜨리는 정치혁명이 발생했다. 이를 기점으로 신권 군주제 대신 자유·평등·박애 등 인간의 천부인권을 내세우게 된다. 인민주권을 근간으로 하는 루소의 사회계약설을 바탕으로 여러 선진 국가에서 자유민주정체政體를 수립했다.[23]

둘째, 사회혁명이 발생했다. 근세 시기의 사회혁명은 귀족들에게 대항하는 부르주아지 계급의 진출을 촉진했다. 그뿐 아니라 1830년 7월혁명, 1848년 3월혁명 등이 일어나면서 하층민의 사회의식을 함양했다. 이는 사회계층 간 유동성을 만들었다. 이러한 계층 간 이동은 보수성이 강한 영국보다 프랑스가 더 급진적이었다.

셋째, 과학혁명을 가속화했다. 휴머니즘은 인간의 합리적 사고를 촉진한 것이었다. 과학적 지식 역시 합리주의에 기반을 둔 사유를 강조했다. 이는 코페르니쿠스, 갈릴레오와 같은 과학자들을 배출하는 토대가 되었다. 데카르트는 『방법서설』에서 인간이라는 존재는 스스로 의심하는 존재(나는 생각한다, 그러므로 존재한다. cogito ergo sum.)라고 말한다. 이 같은 생각은 이제 모든 것을 의심하지 않을 수 없다는 분석 방법으로 발전해갔다. 특히, 1687년 뉴턴의 만유인력 이론이 실린 『프린키피아Principia』가 발표되면서 2000여 년 동안 유럽 사회가 신봉해온 아리스토텔레스의 생체론적 자연관이 무너졌다. 기계론적 우주관이 강화되어갔다. 이는 18세기 철인들의 계몽사조에도 큰 영향을 준다.

넷째, 산업혁명을 추동했다. 18세기 초 농업혁명의 영향으로 토지경운법이 널리 퍼졌다. 사료와 종자를 개량하는 기술이 크게 발전했다. 이는 만성적인 식량난을 해결했다. 사람들은 경제적 여유를 누렸다. 이러한 농업혁명에 의한 변화는 산업혁명의 토대를 제공했다. 사회에 축적된 부와 과학 원리와 기술이 결합하면서 – 특히 와트J. Watt가 개발한 증기기관이 자본가들의 비호를 받으면서 – 18세기 후반기에 접어들어 산업혁명은 서구사회를 급속도로 변혁했다. 방직기술과 증기기관이 결합하면서 방직산업이 크게 변화했다. 육상과 해상에서는 증기기관을 이용한 기차와 기선을 이용했다. 증기기관이 다양한 분야에 적용되면서부터는 근본적 경제혁명이 일어났다.

이처럼 다양한 분야에서 혁신적 변화가 일어나면서 서구는 근대화를 이룩했다. 근대화는 기름이 수면에 퍼지듯 서구 지역 전반으로 순식간에 퍼져나갔다. 다른 지역 국가들에서도 근대 혁명을 촉진했다. 이는 서구 근대화가 지닌 가장 큰 문화적 공헌이라고 할 수 있다.

근대화의 본질은 인간의 힘으로 자연계를 지배하고 인류 세계를 합리화하는 것이다. 인간은 근대화를 통해 능력을 확장할 수 있었다. 그 결과로 인류계는 물론 동물계, 식물계, 나아가 지상의 모든 시간과 공간을 자기 마음대로 이용하고 지배했다. 그러면서 인간사회 역시 근대적으로 조직되어갔다. 그것은 근대화가 창조한 인류의 새로운 역사였다.

5

정보과학혁명 시대
- 제4차 혁명

근대문명은 인간이 자연을 지배한 시대라고 부를 수 있다. 그러면 현대문명이란 무엇을 가리키는가. '근대'와 '현대'라는 시기를 구분하는 기준은 무엇인가. 두 말이 지닌 개념 차이를 먼저 생각해 보자. 근대를 뜻하는 영어 'modern'에는 '지금 이 시간'의 뜻이 있다. 근대화란 말에는 옛것을 현재 사조와 특성에 맞도록 개조, 개혁, 개량한다는 뜻도 포함된다. 이를 엄밀히 적용하면 현재 우리 역시 근대 문명 속에 살고 있다. 그런 만큼, 근대와 현대를 엄격하게 구분하는 것은 사실상 어렵다.

표면적으로는 현대가 근대의 연속인 것처럼 보이지만 내적으로는 근대와 현대 사이에 근본적 차이가 있다. 근대와 현대를 구분하는 것이 더 자연스럽다. 근대는 인간이 자연을 지배한 시대다. 현대는 역설적으로 인간이 자신이 만든 피조물로부터 지배를 받는다. 기계와 과학기술, 조직, 제도, 이데올로기 등이 인간을 지배한다. 이 점에서 근대와 현대는 본질적으로 다르다.

인류의 지식은 10년마다 배가된다고 한다. 지식이 폭발적으로 성장하면서 과학기술혁명이 발생했다. 이어서 산업혁명, 농업혁명, 교통통신혁명, 의학혁명, 생활혁명이 일어났다. 사회생활 전반에서 근본적인 혁신이 일어났다. 이로써 인류 역사에서 네 번째 메타모포시스적 변혁이 발생한다. 과학 지식은 인간혁명을, 원자력은 에너지혁명을, 모든 기계는 자동혁명을, 물질의 풍요는 생활혁명을 이루었다. 만화경처럼 끝없이 변하는 혁명 시대의 한복판에 우리가 살고 있다.

현대인은 자신들이 만든 이 혁명 시대를 안타까워한다. 전기와 석유를 개발하고, 무한히 새로운 것을 만들어가는 물질문명이 가능해진 과학의 왕국에 살고 있지만 고통스러워한다. 무수히 치솟은 공장 굴뚝이 내뿜는 매연이 푸른 하늘을 가린다. 공장 폐수가 강물을 오염시켰다. 이제 사람들은 강물에서 예전처럼 수영하거나 낚시를 할 수 없다. 기계와 자동차가 내는 소음이 거리와 일터를 가득 메우고 있다. 사람들이 매일같이 바쁘게 다람쥐 쳇바퀴 돌듯 살아가는 모습을 떠올려보라. 어찌하여 현대인은 스스로 문명을 만들어놓고 그 문명 때문에 고통을 겪는가. 그 원인을 살펴보자.

19세기 말 인류는 과학과 기술 분야에서 끝없이 혁신을 이뤄낸다. 제2의 산업혁명을 맞이하게 된다. 과거의 산업혁명은 증기기관의 발명에서 산업 성장의 에너지원을 얻었다. 19세기 말에는 전기와 석유라는 새 에너지원을 통해 또 다른 산업혁명이 이루어진다.

고대인도 전기의 존재는 알았다. 하지만 동력으로 사용하는 방법은 알지 못했다. 전기가 본격적인 동력으로 사용될 수 있었던 것은 여러 나라 과학자의 참여 덕분이었다. 이탈리아인 볼타A. Volta, 덴마크인 외르스테드H. C. Örsted, 영국인 패러데이M. Faraday, 독일인 지멘스E. W. v. Siemens, 그리고 미국인 에디슨T. Edison에 이르기까지, 여러 나라의 지식이 합쳐져 전기를 에너지원으로 사용하는 기술을 완성해갔다.[24] 그러니 전기의 혁신은 특정 나라만의 노력으로 이루어진 것이 아니다. 오히려 그 공이 인류 전체에 돌아가야 마땅하다.

처음 미국 펜실베이니아주에서 대량의 석유를 발견했을 때만 해도 사람들은 석유를 복통 진정제로 이용했다. 그러다 점차 기술이 발달하면서 산업 에너지원으로 사용하기 시작했다. 특히 록펠러J. D. Rockefeller가 오하이오주 클리블랜드시에 정유공장을 세우면서부터 석유산업이 크게 발전했다.[25] 포드H. Ford가 자동차를 개발한 이후 현대문명은 석유 없이는 존재할 수 없는 사회로 변했다. 또 1930년대 중동에서 개발된 유전은 이러한 석유산업을 새롭게 변화시켰다. 석유 개발은 화학공업의 발달로 이어졌다. 점점 더 석유와 산업이 불가분의 관계로 변해갔다. 모두가 알다시피 이제 석유화학 콤비나트Combinat를 주축으로 석유에서 수많은 제품이 만들어진다. 19세기 말은 철공업 시대다. 영국인 베세머H. Bessemer가 선철銑鐵, 제철製鐵 분야에서 개발한 신기술을 원동력으로 미국 카네기A. Carnegie 등이 강철 공업을 발전시켰다. 그 외에도 사진, 통조림, 냉동 공업 등 다양한 분야에서 제2의 산업혁명이 일어났다.

산업혁명은 새로운 부를 창출하는 결과로 이어졌다. 부의 분배 과정은 불평등했다. 소외된 계층은 여전히 비참한 생활을 지속해야만 했다. 자본가는 산업 생산의 양적 확대만을 최고 가치로 삼았다. 모두가 돈을 버는 데만 급급했다. 근대화를 태동시킨 정신적 산모였던 휴머니즘은 그 진정한 뜻이 퇴색돼 갔다. 점차 과거보다 더 소외된 사람들이 생겨났다. 이러한 사회 변화 속에서 이들의 권익 보호를 목적으로 단체 교섭을 벌이는 노동 단체와 농민 조직도 생겨났다.

유럽 제국주의 팽창은 강력한 반反휴머니즘 운동으로 규정할 수 있다. 그 이전에도 제국은 존재했다. 고대 이집트 제국, 중국의 한 제국, 알렉산더 제국 등이 있었다. 그것은 단지 '제국의 이익을 주장한다'고 하는 고전적 의미의 제국주의였다. 19세기 말 유럽 국가들이 주도한 제국주의는 과거의 제국주의와는 본질적으로 달랐다.

일반적으로 현대의 제국주의는 3G 운동으로 규정된다. 그것은 첫째, 물질적 이익(Gold)을 위해 자원과 시장을 확보하려는 산업 국가들이 경쟁적으로 약소국들을 침략한 것이었다. 둘째, 국가 명예(Glory)를 위해 식민지를 확보하려는 민족국가 간 투쟁이었다. 셋째, 신의 복음(God)을 전파함으로써 그리스도교를 선교하고자 했던 개척 운동이다. 제국주의는 이러한 목적으로 상호 경쟁하고 협조하면서 팽창해갔다.[26]

아무리 유럽 제국주의 운동을 옹호하는 사람일지라도 그것이 반휴머니즘이었다는 사실을 부인하지 못할 것이다. 중국은 아편전쟁, 애로우전쟁(2차 아편전쟁) 등에서 패하면서 여러 강대국의 세력권으로 분할되었다. 대영제국은 인도를 지배했다. 강대국들은 아프리카 대륙을 완전히 분할했다. 일본과 러시아는 유럽의 과학기술을 배운 후 더 심한 제국주의 침략을 자행했다. 이런 반휴머니즘 운동은 결국 강대국 간의 갈등과 반목을 초래했다. 강대국 사이에 형성되었던 잠정적인 세력 균형은 오래 지속되지 못했다. 발칸반도 문제를 도화선으로 1914년 결국 제1차 세계대전이 일어났다. 무장평화 시대가 그 막을 내리게 된다.

산업화한 현대국가들은 최신 과학무기를 만들어 대량으로 인명을 살상했다. 양심적 지성을 가진 사람이면 누구나 그 엄청난 규모에 놀라지 않을 수 없었다. 1차, 2차 세계대전에서 발생한 사상자는 7500만 명 이상이었다. 그밖에도 많은 피해자가 생겨났다. 우리는 돌아보아야 한다. 인류가 개발한 과학·기술문명이 이룬 금자탑이 누구를 위해, 무엇을 하기 위해 사용되었는지를.[27] 참으로 기막힌 일이 아닐 수 없다.

세계대전 중 미국의 윌슨 대통령은 인간 존엄의 회복을 보장할 수 있는 전후 세계를 구상한 14개 조항을 발표하게 된다. 그는 베르사유 회담에서 자기의 이상을 실현해보려고 노력했으나 프랑스 클레망소G. Clemenceau 등이 반대하면서 뜻을 이루지 못했다. 사실 윌슨이 제안한 국제연맹 수립계획은 발의 당시에도 난항을 겪었다. 처음 이 계획을 제안한 미국에서도 상원이 이를 거부한 바가 있다.

1차 세계대전 후 이러한 서구 현대문명을 가장 예리하게 진단하고 성찰한 책은 슈펭글러의 『서구의 몰락』이다. 슈펭글러는 서구 미래문명을 부정적으로 예측했다. 그에 따르면 서구사회는 염세적 허무 사상이 팽창하게 된다. 세계도시, 지적 유목민, 황제 정치, 종교 등이 출현하게 된다. 그러면서 점차 노쇠해져 화석화된다고 전망했다. 슈펭글러는 서구사회가 사멸해 갈 운명이며, 이를 아무도 막을 수 없다고 한탄했다.[28]

이러한 서구사회의 사상적 분위기는 무엇을 말해주는가. 인간이 기계의 부속품으로 전락하는 현실 속에서도 서구 지성계에는 유토피아를 포기하지 않는 낙관적 지성이 존재했다. 이제 현대인 대부분이 말세적 분위기에 젖어 살아가고 있다. 소외감을 느끼고 구토, 고뇌, 고독, 절망을 경험한다. 르네상스가 꿈꾸던 전인적 인간상은 산산이 부서져 버렸다. 오늘날 생겨난 전문인, 기술인, 대중인과 같은 존재들은 전인적 인간상이 될 수 없다. 그것은 인류가 꿈꾸었던 전인적 인간에 미치지 못한다. 그 꿈의 파편들로 만들어진 존재들일 뿐이다. 현대인의 내부에 항시 허무함이 자리하게 되는 이유다.

이런 몰락의 위기감 속에서 사람들은 올바르지 않은 수많은 미망에 사로잡히게 된다. 이는 나라를 구한다는 명분으로 국민을 잘못된 길로 선동하는 지도자가 출현하는 토양을 제공했다. 프랑스의 나폴레옹 3세를 비롯해, 소련의 레닌, 이탈리아의 무솔리니, 독일의 히틀러, 일본의 도조 히데키 등 군국주의자들이 출현했다. 구세주를 자임했던 이 지도자들은 보불전쟁, 불로전쟁, 2차 세계대전을 일으켰던 인물들이다. 이는 결국 또다시 더 많은 재산을 파괴하고 수천만의 인명을 살상하는 결과로 이어졌다.

다행히 희망의 기류가 다시 생겨났다. 인류를 파괴하는 두 번의 세계대전을 겪은 후 사람들은 새로운 세계를 건설하기 위한 노력을 시작했다. 당시 세계인들은 이러한 변화를 희망적인 것으로 환영했다. 그 변화란 첫째, UN(국제연합)이 설립된 사실이다. 2차 세계대전 중 모스크바 3상 회담, 카이로회담, 테헤란회담, 얄타회담 등이 열렸다. 인간의 기본권, 자유, 평등의 보장을 주장하는 대서양헌장, 국제연합선언 등이 기초가 되었다. 여기서 합의된 새로운 집단 안전보장을 위한 국제연합이 드디어 1945년 샌프란시스코회담에서 탄생했다. 유엔은 총회, 안전보장이사회, 경제사회이사회, 신탁통치이사회 등을 구성했다. 많은 사람들이 유엔을 세계평화를 발전시킬 모체가 될 것으로 기대했다.

둘째, 원자력 개발과 같은 과학·기술의 경이로운 발달이 이루어졌다. 1930년대 독일에서는 과학자 한O. Hahn 등이 우라늄 핵분열을 일으키는 데 성공했다. 원자물리학이 급진적으로 발전했다. 이론물리학자 아인슈타인은 새로운 에너지 공식을 발견했다. 그는 물질이 소멸할 때 발생하는 에너지가 소멸한 물질의 질량에 빛의 속도의 자승을 곱한 값과 같다는 유명한 공식을 알아낸다. 이를 바탕으로 1942년에는 미국, 영국, 캐나다 등이 합동으로 미국의 원자폭탄 개발 계획인 '맨해튼계획Manhattan Project'을 극비리에 추진하게 된다. 1945년 7월 16일에는 뉴멕시코주에서 원자폭탄 실험이 성공을 거둔다. 고대의 불, 18세기 증기기관과 더불어 '제3의 불'이라고 불리는 원자력이 새로운 에너지원으로 등장한 것이다. 이는 인류에게 새로운 희망과 가능성을 약속해주었다.

셋째, 식민지 해방 운동의 결과로 신생 국가들이 출현했다. 제2차 세계대전을 겪으며 유럽 국가들은 전승국이나 패전국 모두 힘이 약화했다. 아시아 유일의 제국주의 국가인 일본도 패망하게 된다. 이후 수많은 식민지가 독립을 달성하게 된다. 1946년에는 필리핀공화국이, 1948년에는 대한민국이 독립했다. 그 후 중남미, 아프리카, 중동 등 세계 각지에서 100개에 가까운 신생 독립국이 탄생했다. 이로써 인류사회에 새로운 역사의 서막이 열리게 된 것이다.

넷째, 집단두뇌로 문제를 해결하는 방식이 출현했다. 2차 세계대전 중 영국인 블래킷P. M. S. Blackett이 발전시킨 오퍼레이션 리서치Operation Research가 한 사례다. 하나의 문제를 풀기 위해 컴퓨터를 기반으로 수학자, 물리학자, 심리학자, 경영자 등 여러 분야 전문가 그룹이 협력하는 모델이 만들어졌다. 그러면서 다양한 분야의 발전이 이루어질 수 있었다. 또 랜드연구소와 같은 집단두뇌도 출현했다. 이는 갈릴레이Galilei나 벨A. G. Bell과 같이 혼자 연구하는 외로운 과학자와 발명가의 시대가 지나갔음을 의미했다. 1969년 아폴로 11호의 달 탐사 성공은 이러한 변화를 상징으로 보여준 사건이었다. 하나의 문제를 해결하기 위해 수십만 명의 연구원과 수백 대의 전자계산기를 이용한 집단두뇌가 작동하는 새로운 경지가 열린 것이다.

2차 세계대전이 종결하면서 벌어진 이러한 노력은 인류사회에 기여한 바가 적지 않다. 1945년 이후 오늘까지[1975년] 30년 동안 진행된 역사만 보면 여전히 의문이 남는다. 세계대전 이후 인류가 만들었던 희망의 변화가 과연 역경을 이겨낸 인류사의 한 장면으로 기록될 수 있을까. 그 업적을 과소평가하려는 것은 아니다. 이러한 변화의 실천들이 성공했다고는 말하기 어렵다.

예를 들어, 유엔은 해마다 힘이 약화하고 무능하고 무기력한 모습을 보이고 있다. 지성인이라면 인류의 장래를 염려하지 않을 수 없는 상황이다. 유엔은 1946년 이란에서 소련군을 철퇴시키고, 1950년 한국전쟁에서 침략자를 응징하는 데 큰 역할을 했다. 1956년 수에즈 전쟁, 헝가리 의거 등에서는 무력하기만 했다. 1958년 레바논사태와 베를린사태, 1962년 라오스사태, 베트남전쟁, 1967년 3일전쟁, 1968년 체코슬로바키아 사태, 그 이후의 중동전쟁 등 수없는 반평화적 상황에서 유엔이 보여준 실천들은 그 능력을 의심하게 만들기에 족했다. 유엔은 세계 여론을 모으는 토론 광장을 마련했다는 점에서는 분명 긍정적인 역할을 했다. 그밖에 크게 성공한 사례는 없었다. 이것이 유엔에 대한 일반적인 평가다. 이런 상황이지만 나는 아직도 유엔의 정신과 저력을 믿고 싶다. 우리는 그 속에서 미래 인류사회의 무한한 가능성을 찾아야 한다.

원자력의 평화적 이용을 기대했으나 사태가 예상한 대로 진행되지 않았다. 전후 세계에서 바르크안案, 애치슨-리리엔탈안, 아이젠하워안 등 여러 계획이 제시된 것은 사실이다. 이들 모두 원자력을 평화산업의 동력으로 이용하려는 계획들이었다. 방사능 문제와 소련과 교섭에 진전이 없는 상황에서 계획은 큰 진전을 이뤄내지 못했다. 오히려 핵전쟁의 위협을 증가시켰다. 20메가톤의 수소폭탄 하나가 폭발하면 100킬로미터 안에 있는 모든 생명이 사라지게 된다. 핵무기는 미국, 영국, 소련 외에도 중국, 프랑스, 인도 등이 이미 가지고 있다. 앞으로 일본, 서독, 이스라엘, 파키스탄, 브라질, 아르헨티나, 인도네시아 등이 핵무기를 가지게 되면 어찌 될 것인가. 인류 종말의 위험은 계속 증가하고 있다.

집단두뇌의 발달도 환영할 만한 결과를 가져오지는 못했다. 오히려 개인의 자율적 창조력을 직간접적으로 억제했다. 과학기술의 발달이 개인이 가지는 양심, 가치, 책임 등과 점점 더 유리되어갔다. 과학기술이 자체적 확대 재생산하는 것을 발전이라고 착각하게 만들었다. 인간은 과학과 기술을 창조하고 발전시켰다. 하지만 이제 인간 스스로 그것들을 통제할 능력을 잃었다. 인간 자신이 과학기술로부터 소외되는 현상이 생겨난 것이다.

프랑켄슈타인의 '괴물' 이야기는 이런 이율배반 현상을 상징적으로 보여주고 있다. 소설 속 프랑켄슈타인 박사는 시체들의 팔, 머리, 몸통, 다리 등을 잘라 큰 튜브 안에 넣고 화학수를 풀어 새 생명을 창조한 후 기뻐한다. 기쁨도 잠시, 그가 만든 생명체는 지성도 양심도 지니지 못한 괴물이었다. 괴력만을 소유했다. 마침내 괴물은 자신을 창조한 박사마저도 죽이려 했다. 결국 박사는 자신이 만든 이 피조물에 쫓겨 도망가는 신세가 된다. 하지만 지금 우리 사회도 마찬가지로 인간이 만든 괴물들이 멈추지 않고 그 주인인 인간을 추적하고 있지 않은가.

현대인은 분명 쫓기고 있다. 과학무기, 기계, 조직, 제도 등 자신이 창조한 모든 것들로부터 도망자처럼 쫓긴다. 현대사회는 인간을 위한 사회가 아니라 기계의 사회가 되고 말았다. 인간이 만든 어떤 존재도 인간을 대신할 수는 없는데도 말이다. 과학의 힘으로 인간보다 나은 로봇을 만든다 해도, 아무리 그 기계인간이 많은 돈을 주고서만 살 수 있는 고가품이라 해도 인간보다 우월한 존재는 아니다. 인간성보다 더 우월한 가치는 어디에도 없다. 찾아서도 안 된다.

근대화가 만들어놓은 또 하나의 현상은 개인이 추상적인 개별자로 변해버리는 상황이다. 본디 인간이란 외부세계와 고립되어 완전히 단절된 인간으로 살아갈 수 없다. 만일 인간이 그렇게 된다면 그것은 인간이 아니리라. 물리계의 입자나 원자와 같은 물체와 다를 바 없다.

현대세계는 사람들 사이의 상호 관계가 추상화되어 가고 있다. 상업적이고 이기적인 관계만이 지배하는 세상으로 변해가고 있다. 그 결과 폭력적 경쟁이 난무한다. 우리는 살아남기 위해 타인을 공격하는 법을 배운다. 남을 앞지르기 위해 냉혹하고 이기적인 성품을 갖추지 않으면 안 된다고 생각한다. 타인을 동료가 아닌 적으로 대한다. 인간의 소행이라고 보기 어려운 잔인하고 끔찍한 범죄가 지구 여기저기에서 일어나고 있다. 그렇게 인간 사이의 상호 관계성이 소실되고 있다.

트루먼 커포티 T. Capote의 책 『냉혈한 *In Cold Blood*』이 그리는 세상이 지금 우리가 사는 세상이 아닌가 하는 생각을 하게 된다. 이 소설에서는 세상으로부터 소외된 사람이 가책이나 목적도 없이 도덕 이전의 상태에서 다른 사람들을 살육하는 모습을 보여준다.[29] 비인간화되어가고 있는 현대세계에서는 누구라도 야수보다 잔인하고 교활한 상태로 전락할 수 있다.

사회가 비인간화될수록 사람들은 허구적인 대상이나 명분, 향락을 좇게 된다. 삶의 진정한 의미를 놓치게 한다. 그릇되고 비열한 목적을 추구하면서도 자신의 행동이 마치 정상적인 인간의 소행이라고 착각한다. 원시적인 부족 시대에나 통용될 법한 좁고 거짓된 이상주의에 쉽게 빠져든다. 이기적 계산주의에 젖어 이익 추구에 광신적으로 매달린다. 계급투쟁, 민족 우월, 국가 지상, 과학 만능, 향락 추구, 생존을 위한 생존권 투쟁 등, 사람들을 사로잡는 온갖 공허한 신화들이 만연한다.

20세기에 들어와 얼마나 많은 사람이 꽃다운 젊음과 생명을 이 거짓된 신화의 제물로 바쳐왔던가. 참으로 어처구니없는 일이다. 위선적인 신화를 광신적으로 추종하는 것은 인간의 진정한 생명을 파괴하는 것이다. 그것은 마치 마약에 중독된 삶과 다를 바 없다. 광신은 우리를 가장 잔인한 범죄 행위를 조직적으로 자행하도록 이끈다. 또 그것을 제대로 인식하지 못한 채 웅장한 이름으로 합리화하도록 만든다. 엘리엇T. S. Eliot은 「프로프록의 연가」라는 시에서 현대문명을 다음과 같이 신랄하게 비판했다.

> 플란넬 테니스 바지를 입고 놀던
> 로벨리아가 깔린 땅에
> 토끼가 굴을 파고
> 가시나무는 다시 우거지며,
> 자갈이 깔린 정원에는
> 덩굴이 무성하리라.
> 그리고 바람은 이렇게 말할 것이다.
> 이곳에 점잖은, 신 없는 사람들이
> 살아 있었는데 그들의 기념비란
> 아스팔트 길과
> 천 개의 잃어버린 골프공뿐이다.[30]

잃어버린 골프공이나 아스팔트로 포장된 도로가 상징하는 것은 화려하게 발전한 현대문명이 언제가 퇴색하게 되리라는 것을 보여준다. 생각해 보라, 다하우와 아우슈비츠의 유대인 수용소, 시베리아의 강제

노역소, 북한의 아오지 탄광 등을. 이 모든 장소는 인류 역사에서 자행된 반인간주의적인 행위들을 기록하고 있다. 현대문명이 이룩한 이 발전이라는 것도 언젠가는 과거의 유물이나 기념비가 될 것이다. 피라미드나 오벨리스크, 아크로폴리스와 같은 역사의 유물들처럼 말이다. 역사는 사라지지 않고 인류의 삶을 증언한다. 후대 사람들은 수천 년 보존되어 온 미라처럼 비인간화 사회와 그 범죄 행적을 기억하리라.

근대화를 낳은 서구 문명은 한계점에 도달했다. 서구의 근대 문명은 자연을 정복하고 동양을 침략하고 세계를 지배했다. 하지만 그 전성기는 300년을 넘기지 못했다. 정신을 도외시한 물질문명의 한계점을 보이기 시작했다. 서구 문명은 모순점을 드러냈으며 우리는 혼란에 빠졌다. 이는 과거에는 서구가 세계를 지배했으니 앞으로는 동양이 세계를 지배할 것이라는 뜻이 결코 아니다. 오히려 동서 문명을 융합하고 발전시켜 다시는 이와 같은 전철을 밟지 말자는 이야기다. 인류 역사라는 거시적 안목 속에서 오늘의 역사 상황을 깊이 분석해야 한다. 동서양이 서로 협력하여 정신문화와 물질문명을 종합(나는 그것을 '문화세계'라고 부른다)해야 한다. 인류의 밝고 완전한 미래를 모색할 때가 왔다.

지구에 인류가 생겨난 건 300만 년쯤 전이다. 도구를 만들어 채집하고 가축을 키우고 농사를 짓기 시작해 문명을 창조한 지는 1만 년이 되었다. 그 오랜 세월 동안 인간은 갖은 고난과 역경을 겪었다. 이를 극복하기 위해 서로 협력했다. 협력하면서 맹수에 대항했고, 천재지변을 이겨냈다. 그렇게 오랜 시간을 살아도 인류는 여전히 알지 못한다. 자신의 존재가 무엇이고, 무엇을 해야 하며, 어떻게 사는 것이 값있고 보람 있게 사는 것인지. 이렇게도 살아보고 저렇게도 살아보았다. 그것은 마치 개미가 큰 초원에서 동서남북을 분간하지 못하고 헤매는 것과 같았다.

지금까지 지구가 생긴 지 약 47억 년이라는 긴 역사가 흘렀다. 이 책은 그동안 우리 인류가 어떠한 환경에서 어떻게 살아왔는지를 우주 위에 올려놓고 입체적으로 누비며 탐색했다. 그렇지만 우리는 그 속에서 인간이 어떻게, 왜 생겨났는지는 아직 완전히 알지 못했다. 지금 우리 인류는 문명을 만들었던 존재로서 누렸던 인간다운 삶을 망각했다. 우리는 무지하게 살아왔다. 자연에 쫓기면서, 사회에서 밀려나면서, 물질문명에 사로잡히면서, 역사와 환경이라는 추세에 밀리면서. 어느 때는 미련하게, 어느 때는 잔인하게. 아무 계획 없이 닥치는 대로 서로 물고 뜯으면서 말이다.

지금까지 우리는 계획이 있는 것 같으면서도 없었다. 영리한 것 같으면서도 미련했다. 큰 것을 구하는 것 같으면서도 작은 것에 집착했다. 자연과 인간의 관계는 약육강식의 논리만이 지배하는 세상이 되었다. 오늘의 세상은 수많은 누군가의 시체들 위에 올라서 있다.

앞에서 '역사의 거울'이라는 말을 했다. 우리는 인류가 걸어온 역사적 발자취에서 무엇을 느끼고 생각해야 할까. 앞날을 어떻게 설계해야 할까. 인간이 지닌 인격만이 가치 있는 것을 이룰 수 있게 한다. 인간이 참된 삶의 보람을 가지기 위해 인간만이 가진 창조 가치를 구현해야 한다. 거기에서부터 다시 출발해야 한다.

'창조 가치'란 무엇인가. 그것은 우리 세계를 더 값있고 더 나은 상태로 끌어올리는 것이다. 오늘의 문명은 한계점을 드러내고 있다. 과거의 가치체계가 붕괴해 인류가 어디로 가고 있으며, 어떻게 살아가야 할지를 알지 못한 채 방황하고 있다. 그렇기에 바로 지금 우리는 무수한 희생의 대가로 얻은 그 존귀한 '역사의 거울'을 두 눈으로 똑똑히 들여다보고 깨달아야 한다. 우주의 원리와 역사 변동의 원동력, 그 속에 사는 인간의 모습과 생명의 불길을! 비록 과거가 어떠했을지라도 앞으로는 인간다움을 저버린 모든 행위를 멈춰야 한다. 진실한 인간으로 다시 서야 한다. 인류사회의 일원으로서 좀 더 인간답게, 값있게, 착하게, 그러면서도 멋있고 행복하게 살기 위해 인간 정신을 재확립해야 한다. 과학과 물질의 왕국이 아닌 문화의 왕국을 건설해야만 한다. 이 새로운 명제를 다시 확인해야 한다. 인간선언을 다시 해야 한다. 인간복권을 이룩해야 한다. 인류가 한 가족이 되어야 한다. 배타적 국가주의가 아닌 협력하며 사는 '인류사회를 선언해야' 한다. 좀 더 평화롭게, 좀 더 새롭고 참되게, 행복하고 가치 있게, 인간의 더 나은 미래 세계 건설을 위해 같이 노력해야 한다. 그것만이 우리 온 인류가 당면한 진정한 명제요, 책무다. 힘을 합하면 길이 열리고, 분열하고 싸우면 모두가 망한다는 옛 잠언을 기억해야 한다.

3

현대문명의 난제들과 미래 개발

1. 현대적 아포리아의 문제점

2. 내일의 인류사회와 신종말론

3. 절망을 넘어선 인간의 새 비전

4. 주리적 생성론에 의한 미래사회

5. 스핑크스의 물음을 통해 본 인간 탐구

1

현대적 아포리아의 문제점

현대문명이 창조되기까지 인류는 무수한 고난을 겪었다. 인류 역사란 그야말로 자연의 지배에서 벗어나, 자연을 정복하고 지배하고자 분투해 온 시간이었다. 인간은 아이러니하게도 여전히 자신들이 기대했던 행복과 희열을 얻지는 못했다. 오히려 자신이 만든 비인격적인 피조물의 노예가 되어버렸다. 그 결과 사람들은 불행과 좌절이 소용돌이치는 세계에서 날마다 긴장하고 초조해한다. 고독과 불안, 공포와 불신이 만연한 사회에서 신경증을 앓으며 살아간다. 물질적으로는 풍요롭지만, 정신적으로는 불행해지는 문명의 이율배반적 모순이 심화한다.

영국 시인 오웬W. Owen은 「죽어가는 청춘을 위한 송가」라는 시에서, 자신의 시대를 포탄 소리만이 들려올 뿐 어떤 기도도, 어떤 종소리도, 그 어떤 애도도 들려오지 않는 세상이라고 한탄했다. 이제 누구도 인류를 파멸로부터 구원하지 못하리라 탄식한다. 아마도 그러한 위기의식은 현대 지성인이라면 누구나 갖는 공통된 느낌일 것이다.[1]

이러한 모순 현상은 어디에서 연유하는가. 풍요를 이룰수록 불행해지는 문명의 자가당착은 어떤 결과를 가져올 것인가. 물음에 답하는 것은 간단하지 않다. 지금 우리가 마주한 문명의 비극이 어디에서 시작되었는지 한마디로 풀어내기란 불가능하다. 역사를 움직이는 동인動因은 하나가 아니다. 그것은 다차원적인 인과의 얽힘 속에서 형성된다. 이토록 복잡한 현대문명 상황을 단 한 권의 책에서 다 짚어낸다는 것은 어려운 일이다. 정치, 경제, 문화, 사회, 심리 등과 상호 관련 맺으면서 현대문명이 안고 있는 문제의 핵심을 전부 밝히는 것은 어렵다. 그것은 인간의 능력 바깥이다.

앞 장에서 논한 바와 같이 역사적 식견과 함께 문명에 대한 종합적이고 거시적 안목을 길러 문명 세계를 관찰해야 한다. 그래야 많은 분야의 지성인들이 동감할 수 있는 공통된 견해를 추출할 수 있다. 인류사 속에서 현대문명의 문제점을 살펴보자. 현대문명이 지닌 잡다한 문제들의 근본 원인은 무엇인가. 그 근원은 물질생활과 정신생활이 균형을 이루지 못한 데 있다.

동양의학은 인체에 질병이 발생하는 원인을 자연의 이치에서 찾는다. 우리 몸의 음陰과 양陽이 균형을 잃으면 질병이 발생한다. 인간사회도 그와 같다. 정신계와 물질계 사이에는 서로를 끌어당기면서 동시에 밀어내는, 인력引力과 척력斥力이 함께 작동한다. 음과 양의 관계처럼 정신계와 물질계는 서로 상극이지만 동시에 서로 조화를 이루어 교호한다. 서로 다르면서도 균형을 이뤄 발전한다. 오늘날 수많은 문명의 병폐는 바로 이러한 균형이 깨짐으로써 생겨난 것이라고 할 수 있다. 진보와 과학기술을 맹신하고 양적 발전만을 성장이라고 착각하면서 물질계와 정신계 사이에 불균형이 발생한 것이다.

현대인 대부분이 물질문명의 혜택을 누리며 살아간다. 미국의

1970년대 통계지표들만 살펴봐도 인류가 획득한 물질적 풍요가 어느 정도인지를 알 수 있다.[2] 미국에서 물질문명이 발달할 수 있었던 가장 큰 원인은 생산성과 효율성의 극대화를 꾀하는 전략 때문이었다. 이를 토대로 갤브레이스W. Galbraith가 말한 '풍요사회'가 실현된 것이다. 경탄할 만한 물량의 왕국이 아닌가. 이제 현대사회는 과거의 군왕도 부럽지 않을 물질적 풍요를 누린다. 화려한 소비미덕 시대가 된 것이다.

생산성과 효율성의 극대화라는 경제 원리가 지배하는 인간사회의 실재는 무엇인가. 인류의 정신계는 과연 어떻게 변해가고 있는가. 미국은 대표적인 풍요사회다. 이러한 풍요가 정신적인 만족감으로 이어지지는 않았다. 문명이 발달해도 인간은 여전히 고통을 느낀다. 비윤리적이고 반체제적이며 반문명적인 일들이 사라지지 않는다. 폭력과 범죄가 자행된다. 왜 그런가.

물질문명의 폐해를 성찰하기보다 정신생활의 압박과 공허감을 잊어버리기 위해 알코올이나 마약에서 일시적인 위안을 찾는 사람도 허다하다. 선진화된 세계일수록 신경질환을 앓는 사람이 증가한다. 수많은 사람이 정신병을 앓고 있다. 풍요가 만들어낸 이러한 병리 증세는 줄어들 기미가 보이지 않는다. 문명의 아이러니가 아닐 수 없다. 가보르D. Gabor는 인간이라는 존재가 본디 역경에는 강하지만 안일한 평안 상태에서는 무능해진다고도 말했다.[3] 그렇다 하더라도 우리는 근본 원인을 찾아야 한다.

문제의 핵심은 과학기술이 급진적으로 발전했지만 정작 인간은 그것들을 다 소화해내지 못하고 있다는 데 있다. 세계는 진보를 이룩하기 위해 끊임없이 변화해왔다. 중요한 것은 이러한 진보가 물질적 전진만을 의미해왔다는 점이다. 우리는 진보적 변화가 무엇을 의미하는지 묻지 않았다. 진정한 진보가 어떤 것이어야 하는지를 묻고 성찰하는 시간을 빼앗기고 말았다.

미국은 법적으로나, 현실적으로나 자유가 충분히 보장된 나라라고 평가받는다. 건국 초기부터 미국은 자유를 국가의 목표로 삼았다. 이런 미국에서 1970년대 왜 그토록 광범위한 반체제운동anti-establishment movement이 일어났을까. 도스토옙스키F. Dostoevskii도 소설 『카라마조프가의 형제들』에서 과도한 자유는 인간에게 왜 불행을 주는지 고민했다.[4] 프롬도 인간은 왜 자유의 무게를 견디지 못하고 자유로부터 도피해 전체주의를 향하는지 물었다.[5]

현대문명의 문제는 미국과 같이 어느 한 나라에만 국한된 것이 결코 아니다. 풍요를 누리는 현대인 대부분이 표현하기 어려운 감정을 토로한다. 불안감, 불쾌감, 우울증, 히스테리, 허무감 등 다양한 정신질환에 시달린다. 1970년대 프랑스의 모습도 크게 다르지 않다. 당시 프랑스의 경제지표를 살펴보면, GDP는 놀라울 정도로 성장했다.[6] 여기서도 풍요의 다른 얼굴인 부정적인 모습을 발견할 수 있다. 이러한 사회적 분위기 속에서 사르트르J. P. Sartre와 카뮈A. Camus 같은 철학자들은 실존주의를 주창한다. 사르트르는 현대문명 속에서 살아가는 존재들이 실존 불안angst과 수동적 존재로 전락하는 과정을 사유했다. 왜 이들이 구토ekel의 감정을 경험하는지 고찰했다.[7] 카뮈 역시 문명으로부터 소외된 현대인의 존재를 '이방인'이라는 말로 표현했다.[8] 이러한 정신 현상은 물질문명이 발달한 곳이면 어디든 존재하는 공통적 사회현상이다.

왜 인간은 물질문명이 발달해도 행복감을 느끼지 못하는가. 풍요사회가 되었지만, 사람들은 오히려 과거보다 더 큰 소외감, 무기력, 불평, 불만, 자학감을 느낀다. 문명이 발달한 사회일수록 정신쇠약을 경험하는 사람이 증가했다. 실로 역경逆境만이 인간을 인간답게 만드는 것일까. 모든 것이 편안하고 순탄한 환경에서는 괴물이 태어난다는 말이 맞는 말일까. 과학기술문명의 속도는 점점 더 빨라지고, 지식의 집적 또한 급증하고 있다. 우리는 그토록 빠르고 전면적인 변화에 현기증을 느낀다. 지적 소화 불량 상태다. 우리가 문명을 성찰할 수 있는 정신적 힘을 상실해가고 있는 것은 아닌가.

앞으로 어떤 일이 폭발적으로 발생할 것인지 전혀 예측할 수 없다. 문명은 왜 이율배반적인 결과를 가져오는지. 풍요는 왜 불행을 만드는지. 이는 현대인이 풀어야 할 수수께끼이자 난제다. 우리는 이제 안다. 발전과 진보가 추구해온 변화가 실은 훨씬 더 복잡한 문제를 가져왔다는 것을.

발전과 진보는 왜 우리가 풀어야 할 문제가 되었는가. 물질문명의 발전 자체가 해롭고 악한 것인가. 물론 그렇지 않다. 사람은 먹는 것만으로 살 수 없지만, 먹지 않고 살 수도 없다. 물질적 충족이란 인간이 살아가는 데 필요한 '조건'일 뿐이다. 이것을 알면서도 사람들은 육체적 욕구 충족이 인류생존의 유일한 목적인 양, 물자의 대량 생산만을 위해 노력한다. 이는 인간 자신이 물량의 노예로 전락한 것이나 다름없다. 현대사회에서 발생하는 다양한 잘못된 현상 속에는 바로 이러한 공통 문제가 내재해 있다.

인간은 하나를 가지면 다른 하나를 더 가지고 싶어한다는 서구 속담이 있다. 말을 타면 말고삐를 들어줄 하인을 두고 싶어하는 것이 인간이라는 말도 있다. 그만큼 인간의 욕망은 무한하다. 더욱이 현대 산업문명이 발달하면서 욕망의 대상도 무한히 늘어났다. 욕망의 깊이와 폭도 무한정 커지고 있다. 이제 의식주가 충족되었다고 만족할 수 있는 사회가 아니다. 소유욕, 사업욕, 명예욕, 향락욕, 지배욕, 개발욕 등 우리는 그야말로 잡다한 욕망에 이끌려 살아간다.

소유욕을 예로 들어보자. 현대 산업문명에서는 그 누구든 불만을 가질 수밖에 없다. 사람들은 냉장고를 가지면 세탁기를, 자동차를 가지면 요트를, 배를 가지면 비행기를 갖고 싶어 한다. 해마다 유행하는 상품을 소유하려 한다. 아무리 많은 것을 가져도 타인이 가진 것을 부러워한다. 담장 너머 이웃집 잔디는 푸르게만 보인다는 격언이 틀린 말이 아니다.

좀 더 높은 차원에서 생각해 보면 이러한 잘못된 사회현상은 인간성 그 자체에서 비롯된다. 현대인은 모든 것에 권태를 느끼며 언제나 새로운 것을 찾고 변화를 반긴다. 바크R. Bach의 소설 『갈매기의 꿈*Jonathan Livingstone Seagull*』에도 담겨 있듯 인간의 본성은 항시 새로운 것을 찾는다. 현대사회는 바로 이러한 인간의 욕구를 극대화한다.[9]

업적 중심 사회에서는 누구나 성공을 위해 살아갈 수밖에 없다. 남보다 빨리 달리지 않으면 불안하다. 가령, 운전하는 사람들을 보라. 본능적으로 앞차를 추월하려 든다. 그럴 때 심지어 만족감을 느끼기도 한다. 아무리 부유해도 인정받기 위해서는 업적이 중요하다. 물론 좋은 경쟁은 더 좋은 사회를 낳을 것이다. 그 점에서 인정할 수 있는 부분이 없지 않다. 그런 장점과 동시에 사람들이 점점 더 정신적 불안감에 내몰리는 부작용 또한 커지고 있다. 과학의 진보가 곧바로 사회와 정신의 진보를 의미하는 것은 아니었다.

물자의 대량 생산을 가치로 삼는 산업혁명이 발생한 후 생산체계는 점점 더 확대되어왔다. 그럴수록 인간은 전체 생산 과정에서 소외되어 갔다. 생산 작업이 고도로 전문화하면서 노동자는 거대한 기계 앞에 서

있는 익명 존재로 변해갔다. 인간을 무력하게 만드는 비인간적인 노동 환경을 생각해 보라. 어느새 우리는 인간의 노동을 비인격적 상품처럼 취급하는 것을 자연스럽게 여기게 되었다. 산업화는 모든 생산 과정의 규격화, 단순화, 전문화를 통해 산업의 합리화를 촉진했다. 바로 이 과정에서 역설적으로 노동자가 소외되는 결과가 초래된다. 여기서는 완전하고 총괄적인 인간 활동으로서의 노동 개념이란 통용되지 않는다. 인간은 단순 숙련공으로서 생산 과정 중 일부에만 참여할 뿐이다. 그들이 하는 일도 복잡한 것이 아닌 단순하고 반복적인 노동이 대부분이다. 이제 노동자는 전체 노동 과정에 대한 설계를 알 수 없다. 양적으로 동질적인 노동만 수행하면 된다. 그 결과 노동자는 차이들이 사라진 일차원적이고 비인격적인 존재로 변해가고 있다. 이러한 노동자의 모습은 그 자체로 산업화 이후 오히려 퇴화하고 있는 현대인을 상징적으로 보여준다.[10]

노동의 합리화라는 미명으로 끊임없이 이익만 추구하는 시장 논리가 우리 시대의 도덕이 되어가고 있다. 사르트르가 쓸모를 기준으로 사람을 규정하고, 쓸모가 없으면 잉여 존재로 만드는 현대문명을 비판했던 까닭도 여기에 있다. 모든 인간관계가 영속성을 상실해가고 있다. 비인격적이고 일시적이고 표면적인 관계만이 존재하는 사회다. 함께 살아도 다른 사람들과 어떤 연결도 이어가지 못한다. 그것은 마치 사람들이 컴컴한 극장에 앉아 같은 영화를 보면서도 바로 옆에 앉은 이가 누구인지 관심을 둘 필요 없는 상황과 비슷하다. 인의예지신仁義禮智信과 같은 전통적인 윤리는 말할 것도 없고 타인에 대한 사랑과 자비도 기대하기 어렵다. 인간을 인간으로 대하지 않기에 함께 살아도 인격적인 관계를 맺지 못한다. 사람들은 타인을 존중하지 않을 뿐만 아니라, 이유 없는 적개심을 드러낸다. 이러한 이율배반이 만연한 사회다.

예술은 현대사회를 어떻게 재현했을까. 카시러 E. Cassirer의 『인간론』에 의하면 인간이란 본디 끊임없이 상징을 통해 정신을 표현하는 존재다.[11] 현대 예술가들도 현대세계의 변화를 반영하는 작품들을 계속해서 만들어냈다. 허무주의적 데카당스를 표현하는 많은 예술작품은 정신적 허무로부터 도피하여 일시적으로 현실을 망각하고자 하는 현대인의 심리를 반영한 것이다. 대중문화에 표현된 현대인의 모습은 또 어떠한가. 퇴폐적이고 폭력적이고 쾌락적으로 그려진 사회를 보라. 잘못된 성 욕망과 폭력적 행동을 미화하기도 한다. 대중의 쾌락적 욕망을 부추기는 대중문화산업도 점차 기업화하고 있다. 이를 비판하기 위해 현대 문학의 주제도 이상을 잃고 허무주의적이고 지성을 상실한 폭력적 세계가 주를 이룬다. 현대음악도 마찬가지다. 12음 기법을 통해 변칙, 불협화음, 반反진행, 도립, 역립 등의 새로운 기법들이 생겨났다. 소위 전위음악이 확산하고 있다.

지성인들은 이러한 시대를 날카롭게 비판한다. 변화를 추구하며 인기를 좇는 퇴폐적인 정신 풍토와 시대 조류에 대항한다. 이것이 카뮈가 『반항』에서 현대문명이 지닌 모순과 부조리를 실존주의적 맥락에서 파헤쳐 반항을 시도한 배경이다.[12] 마르쿠제 H. Marcuse도 『이성과 혁명』에서 부정 정신을 통해 세계에 대항하는 시대정신을 이야기했다.[13] 이들이 말하는 반항 정신이란 시대의 변화를 읽고 나아갈 바를 모색하는 시대정신의 한 양상이라고 할 수 있다. 반항은 우리 문명이 종말을 맞을 수도 있다는 위기의식 속에서 출현하는 행동이다. 비인간화된 세계를 방관할 수 없는 안타까운 마음에서 비롯된다. 모든 반항 운동이 옳은 방향으로만 진행되지는 않았다. 성찰 없는 반항은 그 자체로 현실의 잘못된 퇴폐 현상을 드러내는 행동일 수 있다. 반항 운동이 진정한 것이 되기 위해서는 반항에 앞서 새로운 문화를 창조하기 위한 사상적 기반을 확고히 정립해야 한다. 체제 전체를 개조할 수 있는 역량을 먼저 길러야 진정한 반항이 가능하다.

현대인은 서로에게 인격적인 존재가 되지 못한 채 이방인으로 존재한다. 이러한 현상은 어느 한 국가나 한 집단의 문제가 아니다. 혹은 자본주의와 같은 특정한 체제에서만 발생하는 문제도 아니다. 세계적인 현상이라고 할 수 있다. 공산주의 치하의 통제사회에서도 비록 서구와는 다른 방식이지만 개인의 개성과 인격을 말살하는 일이 발생한다. 공산주의 체제에서 개인은 집단의 일부로서만 존재한다. 한 사람 혹은 한 인격체로서 개인이 지니는 의미는 무시된다. '나'라는 존재의 의미가 집단 내 지위나 직함에 의해 규정된다. 개인은 소속된 단체와 조직, 그 안에서 부여받은 역할에 의해 평가된다. 이처럼 기계화된 현대세계는 어디든 인간의 자유의지와 창조 정신을 억압한다. 자유와 창조는 개인의 의미를 결정하는 중요한 요소가 더는 아니다. 개인의 정체성은 철저하게 사회적 기능과 역할에 동일시되고 그것에 따라 결정된다. 그 결과 개인으로서 인간의 가치는 집단 안에서 부여받는 직위나 능력 아래에 놓이게 된다.[14]

과학기술이 발달해도 인간의 행복은 저절로 주어지지 않았다. 물질적 생산이 무한대로 확대돼 사람들이 소비를 마음껏 할 수 있는 시대가 되었다. 그렇다고 해서 삶의 기쁨과 만족감이 커진 것은 아니다. 과학기술은 인간의 본질적인 물음에 답해줄 수 없다. 사람의 정서와 심정, 삶의 멋과 의미, 죽음과 절망, 공허함, 자책감 등 인생의 깊은 문제들은 다룰 수 없다. 오히려 물질충족만 가치화하고 추구하도록 조장한다. 현대인은 불안, 불만, 불쾌감을 더 크게 느낀다. 정신적 파멸을 겪는 이도 적지 않다.

사태가 이러한데 현대사회는 인간의 육체적 욕구를 충족시키는 일에 몰두한다. 그것은 우리가 물질 풍요가 이루어지면 삶의 모든 문제가 해결된다고 착각하기 때문이다. 풍요사회가 되면 전쟁과 갈등, 시기와 증오가 사라진 낙원이 만들어진다고 믿기 때문이다. 풍요가 정신 가치를 저절로 이루게 할 것이라고 착각했기 때문이다. 그러나 자유와 가치, 사랑과 행복, 이해와 협력 같은 인간 가치들이 어우러진 천국 같은 삶은 오지 않았다.

풍요사회가 가까워질수록 정신 문제는 중심에서 밀려났다. 사람들은 물질적 풍요를 이루기 위해 물질산업을 보다 효율적으로 발달시켜야 한다고 믿는다. 이 모든 것을 이루기 위해 불가피하게 끊임없이 과학기술을 발전시켜야 한다고 주장한다. 인간사회를 더욱더 합리화해야 한다고 말한다. 그것을 위해 삶의 모든 영역을 계획하고 관리하고 통제해야 한다고 생각한다. 관리화 사회의 출현이 어쩔 수 없다고 역설한다.

인간은 엄연히 정신적 존재다. 이 단순한 사실이 무시되고 있다. 그러면서 현대사회는 더 큰 모순에 빠지고 있다. 인간의 본질을 망각하고, 온전한 인간 가치를 알지 못한다. 삶의 방법과 환경도 인간 가치에서 멀어진 채 무참히 깨져가고 있다. 현대인은 이제 정신과 이상을 상실한 채 오로지 물질 소비만을 추구하는 소비적, 쾌락적 인간으로 변해가고 있다.

어찌하여 현대인은 물질 만능에 사로잡혀 향락만을 추구하게 된 것일까. 인류 역사와 미래를 망각한 채 실리만을 따르게 된 것일까. 실리를 따르더라도 오로지 자기 이익만을 생각하게 된 것인가. 극도의 이기주의, 실리주의, 현실주의가 인간의 숭고한 정신을 저버리게 만들고 있다.

문명의 역사와 실재를 거부하도록 만들고 있다. 지금 인간은 내일의 인류조차 무시하며 살아가려 한다. 인간은 자연을 선량하게 관리할 수 있을 뿐 소유할 수 없다. 그런데도 우리는 자연을 파괴하고, 나아가 문명을 파괴하고 있다. 자연과 문명은 결코 어느 한 세대의 소유가 될 수 없다. 그것은 내일의 세대와 공유해야 할 공동의 문명, 공동의 자연이다.

우리가 사는 세계가 누군가의 소유물이 아니듯 문명도 누군가의 소유물이 아니다. 현재 우리가 누리고 있는 문명은 현재 우리의 것이 아니다. 세계를 바꾸는 기개를 지닌 영웅이라도, 세계 정복이 가능한 강대국이라도, 자기 마음대로 자연을 파괴하고 문명을 깨뜨릴 수 있는 권리는 없다. 인간은 신으로부터 그러한 권리를 부여받은 바 없다.

자연과 문명은 시대를 뛰어넘어 인류 전체의 공유물이다. 오늘의 자연과 문명은 현재 인류만의 것이 아니다. 과거의 조상과 미래의 후손들이 그 주인이다. 우리에게는 자연과 문명을 선하게 관리하고 발전시켜 후손에게 물려줄 의무는 있으나 자연을 파괴할 권리는 없다. 문명의 역사를 보라! 문명이 어찌 지금 우리만의 힘으로 만든 창조물일 수 있는가. 그것은 수많은 어려움을 헤치고 피땀 흘려 선조들이 이룩한 노력의 산물이자 그 결정체다. 과거가 없었다면 오늘 이 문명의 금자탑은 이룰 수 없었다.

자연과 문명이 현재 우리의 것이라는 이기적인 생각은 어디에서 비롯된 것일까. 그것은 인간이 스스로 만든 기계와 기술, 물질에 의존하는 노예가 되었기 때문이 아닌가. 자유의지를 지닌 존재라는 인간의 본질과 개성을 상실하면서 그렇게 된 것 아닌가. 문명의 발달이 가져온 폐해가 너무나 크다. 물질적 포만감에 취해 소비와 향락에 젖은 사람이 있는가 하면, 물질적 욕망을 삶의 목적으로 착각하는 사람도 있다. 이기적이고 타율적으로 살아가는, 오로지 타인의 인정을 받기 위해 살아가는 시대다.

감시와 통제가 당연시되는 사회는 개인의 삶을 천편일률적으로 획일화한다. 개성과 창조성이 무시되고 자신만의 삶을 추구할 수 없는 사회로 변한다. 사생활도 마음의 안식처도 존재할 수 없다. 통제사회는 인간 정서를 메마르게 한다. 결과적으로는 인간성마저 상실하도록 만들어버린다.

사람이 인간성을 상실하면 어찌 되는 것일까. 인간성을 상실한 사람이 컴퓨터나 정밀기계, 또는 동물과 구분될 수 있을까.[15] 모든 삶의 형식과 구조가 계산적이고 효율적으로 체계화된 컴퓨터크라시 사회가 실현된다고 상상해보자. 사람들이 더 큰 정신적 행복감을 과연 느낄 수 있을까. 인간에게 행복을 주지 않는 합리화된 세계가 과연 가치가 있는 것인지 물어야 한다.

현대교육은 이러한 세계의 문제점들을 고치기보다 오히려 더 조장하고 있다. 왜일까. 교육을 많이 받을수록 신뢰가 쌓이고 따뜻한 사회가 건설되어야 할 터인데 오히려 서로를 믿지 못하는, 차갑고 거칠고 메마른 사회가 되어가고 있다.

그것은 교육이 본래 부여받은 신성한 사명을 저버렸기 때문이 아닌가. 오늘날 교육은 사회의 부조리, 불합리, 비윤리, 부도덕이 사라지도록 사람들을 교육해야 할 책무를 저버리고 있다. 수천 년 동안 인류를 이끌어준 참된 도리와 윤리마저 제대로 지키지 못하고 있다. 왜 그러한가.

그것은 교육이 과학교육, 기술교육, 생산교육, 실리교육 등 전체가 아닌 부분적 진실만을 가르치고 있기 때문이다. 전체를 성찰하지 못하고 분야별 진실만을 진리라고 말하는 교육이 성행하고 있다. 현대인은 생산하고 소비하는 것에는 능통하지만 진정한 인간의 가치를 배우지 못하고 있다. 오늘날 교육은 온전하고 사람다운 존재인 전인적 인간을 키워내는 데 소홀하다. 진정한 의미에서 교육이란 인간은 왜 사는가 하는 근원적인 질문에서 출발해야 한다. 기술적 지식인을 양산하는 것만이 교육의 소임은 아니다. 거대한 물질적 진보를 이루었음에도 정신적으로 퇴보하고 있는 이 현대문명의 모순을 푸는 것이 우리 시대가 안고 있는 공동의 물음이자 난제다. 우리 시대의 아포리아다.

2

내일의 인류사회와 신종말론

인간 정신의 상실, 조직의 비인간화, 각종 공해와 오염, 인구 폭발, 인간 소외 등의 문제가 현재의 추세대로 계속된다면 미래 세계는 과연 어떤 모습일까. 현재까지 진행된 역사에서 우리가 발견할 수 있는 사실이 있다. 기술의 혁신과 진보는 그만큼 인간 권리를 축소했다.

우리의 소망과 상관없이 시간은 흘러가리라. 미래는 오거나 안 오거나 할 수 있는 문제가 아니다. 그것은 반드시 오고야 만다. 그러니 미래를 생각하지 않고 살아갈 수 없다. 미래에 관심을 두지 않을 수 없다. 지성인들이 말한다. 미래란 앞으로 다가올 시간이지만 알 수 없는 영역은 아니라고. 미래란 과거의 총화이며 현재 안에 발을 딛고 서 있는 현재의 일부다. 가보르도 말했듯 미래라는 시간은 이미 현재 안에서 시작한다.[16]

이 점에서 현재의 모습을 통해 미래를 생각해 볼 수 있다. 미래 세계는 어떤 모습일까. 미래를 예측하는 일은 역사의 변동 속도가 가속화하면서 더 심각한 문제로 대두하고 있다. 거의 모든 분야의 석학이 미래 현실에 관심을 표명한다. 미래 예측이 공통된 시대 문제가 된 것이다.

이러한 분위기 속에서 미래 예측에 전념하는 연구기관이 양산되고 있다. 1961년 주브넬B. de Jouvernel이 주도한 미래연구평의회, 1965년 미국 인문과학아카데미가 벨D. Bell을 중심으로 조직한 이천년위원회, 융크R. Junk가 주도하는 오스트리아의 미래문제연구소, 페체이A. Peccei가 중심이 된 로마클럽, 프랑스 정부가 주도한 1985년그룹, 소련의 미래예측연구소, 미국의 허만칸이 주도하는 허드슨 인스티튜트, 일본의 교토대학을 중심으로 한 간사이그룹 등이 그것이다. 이들 연구기관에서 사용하는 예측 방법을 보면 다양하다. 1970년대 학문 단계에서 가장 선진화된 방법들이 동원되고 있다.

어떤 기술이나 방법으로도 미래를 정확히 예측하는 것은 불가능하다. 현재의 추세 변화를 연장하여 미래를 예견할 뿐이다. 미래에 대한 정확한 예측은 현재 기술의 한계를 돌파하는 기술 혁신이 출현하기 전까지는 어려운 일이다. 전쟁이나 천재지변 등 예측 불가능한 돌연변이들을 예측하는 것이 어렵다. 미래 역시 정밀하게 예견하기 쉽지 않다.

인간이란 본디 호기심을 가진 존재다. 선악과를 따 먹은 아담과 같이 아무리 괴로운 결과를 겪게 되더라도 알고자 하는 의지를 포기하지 않는다. 지성인일수록 오늘과 같은 격심한 변화를 안타깝게 생각한다. 현재의 변화가 미래에 어떤 결과로 이어질지 알고자 한다. 미래 탐구는 자기 존립과 자아실현이라는 중요한 삶의 목적과 연관된 것이니만큼 지성인만 고민할 문제가 아니다. 모든 사람의 공통 과제이자 관심사다.

미래를 생각한다는 것은 미래가 아닌 현재의 문제를 생각한다는 것이다. 우리가 알게 된 내일의 세계가 어떤 것인지에 따라 오늘 우리의 삶의 태도를 정할 수 있다. 희망 없는 인류 종말이 예상되면, 사람들은 아마도 속세를 떠나거나, 쾌락에 젖어 현실을 잊고자 할 것이다. 종말의 시간이 와도 한 그루 사과나무를 심으리라고 했던 스피노자Spinoza처럼 행동할 수 있다. 미래가 낙관적인 유토피아라면 사람들은 어떻게 행동할까. 누군가는 희망을 품고 나은 삶을 살고자 노력할 것이다. 누군가는 낙천주의에 젖어 노력도 하지 않으면서 향락만을 즐기려 들 것이다. 어떤 식으로든 사람들은 미래에 대한 나름의 생각을 토대로 현재를 설계하리라. 어떤 사람은 미래가 없다고 생각한다. 그러한 생각 역시 하나의 미래관이라고 할 수 있다.

이제 미래학자들이 말하는 미래의 모습을 알아보자. 과학자들이 컴퓨터를 비롯한 과학기술을 이용해 예측한 미래의 모습은 무엇인가. 1960년대 미래학자들은 한목소리로 소비 시대나 우주 시대가 개막할 것이라고 미래를 낙관했다. 그러다 상황이 바뀌었다. 석유 파동과 더불어 에너지 위기가 발생했다. 중동전쟁의 발발 가능성이 고조되면서 서구 여러 국가에서 정치 위기가 도래했다. 동시에 세계 식량 위기가 심화했다. 낙관론이 비관론으로 변해갔다. 이에 1970년대 지성인 사이에서 종말론적 관점이 확산한다. 종말론적 주장과 관측이 세계적인 시대 분위기로 자리잡아갔다.

종말론eschatology은 본디 성경의 요한계시록에서 유래한 것이다. 인류 종말이 시작되면, 지구가 불타고 사람들이 선악에 따라 하느님의 심판을 받는다고 했다. 최근 시대 분위기로 자리잡은 종말론은 이러한 전통적인 기독교적 종말론과 성격이 다르다. 현대판 종말론은 오늘의 세계를 진단하는 과정에서 출현했다. 세속적 사상가들이 세속적인 관점으로 진단한 미래관이다. 신의 계시에서 종말의 근거를 찾지 않는다. 현대과학의 힘으로 입증된 실증 자료를 근거로 종말을 예견한다. 현재의 역사 흐름을 분석한 후 그 추세 변화를 통해 미래를 예측한다. 아울러 지금의 문제를 방관하면서 대응책을 마련하지 않으면 인류에게 종말이 온다고 주장한다. 종말의 원인으로는 생물학적 사멸, 생태학적인 사멸, 과학 발달에 의한 인류의 자살적 사멸, 정신병적 사멸 등을 거론한다.

첫째, 지구의 생명력을 파괴하는 인구의 폭발적 증가가 인류 종말을 초래한다는 사유가 존재한다. 여기서는 인간이 지구에서 자연을 파괴하는 정도가 수소폭탄이 폭발하는 것보다 더 무서운 결과들을 초래한다고 말한다. 이는 인간을 지구상에서 생물학적으로 멸절시키는 것이 인간 자신이라는 시각이다. 의학 혁명은 인간의 건강을 증진하고 생명을 연장했다. 그 반대급부로 지구에서 인구 폭발이 발생했다. 그 결과 지구 전체가 생명을 유지하기 어려운 상태로 변해가고 있다. 이미 1970년대 인구 상황만 보아도 이러한 사실은 분명해 보인다. 유아사망률이 현저히 줄고 노령 인구가 급증했다. 세계인구는 지구 역사상 그 어느 때보다 증가했다.

1970년대는 인구 폭발 문제를 모든 나라가 심각한 문제로 받아들였다. 여러 국가에서 산아제한과 같은 가족계획을 실행했다. 인구 폭발과 지구 종말 사이의 상관관계를 알지 못하는 사람들은 이러한 인구정책에 반대했다. 가족주의와 같은 전통적인 정신이 강한 시대이기도 했다. 빈국貧國의 사정은 심각했다. 식량 증산 속도가 인구증가 속도를 따라가지 못해 기아에 허덕이는 인구가 갈수록 늘어갔다.

아마도 지구에 사는 인구가 필요로 하는 식량 문제가 해결되지 않는다면 인류는 가장 심각한 사태를 맞게 될 것이다. 잠재적 농경지를 포함해 식량 생산이 가능한 땅은 거의 모든 영역이 인류가 이미 사용하고 있다. 개간도 어려운 박토만이 사용되지 않을 뿐이다. 물론 농업 기술을 발달시켜 수확량을 늘릴 수도 있다. 기술력을 향상하려면 그만큼 막대한 비용이 요구된다. 식량 생산을 증대하기 위해서는 농경지 면적을 더 늘려야 한다. 이 또한 언젠가는 한계에 도달할 수밖에 없다. 이런 추세라면 앞으로 지구에서 경작 가능한 농경지 자체가 크게 줄어들 것이다.

세계인구는 서기 1년에는 약 2억5000명이었다. 그러던 것이 1650년에 5억, 19세기에 8억, 20세기 초에 16억이 되었다. 1965년 33억이었던 인구가 1974년에는 38억이 되었다. 10년 동안 5억이 증가한 셈이다. 이 수치는 인간이 탄생한 이래 17세기까지 살았던 인구수에 맞먹는다. 20세기 이후 인구증가는 가히 폭발적인 상승곡선을 이루고 있다.

1972년 로마클럽은 2000년대 이후 지구의 최대 인구수용 능력이 350억 정도에 도달한다고 예측한 바 있다. 그 결과 유휴지 공간 자체가 존재할 수 없게 된다고 보고했다. 로마클럽의 보고서가 예측한 인류 세계의 미래는 그야말로 암울하다. 이 보고서에 의하면 만일 인구 자연증가율이 연간 1.7%라면 인구수가 20세기 말에는 75억, 2030년에는 150억, 22세기 말에서 23세기 초에는 1조를 넘길 것으로 추산된다. 사실 식량 문제는 미래의 문제가 아니다. 아직 미래 인구수와 비교하면 현저히 적은 인구가 지구상에 살고 있다. 현재도[1970년대] 전체 인구의 60%가 식량 문제를 겪고 있다. 지금 추세를 미루어 보면, 미래에는 사람들이 과연 무엇을 먹고 생존해갈 것인지 알 수 없는 상황이다. 만일 지금과 같은 속도로 지구 인구가 증가한다면 생명 유지에 필요한 식량을 생산하기 위해 개간할 수 있는 농경지 또한 매우 줄어들 수밖에 없다.[17]

이러한 문제의식에서 세계 각국 정부는 식량 증산을 위해 노력하고 있다. 관개시설의 확대, 비료와 농약의 대량 사용, 품종 개량, 기술 개발 등을 통해 농산물 증산을 꾀하고 있다. 1970년대까지의 상황만 두고 보면, 인도 인구의 5분의 3이 하루에 두 끼밖에 먹지 못하고 있다. 방글라데시에서는 인도와 교전을 벌이면서 무려 7500만 명이 기아 상태에서 헤매고 있다. 식량안보 문제가 심각한 수준이다. 한 보고에 따르면, 1967년부터 1970년까지 나이지리아에서 비아프라 내전이 일어났을 때 200만 명이 아사했다. 지구에서 인간이 인간답게 살아가기 위해서는 인구문제의 심각성을 망각해서는 안 된다. 스노우C. P. Snow라는 영국 과학자는 수백만 인구가 굶어 죽게 될 것이라고 예언하기도 했다. 사람들 반응은 물론 냉소적이었다. 그 후 실제로 사하라사막 남쪽에 가뭄이 심해지면서 여러 나라에서 큰 농작물 피해가 일어나 많은 사람이 아사하는 사건이 있었다.

가뭄의 원인은 하나가 아니다. 가뭄을 유발하는 원인은 비단 자연 변화만이 아니다. 인공적인 산업공해도 지구 기후 변동을 유발할 수 있다. 공해산업이 지구를 냉각시키면 가뭄과 같은 자연재해 현상도 더 심각해진다. 사하라사막뿐 아니라 중동, 인도, 중국 등에서도 강수량 부족으로 인한 가뭄 피해가 이미 나타났다.

석유를 생산하는 이슬람 국가들이 정치적으로 석유를 무기화하는 일도 벌어지고 있다. 그 결과 석유를 주원료로 하는 생활필수품은 말할 것도 없고 전기와 비료 가격도 동반 상승하고 있다. 석유 가격이 폭등하면, 결과적으로 선진공업국보다 농업을 위주로 하는 저개발국에서 더 큰 피해가 발생한다. 빈국은 석유로 인한 파동을 이중으로 겪음으로써 경제 위기에 허덕이게 된다. 이와 달리 미국과 같은 주요 식량생산국은 잉여농산물을 소련을 비롯한 여러 산업 강대국에 수출하게 된다. 빈국들은 그나마 이러한 잉여농산물을 수입할 수 없을 정도로 가난하다. 앞날이 어둡기만 하다.

인구문제는 곧 식량 문제다. 맬서스T. R. Malthus는 자신의 「인구론」에서 미래 인구 폭발 문제의 심각성을 비관적으로 예언한 바 있다. 현재[1970년대 초]까지 보면 그의 예언이 맞아떨어지고 있는 면이 없지 않다. 어쨌든 매년 폭발적으로 증가하는 세계인구를 감당하기 위해서 많은 나라가 경제 성장과 식량 증산을 지금보다 더 가속화할 것이다. 언제까지 인류문명이 성장할 수 있을지는 모른다. 인류가 언제까지 지구에서 생존을 지속할 수 있을까. 알 수 없는 상황이다.

둘째, 오염과 공해로 인한 지구의 생태적 사멸을 예측하는 미래학자들이 있다. 현재 지구에 사용되고 있는 석탄, 석유, 천연가스 등과 같은 화석연료들은 매년 이산화탄소 200만 톤을 배출하는 것으로 보고되고 있다. 공기 중 이산화탄소 함유량도 매년 2%씩 상승하고 있다. 배출된 이산화탄소는 대기와 해양으로 흡수된다. 이제 지구에 사는 모든 생물은 이산화탄소 배출이 만들어낸 생태학적 변화에 영향을 받으며 살아가고 있다.* 런던, 도쿄, 뉴욕, 상파울루, 서울과 같은 대도시에서 배출되는 자동차 배기가스를 그대로 방치한다면 인간 역시 다른 생물들과 마

* 현재 이러한 지구환경 변화는 2019년 10월 환경부 「제2차 기후변화대응 기본계획」에 따르면 다음과 같다. 지속적으로 증가해온 전 지구 평균기온은 지난 130여 년(1880~2012년) 간 0.85℃ 상승해왔다. 지구 평균 해수면은 19cm 상승했다. 북극 해빙海氷 면적 감소로 인한 한파와 폭설 가능성이 증가했다. 1979년 이래 9월(해빙 면적 최소화 시점) 기준 북극의 해빙 면적이 지속적인 감소 추세이며, 이로 인해 유럽, 북미, 동아시아 등에 한파 및 폭설을 유발하는 등 이상기후 현상이 심화했다. 지구 온실가스 농도 추이를 살펴보면 문제는 더 심각하다. 1750년 이후 크게 증가했으며, 이는 최소한 80만 년 동안 전례가 없는 수준이라고 평가됐다. 지구 온실가스 배출량 역시 심각하다. 1750~2011년 기간 약 2040억 톤의 이산화탄소가 인위적으로 배출된 것으로 보고됐다. 1970년 이래로 화석연료 연소, 시멘트 생산 등으로 인한 누적 배출량은 3배로 증가, 산림·기타 토지이용 변화로 인한 누적 배출량은 약 40% 증가했다. 지구 표면 온도는 21세기 전반에 걸쳐 계속 상승할 것으로 전망됐다. 21세기 후반(2081~2100년) 지구 평균 표면 온도는 IPCC 보고서에 따르면 0.3℃~4.8℃ 상승할 것으로 예측됐다. 이에 대응하기 위해 현재 전 지구적 기후변화 대응을 위한 파리협정이 채택(2015.12), 발효(2016.11)됐다. 목표는 지구 온도를 산업화 이전 대비 2℃ 상승 이하(well below 2℃)로 억제하고 나아가 1.5℃ 상승 이내로 유지하도록 노력하는 것이다. 이 협정은 기존 선진국 중심의 교토의정서(1997~2020) 체제를 넘어서서 지구촌 모든 국가가 참여하는 보편적 기후변화 체제 마련이라는 데 그 의의가 있다. (출처 : 환경부 홈페이지 https://www.me.go.kr/)

찬가지로 정상적으로 살아갈 수 없게 될 것이다. 배기가스에 포함된 일산화탄소량이 10ppm을 넘고 사람들이 이것에 지속해서 노출되면 생명 자체가 위험해진다고 보고되었다.

현재 사람의 신체에 축적된 납 농도 수치만 보아도 지구의 생태학적 사멸은 불가능한 이야기가 아니다. 혈중 납 농도가 80μg/dl 수준이 되면 만성 납중독 상태라고 할 수 있다. 지금[1970년대] 대도시에 사는 사람들은 최소 20μg/dl의 납이 체내에 축적된 것으로 보고되고 있다.

일본에서 발생한 미나마타병은 대표적인 공해병이다. 이 병은 처음 미나마타 시에서 발견되었다. 어느 날 어린이들이 수족을 못 쓰고 언어 장애를 일으키고 정신착란 증상을 보이다가 사망하는 일이 생겼다. 처음엔 원인을 알지 못해 지역 이름을 붙여 미나마타병이라고 명명했다. 조사 결과 결국 산업공해로 인해 발생한 질병임이 밝혀졌다. 공장 폐수에 섞여 있던 유기수은이 수질을 오염시켜 이 물에 살고 있던 물고기가 오염되고, 이 물고기를 먹은 후 사람들이 납중독에 걸리게 된 것이다.[18] 이처럼 선진국일수록 공장지대의 오염도가 높다. 공업선진국의 1인당 오염도는 후진국들의 50배에 달한다고 한다.[19]

공장지대에서 배출되는 아황산가스 등은 대기 중에 퍼져 있으며, 이것을 호흡한 사람들의 신체에 각종 질병을 유발한다. 유기수은을 함유한 공장 폐수가 해양으로 흘러들면 수질을 오염시키고, 플랑크톤과 각종 어패조류가 영향을 받는다. 오염된 수산물을 먹은 사람도 영향을 받는다. 언어장애, 수족 마비, 뇌 장애 등을 일으킨다.

해마다 바다로 유입되는 100만여 톤 정도 되는 기름은 대표적인 해양생물인 플랑크에게 막대한 피해를 준다. 플랑크톤은 대기 중 산소의 60% 이상을 배출한다. 해수 표면에 생긴 기름막은 바다 안쪽으로 햇빛이 투과되는 것을 막아 막대한 산소 생산을 막고 있다. 만약 해양수에 기름이 유입되는 일을 막지 못한다면, 앞으로 플랑크톤 대부분이 사멸하게 된다. 이는 결국 대기 중 산소 부족으로 이어질 것이다. 우려스러운 일이 아닐 수 없다.

그뿐 아니다. 식품산업에서 쓰는 방부제, 독성 인공감미료, 인공착색제, 오염된 청과류와 각종 주식과 부식을 생각해 보라. 식품에 첨가된 인공 요소들이 사람의 건강을 위협하고 있다. 약품 부작용 역시 심각한 수준으로 진행되고 있다. 약품 공해가 아닐 수 없다. 각종 살충제, 세정제, 제초제, 방사성 폐기물 등이 지구 환경을 더욱 악화하고 있다. 공중에 떠 있는 오염된 먼지는 또 얼마나 심각한가. 이 먼지층은 대기 중에 수증기를 응결시키는 구름의 핵이 되어 지구에 들어오는 태양광선을 차단함으로써 지구 온도에도 영향을 준다. 대기오염으로 인해 변형되고 있는 지구 생태계와 그 위험성을 경고하는 학자가 계속 늘어나고 있다.

셋째, 과학무기에 의한 자살적 사멸이 지구 종말을 가져올 수 있다는 미래 예측이 있다. 과거에는 전쟁이 일어나도 지금과 같이 위협적인 무기들을 사용하지 않았다. 서양 중세사나 한국사를 보아도 지금과 같이 전쟁 무기가 인류 전체를 파괴할 수 있는 위력을 가진 적은 없다. 중국사에는 백만 군사가 질풍처럼 달려가 같은 수의 적군과 맞서 싸워 무수한 전사자가 발생해 생존자가 수백 명밖에 되지 않았다는 기록이 있다. 이치에 맞지 않아 보이는 것이, 전근대적 농경사회에서 그토록 많은 사람을 동원해 훈련하고 무장시키는 것은 현실적으로 어려운 일이다. 전쟁 보급품을 마련해 전달하는 일도 쉽지 않았을 것이다. 기록이 맞는지 증명하기 어렵다. 후대 역사가의 상상이 가미되었을 가능성도 있다.

근세 이후 전쟁의 폭력은 과거와 비교할 수 없이 위협적인 수준으로 변했다. 군대를 조직하고 정예화하는 것은 물론이고 전쟁을 이데올로기화해 전투 기동력을 강화하고 있다. 핵무기까지 만들어냈다. 심지어 전쟁을 마치 스포츠나 서커스, 사냥, 정치 투쟁의 연장으로 생각하는 일도 있다. 전쟁을 국가정책의 한 수단으로 생각하는 사람도 나타났다. 그러한 생각은 모두 시대착오적이다. 정신병적인 생각이 아닐 수 없다. 생화학무기, 원자폭탄, 수소폭탄 등을 대량 생산하기도 한다. 자동계산기에 의해 움직이는 대륙 간 유도탄을 생각해 보라. 장거리 운반 수단이 발전된 오늘날 전면전이 일어난다면 승패는 의미가 없다. 인류 종말의 순간이 되고 말 것이다. 분명히 말하건대, 핵전쟁의 위험은 아무리 과장해도 지나친 일이 아니다.

3차 세계대전을 그린 소설이 있다.* 달에 가 있던 주인공이 귀환해 보니 도쿄, 뉴욕, 런던 등 도시마다 생물이 전멸된 상태로 변해버렸다. 이에 소설 속 주인공은 배를 마련해 남태평양을 항해한다. 그러다 타히티 근방의 어느 작은 섬에서 생존자 둘을 발견하게 된다. 남자의 이름이 사람이라는 뜻을 지닌 '아담'이었다. 이는 지구 종말이 발생한 후, 태초의 신이 인간을 만들었을 시점으로 인류 역사가 되돌려진 것을 상징하는 것이다.

상황이 이처럼 심각한데 세계 연간 군비 예산 총액은 해마다 증액하고 있다. 1971년에 이미 2600억 달러를 연간 군비로 책정했다. 만일 이토록 막대한 군비 예산을 평화산업에 사용한다면 어떨까. 기아와 결

---

* 원저에서는 정확한 소설 제목이 제시되어 있지 않다. 냉전 시대에 창작된 세계전쟁과 종말론적 디스토피아 소설들을 설명한 것으로 추정된다. 예컨대, 네빌 슈트의 소설 『해변에서 *On the Beach*』(1957)와 같은 소설이 대표적이다. 이 소설은 당시 핵전쟁의 위험이라는 시대 분위기를 잘 드러내는 작품 중 하나로 평가받는다. 이 소설은 인류가 핵전쟁으로 종말을 맞는다는 가상의 미래를 배경으로 한다. 방사능 낙진으로 뒤덮인 지구에서 종말을 기다리면서 살아가는 생존자의 삶을 담았다.

핍이 없는 인류사회를 만들 수 있을 것이다. 그렇게 된다면 얼마나 좋을까! 현재도 국수주의자들은 애국이라는 명목으로 사람을 죽이는 전쟁을 선동한다. 이 경우 애국심이란 인류의 관점에서 본다면 살인죄나 다름없다. 러셀B. Russell은 그의 저서 『인류에게 미래는 있는가』에서 이를 이미 갈파했다.

핵무기의 초대형화도 멈추지 않고 지속되고 있다. 수소폭탄의 위력은 원자폭탄의 1000배다. 작은 것도 약 2000만 톤의 TNT 에너지를 가졌다고 알려져 있다. 코발트탄과 레이저 광선은 얼마나 가공할 무기일까? 1958년 미국의 유전학자 스터티번트A. H. Sturtevant는 이미 세계 모든 사람이 수소폭탄 실험에서 발생한 방사능의 상당량을 체내에 축적하고 있는 것으로 예측했다. 방사능 낙진에서 나오는 스트론튬90과 탄소14는 매우 유해하다. 사람의 인체는 물론 청과물과 어패류, 기타 동물을 오염시킬 수 있다. 인간에게는 골수암, 백혈병, 유아 세포병, 기형아 출산 등 심각한 병을 초래한다. 방사능 낙진은 자연의 먹이사슬을 따라 인간을 비롯한 모든 지구 생물을 오염시킬 수 있다.

그렇다고 해서 무정부주의가 해결책이 될 수는 없다. 오히려 규제가 사라지면 지구는 주검으로 뒤덮여 버릴 것이다. 제한 없는 자유는 지구 종말을 앞당길 뿐이다.

종말의 위협에도 냉전 대립은 여전히 지속되고 있다. 표면적으로는 양 진영 간 화해가 이루어진 것처럼 보인다. 군비가 증가하는 것을 보면 실제 현실은 화해와는 거리가 먼 형국 같다. 미·소 간 무기 경쟁은 매우 심각한 단계에 도달했다. 원자폭탄과 수소폭탄으로 무장한 잠수함을 보라. 전투력을 과시하듯 비행기들이 고공비행하는 행사가 열리는 것을 보면 화해가 과연 이루어지고 있는지 의심하게 된다. 만일 미·소 양국의 한 지휘자가 착각을 일으켜 전쟁 무기 사용을 실제로 허용한다면 결과는 짐작할 수도 없다. 지휘체계 내부에서 기술착오를 일으켜 무기를 잘못 관리하면 인류는 어찌 되는가. 아주 작은 우연한 사건도 전쟁을 초래할 가능성이 있다. 아무리 안전하게 무기를 생산하고 관리한다고 해도 전쟁의 위험은 사라지지 않는다. 이러한 위험은 미국과 소련만의 문제도 아니다. 중소 분쟁이나 중동 사태 등을 생각하면, 군소 핵 국가들의 잘못으로도 핵전쟁은 얼마든지 일어날 수 있다.

넷째, 인류의 정신적 종말을 예측하는 시각도 존재한다. 영상문화에 만연한 쾌락적이고 폭력적인 내용을 방치하면 어떤 일이 벌어질 것인지를 예측하는 것은 어려운 일이 아니다. 어린이에게 이러한 폭력 영상을 금지하지 않고 놔두면, 다섯 살이 되기도 전에 무려 1만 회 이상 폭력적 영상에 노출된다고 한다. 선정적 장면들은 더 말할 것도 없다. 이런 사회에서 어린이들이 배울 수 있는 사회도덕이란 과연 무엇이란 말인가.

인간의 이성을 마비시키는 충동적이고 쾌락적이며 동물적인 삶에 중독된 사람들에게서 과연 인간성을 기대할 수 있을까. 잭 런던J. London이 『야성의 부름』에서 묘사한 세상처럼 모든 인간이 동물로 변해버리고 마는 것은 아닐까?[20] 이기심, 편견, 경쟁의식이 지배하는 세계에서는 인간도 동물과 다를 바 없는 존재로 전락하고 만다. 도덕을 부정하고 동물화하면서 인간은 과거 조상 때부터 존중해온 모든 도덕과 가치를 부정한다. 반사회적, 반체제적, 반문명적 불신이 소용돌이치는 세상으로 변해간다. 종말적 현상이 더욱 심화한다.

자유는 인간의 한계를 넘어 존재하지 않는다. 평등 역시 개인의 능력을 무시해서는 안 된다. 자유라는 이름으로 모든 것을 파괴하고 무절제하게 개방하려 하는 게 문제다. 평등이라는 이름으로 모든 존재를 획일적으로 평등화하는 것도 문제다. 필연적으로 사람들은 감정적 불안정 상태를 겪게 된다. 거부와 반항을 중시하면서도 자율성은 상실해간다. 변화하는 사회환경에 제대로 적응하지 못한다. 이제 세상은 이러한 사람들이 집단을 이루어 살아가는 군중사회로 전락하고 있다. 현대문명을 종합적으로 진단해 보면, 이미 인류는 구원의 시간을 지나 되돌아갈 수 없는 파멸의 길을 질주하고 있다. 세계사의 흐름을 보면 종말을 향해 가고 있다는 위기의 징후들을 분명하게 느낄 수 있다.

세상이 왜 이렇게 된 것일까. 어쩌면 그 원인은 간단할지도 모른다. 그것은 인간이 자신이 창조한 피조물들에 도취하여 인간과 신, 자연의 정상적인 관계를 망각하고 있기 때문이다. 현재 인간은 경제 발전과 기술 진보만을 가치 있는 것으로 평가한다. 신에 대한 경건한 신앙은 물론 자연에 대한 사랑마저 상실해가고 있다. 과학 문명에 의존해 신과 도덕과 사회 질서를 부정한다. 기술에 대한 신앙만을 따른다. 공명과 이익만 추구하려 든다. 이웃을 존중하는 인도주의도 저버리고 말았다.

과학 발전의 의미와 목적은 무엇인가. 인간은 도대체 누구를 위한 사회를 만들고 있는 것인가. 기계를 위한 세상인가. 그렇지 않으면 경쟁의 아수라장을 만들려고 하는 것인가. 아니면 문명 그 자체의 자기 증식을 위한 세상을 만들려 하는가. 인간은 끊임없이 발전이란 이름으로 산을 파헤치고, 들을 파괴하고, 식물을 죽이고, 공기와 물을 오염시키고 있다. 이런 파괴 행위가 계속되어 지구의 자연계가 생명이 살지 않는 달처럼 사멸해버린다면 인간이라고 해서 안전할 수 있을까.

한 걸음 더 나아가 '진보의 신앙'이 의존하는 가치들을 생각해 보라. 사람들이 인간 자신이 아닌 다른 무엇에만 의미를 부여한다. 돈, 권력,

기술, 지위, 명예, 욕구, 만족감 등을 가장 중요한 가치로 생각한다. 이는 결국 인간이 물질보다도 못한 존재로 여겨지도록 만든다. 기계는 인간의 활동을 보조하는 수단일 뿐이다. 기계가 중요하지 않은 것은 아니지만 인간의 목숨보다 기계가 더 가치 있는 사회가 되어서는 안 된다. 그것은 확실히 주객이 전도된 세상이다. 인간을 위한 사회가 될 수 없다.

과학이 발달해 인간보다 나은 로봇이 출현한다 해도, 아니 기계인간이 한 사람의 노동력보다 값어치가 더 커도, 그것들과 인간을 비교할 수 없다. 인간성보다 더 우월한 가치는 없다. 과학기술의 진보가 가치 있는 것은 그것이 사람의 행복 증진에 이바지할 때뿐이다. 인간을 경시하고 경제 만능주의를 초래하는 어떠한 발전도 무가치하다. 그것은 인간이 원했던 세상이 아니다.

이러한 위협과 위험이 우리의 현실임에도 인류의 미래를 걱정하는 사람은 많지 않다. 인간으로서 숭고한 정신적 삶을 알지 못한 채 물질 풍요만을 추구한다. 그러다 보니 물질적으로 번영했으나 정신적 공백감과 허전감은 더 커져 허무주의에 빠지는 사람이 많다. 인간은 과학혁명을 통해 가능한 모든 것을 개발할 수 있게 되었다. 인간의 개발 의욕과 가치관은 외적인 발전만 가져왔다. 인간 자신은 자기가 만든 세계로부터 소외되었다. 인간이라는 존재가 무엇인지조차 망각해가고 있다. 그야말로 정신분열증 사회가 아닐 수 없다.

이렇게 말할 수 있지 않을까. 오늘날 아이들은 사람으로 태어나 크게 세 번 놀란다. 가정에서는 사랑이 사라졌기 때문에 놀란다. 학교에 가서는 모든 지식을 암기시키고 OX시험으로 평가하기 때문에 놀란다. 사회에 나가서는 물질 만능에 놀란다.

사람이 사람을 사랑할 줄 모르는 세계는 약육강식하는 야수의 세계와 같다. 사람의 행복과 사회 전체의 복리와 무관한 과학 발전은 불필요하고 무가치하다. 인간성뿐 아니라 인간의 생명까지 경시하는 각박하고 인정 없는 사회라면 그 사회의 부가 얼마나 크든 무가치한 돌무더기에 불과하다. 사람을 거대한 기계의 톱니바퀴로 만들어버리는 사회. 심리적, 감정적 불균형이 만연한 사회. 그것이 지금 우리가 사는 세상이다. 어쩌면 세계 전체가 솔제니친이 말한 '수용소의 군도'로 변한 건 아닌가.

만일 사람이 자율성을 잃고 자신이 창조한 피조물로부터 지배당하는 환경이 존속한다면 앞으로 어찌 될까. 개발과 성장을 향한 문명의 역사를 반성하지 않는다면 그 결과는 무엇일까. 이제 우리는 과학의 진정한 목적이 무엇인가 물어야 한다. 왜 개발하려 하는지 묻지 않으면 안 된다. '아무리 비인간적인 결과를 가져올지라도 가능한 것이면 뭐든지 개발한다'는 식의 생각은 바꿔야 한다. 그렇지 않으면 인류사회의 앞날은 참으로 암담할 뿐이다.

프롬이 말한 대로, 정신적 좌표를 잃은 인간들이 오로지 소비자로서 살아가는 세계는 문명의 몰락을 부추길 뿐이다. 육체적 안일에 빠져 고급 상품들을 소유하기 위해 살아가는 인생이란 소유를 위한 삶에 불과하다. 물건을 소유하기 위해 돈과 시간에 쫓겨 살아가는 것이 삶의 전부가 되어가고 있다. 그것은 그야말로 서구의 몰락을 넘어 인간의 몰락을 의미한다. 우리가 살펴본 종말적 세계의 모든 현상은 결국 '인류사회의 몰락'을 가리키고 있다.

3

절망을 넘어선 인간의 새 비전

어두운 구름이 세계를 뒤덮고 있다. 모든 지역, 모든 영역, 모든 분야, 심지어는 사람의 심리 저변까지 어둡다. 우리는 이대로 세계와 인류의 종말을 불가피한 운명으로 받아들여야 할까. 체념해야 할까. 조용히 종말의 시간을 기다리기만 하면 되는가.

그러기에는 인간은 삶에 대한 강렬한 욕망을 지니고 있다. 살고자 울부짖는다. 우리 인간은 삶을 향한 의식적 의지를 지니고 있다. 절망 속에서도 유머를 즐길 줄 안다. 악함과 질병으로 가득찬 곳에서도 희망을 발견한다. 이것이 판도라의 상자가 열렸을 때 모든 부정적인 것들과 함께 가장 마지막에 희망이 나왔던 이유이리라. 인간이라는 존재는 프롬이 말한 것처럼 희망의 동물, 호모 에스페란스Homo esperans다.[21] 희망은 인간만의 특성이다. 우리는 절망에 복종해서는 안 된다. 절망을 거부해야 한다.

오늘의 세계는 분명 종말의 시간에 가까이 다가서고 있다. 역사의 장구한 흐름을 보라. 절망적 시기가 단지 지금만 존재하는 것은 아니다.

과거라고 해서 모든 것이 아름답기만 한 '장미의 화원' 같은 시대였을 리 만무하다. 사물 전체를 보지 못하고 근시안적으로 어느 한 면만 보고 판단해서는 안 된다. 단선적인 단답식 사유로는 절망의 시대를 극복할 수 없다. 모든 사물에는 반드시 밝음과 어둠[明暗], 시작과 끝[始終], 가벼움과 무거움[輕重], 길고 짧음[長短]이 공존한다. 하나의 시대도 마찬가지다. 황혼의 요소와 여명의 요인이 동시에 작동하고 있다.

중국의 춘추전국 시대, 그리스의 페리클레스 이후 시대, 로마의 만족蠻族 침입 시대, 서구 중세의 대공위大空位 시대 등을 떠올려보라. 역사적 위기가 찾아올 때마다 사람들은 종말적 두려움을 느꼈다. 격동기가 지난 후에는 결국 더 새롭고, 더 아름다운 문명이 찬란하게 다시 빛나지 않았던가!

18세기 프랑스의 철인 볼테르Voltaire는 로마의 아우구스투스 시대나 르네상스 이탈리아의 메디치 시대에 태어나지 못한 것을 슬퍼했다고 한다. 오늘의 우리는 오히려 그가 살았던 계몽주의 시대를 흠모한다.

우리는 이미 알고 있다. 인류에게는 역사의 온갖 어려움을 견디고 이겨낸 강인한 정신과 의지력이 있다는 것을. 힘의 세기로 본다면 물론 동물이 인간보다 우월할 것이다. 인간에게는 불사조 같은 기백이 있지 않은가. 한번 마음의 결심을 세우면 자신이 처한 환경을 바로 보고, 역경을 이겨내려 노력한다. 마음먹기에 따라서는 불길마저 서늘하리라. 뜻있는 자 이루고, 노력하는 자 승리한다. 물론 인간은 싸우고, 질투하고, 시기하며 살아간다. 이런 한계와 함께 인간은 현명한 판단력과 난국도 이겨내는 의지력을 가지고 있다. 맹자도 말했다. 인간의 마음 한구석에는 선한 인성이 작용하고 있다. 오늘의 위기를 극복하고 새로운 번영을 지향하는 한 언젠가 결실을 거두게 될 것이다.

만일 우리가 현대 과학기술을 잘못 사용하는 일 없이 선용할 수 있다면 어떻게 될까. 똑바로 미래를 개척해 나갈 수 있다면 말이다. 그렇다면 21세기 인류의 미래는 아마도 지금보다 더 찬란하게 변해 있을 것이다. 지금보다 더 큰 번영을 이룩할 것이다. 전문가들이 말하는 과학기술의 발달은 지금 어느 정도인가.

과학전문가들은 미래에는 기초과학이 더 크게 발달한다고 전망한다. 미래에는 우주의 네 가지 힘인 중력, 전자기력, 강한 핵력strong interaction, 약한 핵력weak interaction을 좀 더 명확하게 파악하게 된다. 이를 더 발전된 방식으로 이용하게 될 것이다. 중간자가 붕괴할 때 생성되는 중성미자와 핵분열에 의해 생성되는 중성자의 운동에너지를 잘 조절해 열에너지로 변환시킬 수 있다면 인류는 거의 무한한 에너지원을 가질 것으로 내다본다.[22]

이런 기초 이론을 토대로 광학천문학과 전파천문학 영역에서 우주의 구조를 연구하면 앞으로 태양계의 기원과 천왕성, 명왕성 등의 비밀도 쉽게 알아낼 수 있다. 그때는 사람이 화성, 금성 등도 직접 탐사하는 우주비행을 할 수 있게 될 것이다. 태양계뿐 아니라 은하계의 비밀도 상당히 파악하게 되리라. 지구의 나이, 구성 분자, 숨은 자원 등도 모두 정확하게 알아낼 수 있다. 물리학이 발전해 양자론과 상대성 이론을 대폭 수정하는 소립자의 생성과 붕괴 과정을 모두 알게 되는 날이 올 것이다.

전문가들의 전망에 따르면, 미래에는 시간과 공간의 본질을 과학적으로 새롭게 파악하게 될 것이다. 유체역학, 나아가서는 통계, 전자유체역학電磁流體力學, 초전도체, 지구물리, 고체물리 등 경이로운 발전이 가능하다.[23] DNA를 만들고 개조할 수도 있게 된다. 곤충의 구성인자는 물론 사람의 유전인자도 마음대로 변화시킬 수 있는 놀라운 세상이 다가오고

있다.[24]

이 자리에서 과학 발전의 앞날을 모두 예측하는 것은 불필요하다. 이미 많은 책에서 이러한 과학기술의 발달을 예견하는 미래학을 논의하고 있다. 여기서는 오히려 과학 발전의 결과가 어떻게 인간의 사회 발전에 기여하는가에 대해 더 깊은 논의를 진행하고자 한다. 낙관적 미래학자들은 인류가 풀지 못한 모든 문제가 머지않은 미래에 과학과 응용기술에 의해 해결되리라고 전망한다. 이러한 낙관론자들의 말을 좀 더 살펴보자.

첫째, 전문가들은 미래에는 새로운 에너지가 개발될 것으로 전망했다. 최근 석유 파동으로 세계적으로 에너지 문제가 주목을 받고 있다. 중동지역은 그동안 석유를 계획이나 전략 없이 생산하고 수출해왔다. 그 결과 에너지 고갈이 예상되고 있다. 나이지리아, 북해, 시베리아, 알래스카, 동중국해 일대에서 새 유전이 개발될 수도 있다. 새로 개발되어도 이런 속도로 인류가 석유를 사용한다면 결국 21세기가 끝나기 전에 지구상의 석유 자원은 모두 고갈될 것이 분명하다. 그렇다면 새로운 에너지 개발의 전망은 어떠한가.

문명이 발달하면 에너지 사용이 늘어날 수밖에 없다. 선진국의 에너지 소비량은 후진국과 비교하면 수십 배에 달한다. 같은 선진국이라도 문명이 발달할수록 더 많은 에너지를 소모한다. 앞으로 산업화가 세계적으로 진척되면 새로운 산업, 공업, 토목사업이 발달할 것이다. 해수의 담수화 산업도 진행될 수 있다. 하지만 이를 위해 소비되는 에너지는 2000년에 이르면 현재[1970년대]보다 약 5배 이상으로 늘어날 것으로 예측된다. 에너지 소비는 경제성장과 비례해 증가한다.

객관 증거를 들어 미래를 장밋빛으로 밝게 보는 이들도 많다. 이들은 앞으로 인류가 석유 대신 값싼 태양열을 사용하게 돼 에너지 걱정이 사라진다고 말한다. 앞으로 열대지역 국가에서도 풍부한 태양열 에너지를 이용해 일상 생활용품을 사용하게 될 날이 올 것으로 전망한다. 지열地熱 발전의 가능성도 밝다고 말한다. 무진장한 지구의 지열을 지상에서 이용한다면 얼마나 좋은가! 지금도 아이슬란드는 지하 온천수를 이용해 수도 레이캬비크 시 전체에 난방열을 공급하고 있다. 이런 방식으로 공공기관은 물론 온수 수영장이나 온실 운영에 필요한 열을 공급한다. 그 밖의 다른 지역에서 이러한 방식을 사용하기 위해서는 많은 기술 문제들을 해결해야 할 것이다. 언젠가 더 진보한 기술이 개발될 때까지는 적지 않은 비용이 필요하리라.

풍력 발전의 가능성도 생각해 볼 수 있다. 이미 여러 나라에서 이를 연구하고 있다. 수력과 마찬가지로 풍력도 잘 이용하면 네덜란드처럼 보물이 될 수 있다. 한국의 팔당 발전소와 같이 물의 낙차를 이용해 발전을 하는 방식도 좋은 본보기다. 남북아메리카나 아프리카와 같이 폭포수가 많은 지역에서 고려할 만한 의미 있는 방법이다. 한국 인천 앞바다 사례에서 보듯 해수를 이용한 에너지 개발도 활발해질 것으로 예상된다.[25]

아무래도 가장 크고 새로운 동력의 원천은 원자력의 평화적 이용일 것이다. 지금까지 원자력 이용을 꺼려온 이유는 방사능 폐기물의 처리 문제 때문이었다. 전문가들은 재를 수반하는 플루토늄을 사용하지 않고 중수소를 이용하는 편이 더 좋다고 말한다. 해수의 6400분의 1이 중수소라고 한다. 이용 경비를 절감할 수만 있으면 영구히 무한한 에너지원을 가질 수 있게 된다는 것이다. 앞으로 큰 원자력 운반도 채산이 맞게 될 날이 올 것이다. 그렇게 되면 동력이 급히 필요한 지방으로 언제든지 에너지를 수송할 수 있게 된다. 이는 지금까지 방치해온 사막지대 개발을 가능하게 만들 수 있다.

문제는 이토록 큰 가능성을 목전에 둔 채 국가 간 이해관계와 감정 대립이 심화하는 상황이다. 지구와 인류 차원에서 지구 에너지 문제를 다루지 못하고 있다. 이제는 변화해야 할 때다. 서로 협력해서 문제를 해결해야 한다. 바로 그 점이 이 책을 쓰는 이유다.

둘째, 전문가들은 산업에 필요한 원료 개발이 앞으로 더 큰 진전을 이루게 되리라 예상한다. 사실 최근에는 자원전쟁이라는 말도 생겨났다. 자연 자원 개발 또한 앞으로 50~100년 정도밖에 유지할 수 없게 된다.[26] 앞으로 플라스틱에 이어 금속, 도기, 섬유 세 종류의 특성을 모두 가진 복합물질을 화학적으로 만드는 데 성공한다면 새로운 자원을 만들어낼 수 있다.

고체물리학의 발달은 재료 개발의 새로운 미래를 약속하고 있다. 예컨대 세라믹스라는 내열재료는 아직 원자 배열법의 결함이 있다. 금속 수준의 강도와 연성은 가지고 있지 않다. 전문가들은 앞으로 그런 결함이 해결되는 날이 오면 놀라운 결과가 나타날 것으로 본다. 고체 내열재의 앞날도 기대된다. 이것은 융해점이 높은 산화물로부터 만들어진다. 초음속기의 앞날개에 사용된다. 건축 방식도 단열재나 방음재, 유제乳劑, 도료 등이 얼마든지 나올 수 있다. 재료과학이 발달하면 앞날은 더 밝다. 새로운 섬유를 개발해 의복도 크게 변할 것이다. 고장력강高張力鋼이라고 불리는 신금속이 출현하면 기계 공업도 달라진다. 생산업에 다양한 변화가 생겨날 것이다.

바다도 무한한 자원의 보고다. 어떤 미래학자는 바다를 '액체 광산'이라고 부른다. 해저에는 질 좋은 망간, 코발트, 금, 은, 동, 철 등이 지금 우리의 지식으로는 추측할 수 없을 정도로 다량 저장되어 있다. 전문가들은 미래 인류가 자연 자원이 고갈된 지구를 떠나 다른 별에 가 살 것으로 예측한다. 인류가 합심하여 공동으로 미래를 개척하고 노력한다면 앞날이 어둡지만은 않다고 말한다.

셋째, 전문가들은 제4차 산업인 정보산업이 더 발달해 세상을 변화시킬 것으로 전망한다. 지금 속도대로라면 미래에는 인간 두뇌보다 더 빠르고 정밀하게 움직이는 인공지능을 만들 수 있다. 이를 통해 아직은 기술적으로 돌파하지 못한 여러 기술적 난제들도 해결하게 될 것이다. 더 적은 인력으로 대량 생산하고, 가격은 싸지고, 빠른 운송이 가능해진다. 자동화 기술이 진척돼 단추 하나만 눌러도 무엇이든 생산하고 처리하는 '놀라운 신세계'가 기다리고 있다.

사람의 두뇌와 기계가 공동목적 아래 협력하는 사이버네틱스cybernetics가 진척되면 어떤 일이 벌어질까. 정보의 저장, 처리, 이용의 대량화가 가능해질 것이다. 지금 우리로서는 상상도 못할 기상천외한 새로운 세계가 다가오고 있다. 과학기술의 힘은 앞으로도 계속해서 놀라운 속도로 증가할 것이다.

낙관적 미래론은 과학기술의 자기증식 운동이 앞으로 더 놀라운 신세계를 이룩할 것으로 예상한다. 현재도 컴퓨터의 가·감산 연산 속도는 100만 분의 1인 마이크로초microsecond에서 10억 분의 1에 해당하는 나노초nanosecond까지 빨라졌다. 전문가들은 앞으로 레이저 광선이 정보전달 수단으로 등장하면, 특히 종래의 전자파 레이저가 아니라 새로운 수속성收速性 레이저가 개발되면 세계의 시공간이 더욱 축소될 것이라고 예상한다.

지구는 좁다. 개발할 수 있는 여지와 가능성은 아직도 있다. 신비한 자연의 베일을 벗겨낼수록 사람들이 자연을 마음대로 이용하고 개발할 수 있게 된다. 이렇게 기술 발달이 계속된다면, 언젠가 공기와 흙을 원료로 식량을 개발하는 시대도 오지 않을까? 주택 문제도 그렇다. 지금과 같이 육중하고 비싼 재료가 아닌 값싼 재료를 개발해 적은 비용으로 집을 지을 수도 있다. 많은 미래학자가 비관론자들과 달리 인류의 미래가 밝다고 주장하는 이유다.

넷째, 가속적으로 교통·통신 기술이 발달할 것이다. 우주 열차와 우주정류장, 통신위성을 계속 만들어낼 것이다. 지구가 일일생활권을 형성하게 된다. TV와 라디오 같은 전파 기술이 계속 발달해 세계에서 일어나는 모든 일을 인류 전체가 알게 될 것이다. 그야말로 천리안을 넘어 만리안萬里眼의 시대가 오고 있다. 미래에는 직접적인 왕래의 번거로움 없이 사람들을 만날 수 있게 된다. 국내 또는 국제회의 역시 직접 현장에 참석하지 않아도 가능하게 될 것이다.

1519년 인간이 시도한 최초의 세계 일주는 3년이 걸렸다. 이에 비해 [1970년대 현재] 1959년 개발된 초음속비행기는 20시간 안에 세계를 한 바퀴 돌 수 있다. 인공위성은 지구를 약 1.5시간이면 돈다. 비료와 농약을 개발하면서 인도는 밀을 50% 증산했다. 실론도 쌀을 34% 증산했다. 멕시코도 1헥타르 당 농산물 생산량이 5배 증가했다. 녹색혁명이라 불리는 농산물의 품종 개량과 기술 개선이 앞으로 더 진척될 것이다. 그렇게 되면 식량 문제 또한 완벽하지는 않아도 어느 정도 해결이 가능하다. 또 인공 호르몬, 성장조절제, 인공 광합성 기술 등이 개발되면 당분 제조와 합성식품도 발달할 것이다. 사막, 고산, 해저에 농장을 건설할 수도 있다. 전문가들은 지금 과학자들이 노력하는 문제들이 해결되면 세계인구가 아무리 증가해도 식량 문제가 해결되고도 남음이 있다고 주장한다.

다섯째, 공해 문제도 해결할 수 있는 세계가 펼쳐질 것이다. 석유 대신에 태양열, 지열, 풍력, 수력전기 등을 사용해 산업오염을 제거할 것이다. 자동차 산업도 전기자동차가 제작돼 공기 오염이나 소음공해가 감소하게 된다. 언젠가 기술이 더 발달해 모든 화물 수송이 파이프라인을 이용하게 될 수도 있다. 가보르가 추산한 바에 의하면 모든 나라, 특히 선진국에서 국민 총생산액의 5%라도 공해 방지를 위해 사용하면 지금 발생한 환경 문제 대부분을 해결할 수 있다.[25] 맑은 공기를 마시며 깨끗한 강물에서 수영을 즐길 수 있는 날이 다시 온다면 얼마나 좋은 일일까.

여섯째, 20세기 전반이 물리학적 혁명 시대라면, 그 후반은 생물학적 혁명 시대다. 인체 적혈구 연구는 1940년까지는 몇 종류의 혈액형밖에 밝히지 못했다. 최근에는 이미 수천 개를 발견했다. 그 결합에 따라서는 수백만 종까지 분류된다. 전문가들에 의하면 이러한 연구 결과로 심장이식, 신장이식이 쉬워진다. 유전자 연구가 진척되면 불치병도 고칠 수 있다. 사람의 나쁜 성질을 고치는 날이 올 수도 있다.

의학의 발달은 앞으로도 놀라운 속도로 계속되리라. 과거에는 심장이식이 가능하다는 사실에 놀라워하기도 했다. 이제는 신장, 비장, 십이지장, 피부와 뼈 모두가 이식 가능한 시대다. 전문가들은 앞으로 인공심장, 인공신장, 인공 자궁 등에 관한 연구가 발달해 사람 수명이 100세 이상으로 연장될 수 있다고 말한다. 만일 암 연구가 진척되면 불치병도 근절된다. 그렇게 되면 인류사회는 얼마나 밝아질 것인가.

생물학 전반의 발달도 기대된다. 각종 식물의 종자 개량, 가축 교배, 시험관 내 가축 생산, 유전자 구조 개조를 통한 우생동물의 배양 등이 가능해진다. 나아가서는 우수한 인공생명을 창조할 가능성도 존재한다.

산업혁명과 과학기술혁명의 진척은 인간을 신의 위치까지 올려놓았다. 사이버네틱스 개발은 복잡한 현대사회에서 새로운 유형의 경제적, 사회적 조직을 형성하도록 돕고 있다. 앞날은 위대한 경제력과 과학력, 정치력이 복합된 힘이 동시적으로 작용할 것이다. 이것이 이루어지면 사회는 더 많은 생산, 더 놀라운 기술화, 더 잘 조직된 집단의 힘을 과시할 수 있다.

낙관적 안목으로 보면 미래 세계는 더 크고 놀라운 발전을 약속하고 있다. 지구를 가족화하는 인류는 국가 단위의 민주주의가 아니라 세계 민주주의를 형성하고 발전시킬 수 있다. 그런 여지는 얼마든지 있다. 지난 세기까지 세계 여러 곳에 존재하던 노예제도가 지금은 사라지고 없다. 흑인들의 인권 운동은 미국뿐 아니라 세계 각지에서 일어나고 있다. 남아프리카 연방, 로디지아나 모잠비크, 유럽으로 벌판의 불길처럼 흑인운동이 번져나갔다. 이제까지 눌려 있던 여성의 인권 신장 운동도 세계적으로 확산하고 있다. 이미 유엔에서는 1975년을 여권 신장의 해로 정했다. 이러한 행사가 세계 여러 곳에서 전개되고 있다. 여성의 힘이 정치, 경제, 문화 등 여러 분야에서 활력을 발휘하고 있다.

기성세대에게 무조건 눌려 있던 젊은 세대도 기백을 드러낸다. 자기표현을 하며 각 분야에서 크게 능력을 과시한다. 경제뿐 아니라 사회도 더 좋은 방향으로 크게 변화한다. 가보르에 의하면, 1인당 소득이 2000년이 되면 4만 달러까지 증가하는 미국 같은 나라는 탈산업사회를 넘어 탈경제사회 posteconomic society로 변환된다.[28]

이처럼 정치, 경제, 과학, 기술 등 모든 분야에서 다차원적 향상이 일어나고 있다. 사람의 육체적, 지식적, 정신적 생활환경도 근본적으로 변혁되고 있다. 우리는 지금보다 더 나은 방식으로 영혼과 육체가 균형을 이루는 삶을 누리게 될 것이다. 그뿐 아니다. 문명의 성년기에 도달해 인간 존중, 자연 존중의 미덕이 더 힘을 얻을 것이다. 지금보다 훨씬 더 인간화한 인간성 humanity을 가치로 삼게 될 것이다.

아니 우리는 반드시 그러한 사회를 이루어야 한다. 인류가 하나라는 인류 일체의식을 토대로 정신과 물질이 균형과 조화를 이룬 삶을 만들어야 한다. 인간 정신이 작용하는 평화로운 인류의 문화세계를 창조해야 한다.

지금 우리는 종말과 신세계, 황혼과 여명의 갈림길에 서 있다. 그 선택은 우리의 몫이다. 어떤 역사법칙이나 운명에 의해 주어지는 것이 아니다. 우리 스스로 미래를 선택하고 창조해야 한다. 역사는 주어지는 것이 아니라 창조하는 것이다. 좋은 역사도 나쁜 역사도 최종 책임은 자유로운 선택권을 가진 인류에게 있다. 인류 역사는 인간의 자유의지와 자율적이고 의식적인 노력 속에서 주체적으로 문명을 창조하고 생성하는 주리적 생성의 원리*로 바라보아야 한다.

4

주리적 생성론에 의한 미래사회

인간이 추구해온 역사 발전이란 무엇인가. 과학기술이 자기증식하면서 인간을 소외시키는 세상은 분명 아니었을 것이다. 세상이 그렇게 되면 인류 역사가 아니라 기계의 역사일 것이다. 지금 우리 앞에는 인간이 기계의 노예로 전락하는 무서운 미래가 놓여 있다.

지금 인류문명은 목적지도, 방향키도 없이 바다를 표류하는 선박과도 같다. 바람 부는 대로, 물결치는 대로 운명 위에서 떠다니고 있다. 언제 어디서 암초를 만나게 될지 알 수 없다.

인류는 지금 자기가 무엇을 하는지 알지 못한 채 변화를 따라 흘러가고 있다. 무엇이 잘못되고, 어떤 부작용이 있을지 알 수 없다. 언제 어디서 폭발하고, 누가 다치게 될지 알지 못한다. 목적 없이, 가야 할 곳도 모른 채 살아간다. 신도, 이성의 빛도 보지 못한다. 그저 넋을 잃고 암흑 바다를 표류한다. 프롬이 말한 것과 같이, 우리는 자본주의 경제체제를 토대로 한 민주주의에도, 공산체제를 바탕으로 한 전체주의에도 실망한다. 풍요한 물질생활과 번영에도 불구하고 현대인의 내면에는 공허감과 무기력감이 커지고 있다. 도대체 우리는 무엇을 갈구하고 있는 것일까. 벨이 말했듯 '이데올로기의 종언'이 이미 선포된 오늘날 세상은 물질주의가 아닌 다른 사상을 찾기 힘들다.[29] 소가 너무 빨리 자라면 소먹이 소년도 자기 힘으로 소를 다룰 수 없게 된다. 현대문명과 인류의 관계도 그와 같다. 이제 인간은 자기 본연의 위치를 되찾아야 한다. 역사의 주인공으로서 인류의 역사를 스스로 창조하는 능력을 되찾을 때다.

자연이 신의 작품이라면 문명은 인간의 창조물이다. 인간은 신을 모시고 자연 안에서 살아간다. 신은 자연이 아닌 인간의 마음속에 존재한다. 인간은 마음으로 신을 공경하고 받들며 살아왔다. 중요한 것은 우리가 사는 세계 문명 안에 인간이 없다면 신도 존재할 수 없다는 것이다. 인간이 있는 곳에 신이 있고, 신이 있는 곳에 인간이 있다. 신과 인간의 관계는 하느님 말씀대로 아버지와 아들처럼 하나의 몸을 이룬 관계일 것이다. 키트우드T. M. Kitwood는 말했다. 인간이란 본디 환경에 순응하기만 하는 존재가 아니라 환경을 창조할 수 있는 능력을 지닌 존재다. 오늘날 인류사적 위기가 도래한 것은 인간이 이처럼 자신이 본래 가지고 있던 창조 능력을 '의미 있는 목적'에 활용하지 않기 때문이다.

인구 팽창 문제의 심각성을 깨닫고 사람들이 분명한 목적을 세우고 계획적으로 실천한 과정을 보라. 비록 아직 실현된 것은 아니라 하더라도 인구 폭발이 가져올 인류사적 위기 상황은 예측 가능하다. 이를 막기 위해 목적을 바로 세우고 산아제한과 같은 정책들을 펴 개선할 수 있다. 아무 목적과 계획 없이 인구문제를 자연 추세에 맡겨버렸다면 어찌 되었을까.

더 중요한 것은 이러한 계획이 제대로 실행되기 위해서는 어느 한 나라의 참여만으로는 어렵다는 점이다. 인류 전체의 공동 문제를 해결하려는 노력이 이루어져야 한다. 2차 세계대전 당시 일본은 출산을 장려하는 정책을 폈다. 중국도 사정은 비슷했다. 마오저뚱毛澤東이나 저우언라이周恩來는 산아제한정책이 유색인종의 출산을 막으려는 백인의 술책이라는 논리를 폈다. 만일 여러 나라가 현재 인구 변화를 반영하지 않은 채 오래된 인구정책을 계속 폈다면 지구는 어떻게 되었을까. 인구문제는 단위 국가의 문제가 아니다. 한 나라의 인구 폭발이 그 나라만의 문제로 한정되지 않는다. 나아가 인공수정 또는 과학기술을 이용해 어린아이를 생산하는 대규모 공장이 생겼다고 상상해보자. 더 극단적으로 전쟁을 목적으로 인구를 증가시키고 이를 통해 주변국을 정복하려 한다고 가정해보자. 무기를 생산하듯 인간을 생산하는 시대도 올 수 있다. 그렇게 되면 어찌 될 것인가. 그것을 어느 한 나라의 주권 행사로만 간주할 수 있을까. 타 국가의 주권 문제이므로 간섭해서는 안 된다고 생각해 그냥 뒤로 물러나 있어야 할까.

자원 문제도 마찬가지다. 소비가 미덕이라는 말은 엄밀히 생각하면 번영을 이룬 일부 국가나 특정 지역에나 들어맞는 한낮의 꿈같은 이야기다. 인구가 폭발적으로 팽창하고 있다. 지구 자원은 한정적이다. 세계의 앞날이 밝다고 말할 수 없다. 인류가 지금과 같이 인구 팽창, 공업화, 오염, 식량 문제를 해결하지 않고 자원을 끊임없이 소비하기만 한다면 앞으로 100년도 못 돼 성장의 한계점에 도달할 것이다.

만일 모든 사람이 모든 것을 무계획적으로 소비하고, 목적 없이 생산한다면 인류는 어떻게 되는 것일까. 생산지수와 국가 총생산을 높이기 위해 계속해서 경쟁한다면 지구는 어떻게 되는가. 아마도 지구는 모든 자원이 고갈된 쓰레기 더미로 변해버리고 말 것이다. 인류 또한 사멸할 것이다. 이러한 비극을 막고 대비하기 위해 어쩌면 신은 인간에게 이성이라는 힘을 준 것이 아닐까. 상황이 이러한데, 사람들은 인류와 지구의 미래를 생각하지 않는다. 오로지 능률만을 우선시하며 무절제하게 살아간다. 인간은 지구의 자연을 활용하되 자연을 아끼고 보존해야 하는 책무도 함께 지니고 있다.

인간 가치가 추락하고 있다. 인격을 계산할 수 있는 것이라도 되는 양 수치화한다. 이러한 비인간화의 추세를 수수방관해야 할까. 개인의 사생활이 침해받고, 인간의 모든 행동을 기계가 감시하고 통제하는 사회를 두고 보기만 해야 하는가. 감시사회의 출현을 침묵하며 지켜보기만 해서는 안 된다. 그럴 수 없다. 인격과 인권이 인정되지 않는 사회는 물량사회다. 물질과 양적 평가만을 중시하는 사회다. 그것은 인간의 가치와 행복, 존엄성이 자랄 수 있는 토양이 못 된다.

우리 모두 한 사람의 창조적 존재로서 정신을 회복해야 한다. 과학이 인간 목적을 떠나지 않도록 잘 붙들어 두어야 한다. 인간이 과학의 종이 되어서는 안 된다. 과학은 인간을 위해 존재한다. 인간의 삶을 위한 수단이다. 이 단순한 이치를 회복해야 한다. 기계와 인간이 역전된 관계를 정상화해야 한다.

자연에서는 양量에서 질質로의 변화가 가능하다. 그것은 인위적인 게 아니라 자연 현상이다. 마찬가지로 인간의 역사는 주리主理 작용이 없다면 발전과 향상을 기대할 수 없다. 인류문명의 발전과 향상은 인간 외부에 존재하는 물질 현실[물실체物實體*]과 인간의 내적 창조성의 근본이라고 할 수 있는 정신적 실재[이실체理實體*] 사이의 깊고 복잡한 상호작용을 통해 이루어져 왔다. 이러한 인간의 창조적 의지가 존재하지 않는 변화란 무가치한 우연일 뿐이다. 단순한 내용 변화에 불과하다. 나는 바로 이러한 관점에서 역사를 주리적 생성의 원리*로 보아야 한다고 생각해

왔다. 지금 시급한 문제는 과학기술의 개발이 아니다. 우리의 과제는 인간을 주리적 생성의 원리로 다시 포착하는 일이다.

이를 실현하기 위해서는 무엇보다 현 인류의 생활방식을 비판적으로 성찰하는 과정이 필요하다. 무엇이 어떻게 잘못되었는지 솔직히 시인해야 한다. 현 인류가 이룬 것들이 인류 역사의 최고 가치라고 믿는 맹목을 벗어나야 한다. 인류 역사가 어떤 문제를 안고 있는지 알지 못하는 진보사관*을 버려야 한다. 최고 정점이라고 간주하는 진보의 찬란함 속에 퇴보와 멸망이라는 어두운 징조들이 깃들어 있다. 인류 역사에 대한 성찰을 통해 다시 깨달아야 한다. 잘못을 잘못으로 알지 못하면 스스로 반성할 수도 없다. 스스로 반성하지 않으면 새로운 삶의 발전도 얻을 수 없다.

진정한 변화를 가져올 방법이 없는 것은 아니다. 기원전 6세기 중국, 인도, 페르시아, 그리스 문명의 혼란기를 생각해 보라. 이들 나라는 모두 문명의 역사를 잊고, 생각이나 방향 없이, 무목적으로 헤매었다. 바로 그러한 혼란 속에서 공자, 노자, 석가모니, 조로아스터, 탈레스와 같은 철인들이 태어났다. 이들은 모두 인간사회를 구원하고자 인간의 존엄성을 가르쳤다. 우주의 근본 원리[天道]와 인간의 도리[人倫]를 설파했다. 근대 초기 서구사회의 혼란기에도 마찬가지 일이 벌어졌다. 사회가 파괴되면서 초래된 극도의 혼돈 속에서 페트라르카, 살루타티, 루터, 캘

---

* 진보사관이란 인간 역사의 진행을 전진적 발전 단계로 인식한다. 인간의 지적, 물질적 능력이 발전하면서 역사 또한 무한히 발전한다는 시각이다. 이러한 생각은 문명 발전의 수준을 단계적으로 이해함으로써 서구 중심 역사 발전을 정당화하였고, 종교, 인종주의, 환경, 문화를 설명하는 방식으로 작동해왔다. 미원은 이러한 진보사관이 경제적 성장과 물질적 발전만을 의미함으로써 무한 성장 신화를 사회에 유포했으며, 그 결과 환경과 인류사회에 재앙을 가져왔다고 역설한다. 물질적 발전이 곧 진보라는 믿음은 사회가 생산 시스템의 부분품으로 조직화되도록 만들었을 뿐만 아니라 인간을 정신적 가치와 창조적 주체성을 상실한 수동적 존재로 전락시켰다고 비판한다.

빈 등이 출현했다. 이들은 휴머니즘과 종교의 본질을 부활시켜 붕괴하는 사회를 바로잡고자 했다. 이제 21세기를 향하고 있는 지금, 현재 인류에게도 근본 혁명이 필요하다. 과학혁명, 경제혁명, 정치혁명만으로는 문명의 오류를 고쳐 바로잡을 수 없다. 지금 우리에게 진정 필요한 것은 의식혁명*이다. 정신혁명이 필요하다. 이는 아무리 강조해도 지나치지 않다.

우리는 역사적 현실을 종합하고 인류의 미래를 전망해야 한다. 그것은 낙관주의적 꿈만으로 해결될 수 없다. 비관주의적 슬픔에 잠겨서도 안 된다. 낙관적 사고와 비관적 인식 모두를 인정하면서 초월하는 현실감각이 필요하다. 현실을 사유하되 감산이 아니라 점점 더 가산되는 플러스(+) 사이클을 만들어가야 한다. 능동적으로 새 이상을 수립하고 의지적 노력을 펼쳐 실현해 가야 한다. 인류의 역사를 창조하기 위해 노력해야 한다. 이 모든 것은 반드시 이 세상에 마땅히 존재해야만 할 당위적* 휴머니즘을 토대로 출발해야 한다.

지금까지 우리가 타율적으로 살아왔다 하더라도 이제부터는 자율적으로 미래를 개척해야 한다. 인간은 자기완성과 생존과 계발을 위해 기술, 정치, 경제, 문화, 사회를 발전시켰다. 발전은 인간 삶을 위한 수단일 뿐 그 자체가 목적이 될 수 없다. 인간이 부재하는 세계가 되어서는 안 된다. 발전이 기약하는 무지개처럼 아름다운 세상은 단지 겉모습에 불과하다. 인간의 관점에서 본다면 소용없다. 남의 힘에 떠밀려 진행된 발전은 진정한 인간의 발전이 아니다. 인간의 의지가 작용하지 않은 발전이기 때문이다. 외적 변화만 꾀하는 발전은 인간의 이름으로 마땅히 거부해야 한다.

지성을 가진 사람이라면 누구나 같은 말을 한다. 지금 인류는 역사적으로 유례없는 거대한 전환기를 맞고 있다. 우리 중 누구도 알지 못한다. 우리 세계가 어디로 전환되어가고 있는지를. 왜 전환이 요청되는지를 알지 못한 채 전환의 흐름에 떠밀려 살아간다. 그러다 보니 인간 스스로 자신의 본질을 망각해가고 있다. 정신은 말할 것도 없고 환경, 식품, 약품, 공기, 물 등 인간을 둘러싼 모든 것이 오염되어가고 있다. 이제 인간은 질식 상태에 놓여 있다.

물질적 발전을 경시하자는 말이 아니다. 육체를 지탱하는 다리가 있어야 인간이 대지 위에 굳건히 설 수 있다. 정신과 물질이 균형을 이루어야 인간 본연의 자세를 잡을 수 있다. 보행의 과정을 보라. 사람은 오른발과 왼발을 번갈아 걸어야 균형을 이루어 앞으로 나아갈 수 있다. 마찬가지로 정신과 물질 중 어느 하나를 버리면 인간 존재라 부를 수 없다. 이성과 감성, 정신과 물질, 지식과 기술, 인간과 사회, 이 모두가 조화를 이루어야 한다. 이러한 조화는 인간적인 삶을 위해서는 반드시 필요한 요건이다. 생生을 유지하고 발전시키며 창조하는 모든 것의 요체가 여기에서 출발한다.

현재와 같이 물질만 강조하고 정신이 약화하는 불균형한 문명에서 해방되는 길은 무엇인가. 새로운 균형과 발전을 이루는 길은 과연 무엇일까. 많은 사람이 정신문화의 부흥 또는 정신으로의 복귀를 주장한다. 그것만으로 문제를 풀 수 없다. 인간은 빵만으로 살 수 없지만, 정신적인 것만으로 살 수도 없다. 정신과 물질 모두를 필요로 하는 이원적 생활 존재다. 정신만 강조하는 것은 물질만 강조하는 것과 다를 바가 없다. 그것은 또 다른 불균형을 초래한다. 서구의 중세 암흑시대와 같은 시대로 퇴보하게 된다. 물질을 간과하면 안 된다. 물질과 정신의 상관성과 교호관계를 망각해서도 안 된다. 문명으로부터 등을 돌려서도 안 된다. 문명을 개혁하기 위해 과학기술을 포기해야 한다는 말은 그야말로 어리석은 이야기다. 인간이 인간으로서 가져야 할 기본적인 기쁨, 향락, 쾌락, 욕망 등을 무시할 수 없다. 과학은 개발하고, 보람은 창조해야 한다. 행복은 늘 인간의 주변에 같이 있어야 한다.

절충적 중용사상이 해결책이라고 생각하지 않는다. 원래 절충이란 옳고 그름의 균형을 이루었을 때 가능하다. 정반正反의 균형이 이루어지지 않은 절충이나 중용은 어느 한 방향으로 치우치기 마련이다. 정과 반으로서 선함과 악함 중 어느 한쪽이 크고 다른 한쪽이 작으면 절충이란 의미가 없다. 그러한 절충은 대체로 선함보다는 악함으로 기울어지곤 한다.

옛날 중국의 역학易學이 말하고, 지금의 물리학이 증명해주고 있다. 우주의 원리는 본디 파토스와 로고스, 음과 양, 1과 10, 길고 짧음[長短], 크고 작음[大小], 하늘과 땅[天地], 그리고 여자와 남자[男女], 늙음과 젊음[老幼], 처음과 끝[始終] 등 대립하는 요인들이 상극하고 대립하면서도 상호 화합하는 것이다. 대립하면서 화합하는 두 개의 이질적인 이원적 요소들이 상호작용하면서 새로운 것을 생성해간다. 이것이 우주의 근본 과정이다. 인간의 삶도 마찬가지다. 인간성에는 합리적인 면과 비합리적인 면이 동시에 존재한다. 이 둘은 끊임없이 교호 작용한다. 서로 분열하면서 통합된다.

현대문명은 물질과 정신이 균형을 이루지 못하고 있다. 물질이 정신보다 우세한 형국이다. 지금은 물질보다 정신을 더 강조해야 할 때다. 정신을 부활시켜 보자는 것도 그런 이유다. 더 높은 차원에서 정신의 지배 아래 물질을 다시 되돌려놓아야 한다. 기술에 대한 믿음이 종교를 대체하는 세상이다. 우리는 과학기술이 진보할수록 삶의 모든 문제가 해결될 것으로 믿는다. 부와 행복을 동일시한다. 상실되고 있는 정신 가치를 다시 일으켜 마음을 먼저 회복해야 한다. 인류의 위대한 유산인 종교의 교훈, 철학적 진리, 도덕 가치, 인정을 다시 회복해야 한다. 정신계와 물질계의 균형을 되찾아야 한다.

19세기에는 신이 죽었다면 20세기에는 인간이 죽었다. 이제 세상은 '로봇과 같은 자동인간'만이 살아남았다. 이러한 현실을 시정하려면 종교를 되찾아 신의 뜻을 바로 보고 바로 살려야 한다. 자연의 이치를 바로 파악하고, 인간의 정신을 되찾아야 한다. 인간을 되살려야 한다. 이데올로기의 차이가 만들어내는 살벌한 전쟁을 지양하고 새로운 인류사회를 건설해야 한다.

인간이 과연 그런 큰 과업을 해낼 수 있을까. 종교심과 도덕성을 잃고 이기주의적인 계산과 관능주의적인 쾌락에 젖은 현대인이 과연 마음을 돌릴 수 있을까. 새로운 이상의 세계를 향해 매진할 수 있을까.

이 문제는 인간이란 과연 무엇이냐 하는 근본적이고 철학적인 문제를 제기한다. 인간이 무엇인지를 알아야 한다. 인간과 사회, 인간과 자연의 관계를 이해할 때 올바른 계획을 세울 수 있다. 인간이 행해야 할 일과 그 방안을 실현할 수 있다. 인간이란 존재는 무엇인가?

5

스핑크스의 물음을 통해 본 인간 탐구

이제까지 인류 역사의 과거와 현재를 개괄했다. 미래의 인류사회가 어떻게 되어야 하는지 살펴봤다. 이를 위해 현대적 아포리아가 무엇인지 그 내용 하나하나를 음미해봤다. 여기서 얻은 결론은 인류 역사가 단절과 거대한 변이를 일으키고 있음에도 인간은 방향을 잃고 혼돈 속에서 헤매고 있다는 사실이다.

지금 우리 사회는 기존 질서와 가치체계가 붕괴했으나 아직 새로운 질서와 가치 위계가 출현하지 않은 과도적 전환기를 맞고 있다. 우리는 물질적 풍요와 정신적 빈곤을 동시에 경험한다. 세계는 한편으로는 단일화되고 있지만 다른 한편으로는 다원화가 심화하고 있다. 자유와 함께 새로운 속박이 생겨났다. 무수한 이율배반적 모순들이 나타나고 있다. 산업공해, 자원 고갈, 인구 폭발, 국제 갈등 등 객관적으로 드러난 문제만 심각한 것이 아니다. 인간 부재, 인간 소외, 인간 상실과 같은 사회현상은 더 큰 문제다. 이것이 지금 우리가 경험하고 있는 세계의 모습이다.

수많은 문명비평가, 철인, 사회사상가가 현대문명의 병폐를 인간 외적 현상에서 그 원인을 찾아 제시하고 있다. 반反기계론, 반자본주의론, 반전체주의론, 반과학론, 반체제론을 개진했다. 현대문명의 병은 그 원인이 밖으로 드러난 비인격적 요소에 있지 않다. 자연과 인간의 내면세계를 하나로 꿰뚫을 수 있는 우주실재宇宙實在의 본질에서 그 원인을 찾아야 한다. 삼라만상이 변화하는 원리를 찾아 이를 통해 현대문명이 어디서부터 왜 잘못되었는가를 규명해야 한다.

기계가 인간을 지배하는 것이 기계가 인간보다 훌륭한 존재이기 때문은 아니리라. 인간이 기계의 힘에 지나치게 의존하고 기계를 조종할 수 있다고 과신했기 때문에 그러한 일이 벌어진 것이다. 돈이 사람을 지배하는 것도 마찬가지다. 돈의 위력을 절대시하는 인간의 정신이 그러한 결과를 가져온 것이다. 거대한 사회 속에서 인간이 조직의 부품처럼 취급되는 상황도 그 원인은 인간에게 있다. 사람들이 인간으로서의 가치보다 거대한 조직에 속한 것을 더 자랑스럽게 여겨 그렇게 된 것이다.

우리 시대의 가장 큰 아포리아는 결국 인간이다. 인간이 문제다. 우리는 이미 자연을 정복했지만, 정복의 욕망은 멈추지 않았다. 마음을 조정하는 능력을 상실한 것이다. 이것이 바로 오늘의 세계가 안고 있는 모든 문제의 핵심이다. 인간이 무엇이고, 인간과 사회와 자연의 관계가 무엇인지에 대한 기초적인 질문을 다시 해야 할 때다. 이러한 현대적 아포리아로부터 다시 시작해야 한다.

인간이, 자신이 무엇인지를 알지 못한다면, 그것은 인간으로서의 사명 또한 알지 못한다는 것이다. 자신이 누구인지 모르면 무엇을 해야 하는지 알지 못한다. 인간은 스스로 만물의 영장이라 자부한다. 때로는 자신이 이성을 가진, 하느님의 아들이라고 생각한다. 아니, 과학기술의 힘으로 자연을 지배하게 된 인간은 이제 자신을 세상에서 가장 높은 곳에 올려놓았다. 하지만 여전히 자신이 무엇인지는 모른다. 그렇다면 인간은 자신이 생각하는 것처럼 정말로 훌륭한 존재일까.

소를 보면 소라고 말하고, 고양이를 보고 고양이라고 부른다. 기계를 보면 기계라고 생각한다. 그런데 인간 자신은 무엇인지 정작 알지 못한다. 그런데도 인간을 지혜를 가진 현명한 존재라고 말할 수 있을까.

이집트 신화에 스핑크스 이야기가 있다. 스핑크스는 테베 시 근교에 나타나 지나가는 사람에게 질문을 하고 잘못된 대답을 하면 잡아먹었다. 스핑크스는 얼굴은 여자 모습을 하고 몸은 사자, 발은 매 발톱, 꼬리는 뱀 형상을 하고 있었다. 그가 사람들에게 던지는 질문은 '아침에는 네 발로 걷고, 정오에는 두 발로, 저녁에는 세 발로 걷는 생물이 무엇인가?'였다. 어느 날, 젊은 용사 오이디푸스가 '사람'이라고 정답을 말하고 테베 시 사람들을 스핑크스로부터 해방시켰다.

스핑크스의 질문은 인간에 대한 본질적인 물음은 아니다. 인간의 겉모습에 대한 질문일 뿐이다. 인간이 무엇인가를 묻는 것은 생물학적 인간의 모습을 묻는 것이 아니다. 인간의 내면에 자리한 정신적 차원을 묻는 것이다. 아폴론 신전 비문에 철인 소크라테스가 말한 '너 자신을 알라'는 문구가 새겨진 이유를 알 수 있다. 우리는 이를 기억해야 한다.

과학이 아무리 발달해도 인간의 존재 이유를 다 설명할 수 없다. 분석적 기능과 방법은 인간이 존재하는 진정한 이유를 밝혀낼 수 없다. '사람이 무엇인가'라는 질문을 풀 수 없다. 물리와 과학의 척도로 인간 정신작용을 설명할 수 없다. 이는 어쩌면 당연한 일이다. 18세기 영국 시인 포프A. Pope는 "인류가 가장 절실하게 연구해야 할 대상은 인간 자신"이라고 말했다. 그의 이 한 마디는 지성계의 관심을 인간 문제로 되돌려놓았다.[30] 또 교육자 페스탈로치J. H. Pestalozzi는 "왕관을 쓰고 있거나 초가지붕 밑에 있거나 인간은 똑같은 인간이다. 그 인간의 본질, 그것이 무엇이냐?"라고 울부짖었다.[31] 물음에 대한 보편타당한 답은 들려오지 않았다. 동과 서를 막론하고 오늘의 지성인 중에 인간이 무엇이냐는 물음에 선뜻 대답할 수 있는 이가 과연 몇이나 될까!

그 이유는 볼노브O. F. Bollnow가 지적한 대로 "인간은 물음의 대상이 아니라 그 주체"이기 때문이다.[32] 인간은 자기를 완전히 객관화할 수 없다. 과학적으로 관찰할 수 있을 정도로 자신을 초월해 존재할 수 없다. 그러한 철학적 질문을 던지는 존재 자신도 항상 같은 존재는 아니다. 인간을 둘러싼 자연계는 끊임없이 변전變轉한다. 시대마다 역사 조건이 다르고 또 항시 변화한다. 인간이 무엇인가라는 질문은 답하기 어려운 문제다.

인간은 다차원적 존재다. 보는 각도와 상황과 기호에 따라 모양도 달라진다. 진선미성眞善美聖을 추구하면서도 온갖 악함을 동시에 가진 것이 인간이다. 인간이 무엇이냐 하는 질문에 간단한 답을 구할 수 없는 것이다. 이것이냐, 저것이냐 하는 식으로 단정할 수 없다. 인간을 연구할수록 더 그러하다는 것을 알 수 있다. 인간과 사회의 여러 조건과 자연과의 관계 속에서 인간의 양상은 시시각각 달라진다. 사방이 거울로 만들어진 방에 들어가 자신을 거울에 비추어 본다고 상상해보자. 거울 속에는 하나가 아니라 수천 개의 내가 비춰질 것이다. 인간이라는 존재는 그만큼 의미가 불분명하고 복잡하다.

그런 이유에서 플레스너H. Plessner는 "우리는 있다. 그러나 우리를 소유하고 있지는 못하다. 이것은 분명한 인간의 제약이다."라고 한탄했다.[33] 모리악F. Mauriac도 "우리는 우리가 쓴 가면을 벗게 될 날을 찾지 못

한다. 우리의 얼굴에 부착된 마지막 가면은 죽음도 벗겨내지 못하리라." 하고 탄식했다.[34]

현대문명의 아포리아를 풀기 위한 가장 큰 전제인 '인간이 무엇이냐' 하는 물음을 외면할 수 없다. 해답이 비록 불완전해도 묻고 답을 찾는 과정을 통해 우리는 나름의 인간관을 형성한다. 이러한 인간관은 인격적 삶과 사회생활 모두를 감당할 수 있는 정신적 기반이 된다.

앞서 언급한 바와 같이 인간이란 다양한 특질을 가진 존재다. 한마디로 정의하기 곤란하다. 인간이란 신도 동물도 아니다. 파스칼이 말한 것과 같이 신과 인간 사이의 중간 존재도 아니다. 인간은 역시 인간이며, 인간 이외의 다른 모든 것과 구별된다.

신과 천사에게는 도덕이 필요 없다. 동물은 그것이 무엇인지조차 알지 못한다. 인간에게는 도덕이 있음으로써 그 존재가 또렷해진다. 인간은 도덕 없이는 살아갈 수 없다. 인간을 도덕적 존재라고 부르는 이유다. 사회적 존재이기에 인간은 도덕적 존재일 수밖에 없다. 도덕적 존재이기에 정신적 존재이며, 인격적 존재다.

인간은 단순히 존재하지 않는다. 순간순간 삶에서 생겨나는 객관적인 여러 난제를 놓고 이것이냐, 저것이냐를 결단하면서 실존한다. 때로는 희망, 때로는 절망과 좌절을 느끼면서 자기 나름으로 삶의 목적을 세우고 투쟁한다. 이것이 인간이 다른 모든 존재자와 구분되는 특이성이다. 인간에게는 주체인 인간과 객체인 삶의 환경이 대립하는 관계로 주어진다. 인간의 마음에 고뇌가 생겨나는 것도 바로 그 때문이다.

만일 인간이 신이라면 완전무결하고 전지전능한 존재일 것이다. 신이 그러하듯 인간도 어디에나 있고 그 섭리가 닿지 않는 곳이 없는 무소부재無所不在의 존재가 될 것이다. 그런 존재에게 고민이란 있을 수 없다.

자기 뜻대로 모든 것을 계획하고 예견하고 창조할 수 있기 때문이다. 만일 사람이 동물이라면 자기의 실존성을 주체적으로 의식할 수 없다. 먹고 마시고 새끼를 낳는 것 이외에 다른 목표를 세우지 않으리라. 사람은 이성과 감성을 공유한다. 신과 동물의 중간적 존재라는 뜻이 아니다. 신도 동물도 아닌 그 자신만의 삶을 살아가는 주체적 존재. 이는 인간만이 가진 특성이다.

인간은 자연에 속하지만 완전히 자연 물체로 삶을 영위하지 않는다. 인간성 human nature이란 고정되어 있지 않다. 아무리 과학이 발달하고 컴퓨터의 위력이 놀라워도 선과 악이 공존하는 인간의 삶을 수학적으로 계산해낼 수는 없다. 인간의 근본이 되는 첫 번째 의의는 생명 존속을 위해 육체적 욕구를 추구한다는 점이다. 이 때문에 사람들은 타인과 싸우기도 한다. 두 번째 의의는 사회성을 추구하며 이를 위해 타인들과 교제하고 협조한다는 것이다. 인간 존재의 세 번째 의의는 남을 위해 크게 희생하고 봉사하려는 숭고한 정신을 가진다는 사실이다. 사람을 어디까지 선하거나 악한 존재로 규정할 것인가 하는 것은 과학적 방법인 수학적 공리公理만으로는 풀 수 없다. 인간의 선악은 상대적으로 표현된다. 선이나 악 어느 한 방향으로 인간의 본성을 규정할 수 없다. 인간은 선과 악 모두를 동시에 누린다.

더 놀라운 것은 우리가 '인간성'이라고 말하는 대부분이 교육과 훈련의 산물이라는 점이다. 가령, 무지몽매한 살인마의 자식으로 태어나 부친이 누구인지 모른 채 무교육 상태에서 자란 사람이 있다고 하자. 칸트와 같은 철인의 자식으로 태어나 파우스트와 같이 모든 학문을 통달한 사람이 있다고 하자. 이 둘을 같은 척도로 비교할 수 있겠는가.

사람이 천한 데서 천대받으며 자라면 인간다운 성품을 망각하거나 동물로 변한다는 말이 결코 아니다. 유교의 인仁이나 불교의 자비, 기독교의 사랑을 품을 수 있는 인품이란 태생으로 결정되지 않는다. 인간은 자신의 처지에 반하는 반사적 정신작용을 본능적으로 행할 수 있는 존재다.

운명과 자유, 필연과 자유의 관계도 인간성을 형성하는 복잡한 요인이다. 사람은 자기가 태어나는 시간과 장소를 선택하지 못한다. 하이데거가 말한 것처럼 인간이란 시간 속에 던져진 존재다. 하지만 인간은 운명에 굴하지 않는 자유의지를 지닌다. 던져진 운명에 맞서 도전하고 새로운 환경을 개척할 수 있다. 인간에게는 무엇보다 상상력이 존재한다. 처한 상황과 다른 상상을 하며 자기 세계를 만들어갈 수 있다. 코르시카섬의 이름 없는 소년이었던 나폴레옹은 후일 황제 보나파르트가 되었다. 자신의 운명을 그대로 감수했더라면 어떻게 가능했겠는가!

인간 삶에서 자유와 운명의 비율을 수학적으로 계산할 수는 있을까? 이 또한 사람이 얼마나 선한가, 악한가를 묻는 것처럼 어리석은 질문이다. 어떤 이는 자유와 운명이 정확하게 반으로 나뉜다고 생각한다. 실제로는 그럴 수 없다. 앞에서 예로 들었던 살인마의 자식을 보자. 그의 삶을 태어날 때의 악운이 90%이고 자유가 10%라고 계산할 수 있겠는가. 마찬가지로 그 반대의 삶을 유복함이 90%, 불운이 10%라고 계산할 수 있나. 부자로 태어나도 뜻을 높이 세우고 노력하지 않으면 부유함도 의미가 없다. 카네기A. Carnegie라는 사람을 떠올려보라. 그는 가난했지만 뜻을 크게 세우고 그것을 이루려 노력했다. 인간의 삶은 스포츠 경기가 아니다. 출발점도 조건도 저마다 다르다.

인간의 본질은 다차원적이고 복잡하다. 인간 본성을 불변하는 객관적 수학 공식이나 단순 공리로 해석해서는 안 된다. 그것만으로 인간 본성을 이해할 수 없다. 그것은 눈 감고 코끼리 만지는 격이다. '인간은 자연에 속한 존재이며, 최고로 발달한 유기체다.', '인간은 정신적 존재로서 문화가치를 창조하는 자연의 지배자다.', '인간은 하느님의 모습과 비슷한 존재다.', '인간은 만물의 척도다.'라는 말만으로는 인간의 본성 전체를 설명해주지 못한다. 이는 부분적 진실일 뿐이다. 인간의 참모습을 모두 그려내지 못하는 단순한 답변이다.

스핑크스의 물음은 현대인에게도 여전히 수수께끼다. 과거와 다른 점이 있다면 지금 현대문명은 만일 이 수수께끼를 풀지 못하면 파멸하게 된다는 것이리라. 무서운 결과를 초래하기 전에 인간이 무엇인지 진정으로 묻고 답해야 한다. 현대세계는 인간 삶의 조건이 시시각각 급속도로 변모한다. 그런데도 우리는 여전히 일차적 물음에 매달려 살아간다. 어떻게 먹고 입고 즐길 것인가만 고민한다. 그러한 삶에 도취해 진정한 이차적 질문을 던지지 않는다. 삶의 의의와 존재의 사명이 무엇인지 등한시한다. 경종을 다시 울려야 한다는 시인 포프의 말은 실로 오늘날에도 유효하다. 우리의 중요한 과제를 상기시키는 말이다.

다음 장에서는 이 책이 주장하는 인간관을 밝히기에 앞서 우리 사회의 많은 지성인이 이 문제를 어떻게 생각하는지 살펴보고자 한다. 인류가 걸어야 할 진정한 길이 무엇인지를 고찰하려 한다.

4

인간의 구명과 인류의 사명

1. 인간관의 역사적·시대적 고찰

2. 현대 기술사회의 새 인간관

3. 통정統整된 인격자로서의 인간관

4. 현대사회의 참된 인간 진로

1

인간관의
역사적·시대적 고찰

사람이 한세상을 살면서, 자신이 누구이며, 무엇을 생각하고, 무엇을 행해야 하는지를 모른다면 어찌 될까. 그것은 마땅히 해야 할 것을 다 하지 않은 것이다. 헛산 것이다. 불행히도 사람들은 인간 존재의 의의는 생각하지 않는다. 무엇을 하면 돈을 벌 수 있고, 출세할 수 있는가만 알고자 노력한다. 인간으로서, 국가인人으로서, 세계인으로서 무엇을 행해야 하는지 알지 못한다. 진정으로 무엇을 소망해야 하는지 고민하지 않는다. 아무리 살아도 언제나 원점이다. 오늘도, 내일도 변함없이 헤매고 있다. 인류사회의 문제점이 바로 여기에 있다. 인간 문제를 더 폭넓고 깊은 안목으로 풀어내지 않으면 안 된다.

인간이 무엇이냐 하는 문제는 쉽게 풀 수 없다. 스핑크스의 수수께끼를 푸는 것은 눈 감고 만진 코끼리 형상을 그리듯 어려운 일이다. 그만큼 인간 존재의 의의를 묻는 것은 단순한 질문이 아니다. 그것은 인간의 참모습이 다차원적이기 때문이다. 인간이란 복잡한 상황 속에서 시대와 환경이 변천하면 함께 변모하는 존재다.

인간의 육체적 삶은 과학적으로 해명할 수 있다. 인간은 이러한 육체적 삶과 함께 고도의 정신적 삶을 영위한다. 인간의 삶은 복잡하고 미묘하다. 입장(상황적 조건)과 때(시간적 조건)와 내용(상관적 관계)에 따라 인간에 대한 정의가 달라진다. 그렇게 인간은 시대적, 역사적 요청에 따라 이상적 인간상을 마음속에 그리며 살아왔다. 자신이 그린 이상적 인간상을 본으로 삼아 그대로 하려는 의식적 노력을 해왔다. 역사적으로 출현했던 인간관은 인간 본래의 모습이라고 보기 어렵다. 시대마다 요청되는 이상적인 인간상을 그린 것이 대부분이다. 인간의 얼굴에 가면 씌우듯 인위적으로 채색한 것이다. 많은 인간관이 보편적 인간에 대한 규명이라기보다는 개별적인 인간 정의에서 출발한다.

세계적으로 다양한 인간상이 존재해왔다. 유교는 군자를 인간의 참모습으로 이야기했다. 인도 문명은 구루를 이상적인 인간상으로 생각했다. 그리스 문명은 합리적 이성을 따르는 아폴론을 이상적 인간상으로 제시했다. 히브리 문명은 선지자를 이상적으로 보았다. 근세 시기 서구에서는 파우스트와 같은 인간상이 제시되기도 했다. 이러한 인간상들은 각 문명이 시대 요청에 따라 추구했던 인간상을 반영한다. 그것은 모든 사람에게 공통적이고 보편적으로 적용 가능한 본질적 인간상이라고 말할 수 없다. 모리악은 이렇게 말했다. '인간은 결코 벗어던질 수 없는 가면을 쓰고 있다.' 이를 기억하면서 이제 역사적으로 인간관이 어떻게 전개되어왔는지 살펴보자. 이는 사람이 자기 자신에게 어떤 가면을 씌워왔으며 자신을 어떤 존재로 바라보면서 살아왔는가를 시대 흐름에 따라 살펴보려는 것이다.

첫째, 지상에 처음 인간이 출현했을 때부터 인간은 다른 동물과 구분되는 특이성을 지녔다. 인간은 동물과 달리 자기 자신을 객관화할 수 있다. 자신이 무엇인지를 스스로 묻고 답하면서 산다는 것이 동물과 다른 점이다. 그것은 구석기, 신석기 시대의 유물들에도 잘 나타나 있다. 선사 시대 인간은 삶과 죽음의 신비에 대한 큰 '의문'을 드러냈다. 이들 문화에 나타났던 정령 숭배, 동굴벽화, 신화, 입석묘 등이 이를 증명해 준다.

문명기가 시작되면서부터 인간은 농촌과 도시를 만들고 정착 생활을 시작했다. 이는 고대 문명이 탄생한 토대였다. 오리엔트 문명, 중국 문명, 인도 문명, 그리스 문명, 아즈텍 문명, 마야 문명, 잉카 문명 등 다양한 문명이 서로 다른 우주관을 토대로 고유의 인간관을 개진했다. 이러한 차이에도 불구하고 고대의 인간관에는 공통점이 있었다. 사람을 대자연에 속한 존재로 생각하는 자연주의적 인간관을 형성했다. 고대 이집트의 태양신과 강신江神 오시리스, 메소포타미아의 해신海神 티아마트, 바빌론의 향토신 마르두크 등은 모두 자연의 힘을 의인화한 존재들이다. 이들의 형상은 신성과 인성이 혼종된 신인동형론神人同形論 anthropomorphism으로 볼 수 있다. 고대 휴머니즘의 본산지인 그리스 문명의 신들도 이같이 자연 세력을 의인화한 것이었다. 그 점에서는 다른 전통 문명들과 다를 바 없었다. 뇌신雷神 제우스, 태양신 아폴론, 목신牧神 판 등 그리스 문명 역시 자연과 신과 인간을 혼재시킨 존재를 상상했다. 현존하는 야생의 원주민 문화에서 발견되는 토템 신앙과 금기 등도 이와 비슷하다. 이들 문화에는 여전히 사람을 자연에 속한 존재로 보는 생각이 남아 있다. 이처럼 고대 문명은 인간과 동물을 완전히 구분된 존재로 보지 않았다.

그러나 고대인들은 인간과 동물을 다르게 생각했다. '인간homo'이란 말은 사람에게만 주어진 말이었다. 심지어 고대 이집트인은 자신들만을 인간kem이라고 생각했을 정도다. 낯선 사람은 인간이라고 부르지 않았다. 중국도 자신의 문명을 중화라고 칭하고 다른 나라는 동이, 남만, 서융, 북적 등으로 불렀다. 그만큼 인간이 무엇인가라는 생각은 종족중심주의ethnocentrism와 깊이 연관되어 있었다.

소피스트Sophist는 인간의 의미를 보다 합리적으로 사유했다. 이들은 단순히 인간과 동물의 차이를 드러내는 방식을 벗어났다. 이들이 주장한 인간관에서 보면 인간만이 사유하고 자연 변화에 무조건 순응하지 않는다. 인간만이 스스로 삶의 방향을 설정하며, 자연과 구별되는 문화를 성취하며 살아간다. 인간만이 규칙과 행동규범nomos을 만들어 생활한다. 소피스트가 모든 것이 인간의 자의성에 의한 것이라고 말해 궤변론자로 취급되는 것은 사실이다. 인간만이 외부세계를 자기의 주관적 내부세계에 투영해 인식하는 주체라고 주장했던 것은 실로 타당한 면이 있다.

둘째, 자연 중심 인간관을 벗어버리고 신 중심 인간관이 등장했다. 고대 히브리인들의 인간관이 대표적이다. 이스라엘 사람들은 철저한 유일신 신앙을 가졌던 아브라함 족장의 후손임을 자처했다. 이들은 이집트에서 노예로 생활하고 시나이 광야에서 방랑 생활을 겪으면서도 조상의 신앙을 버리지 않았다. 자연과 인간 모두가 하느님Jaweh의 피조물이라는 믿음을 굳건히 지켰다.

구약 창세기에 보면, 신은 5일(yom, 1일 또는 1기라는 뜻) 동안에 우주의 모든 무기물과 유기적 생명체를 창조했다. 6일째 되는 날 사람을 '자기 형상'대로 창조했다. 흙으로 빚어진 사람은 확실히 자연의 한 부분이지만 신이 그 속에 생령pneuma을 불어넣어 비로소 자연을 초월하는 영적 존재인 사람(Adam, 사람이라는 뜻)이 태어난다. 히브리인은 이러한 믿음을 바탕으로 신을 인간의 모습으로 상상했다. 이렇게만 생각하면 소박한 신인동형론이라고 볼 수도 있으나, 성경의 뜻은 그런 것이 아니다. 신이 자신의 형상으로 인간을 만들었다는 것은 무슨 의미인가. 그것은 인간이 육체를 지닌 점에서 동물과 비슷하다. 그와 동시에 인간은 영적 존재로서 신의 속성을 지녔다. 이는 인간이 참되고 바르고 의롭고 자비로운 품성을 가졌다는 뜻이다. 나아가 인간만이 도덕 생활을 할 수 있다는 의미이기도 하다.

아담은 죄를 짓고 에덴동산에서 쫓겨났다. 여기서 죄란 무엇인가. 히브리인에게 죄란 신의 뜻에 순응하지 않는 것이다. 자기 마음대로 규범을 어기는 행동이다. 신의 명령에 복종하지 않는 행위가 곧 죄다. 이론적으로 단정하기 어렵지만, 인간이 태초에 죄를 짓게 된 것은 신이 세상을 다스리기 위한 계획의 한 부분이었는지 모른다. 그렇지 않고는 불완전한 인간이 금지된 선악과를 따먹는 행위와 같은 작은 위반을 죄로 다스리는 이유가 무엇인지 설명할 수 없다. 자비로운 존재인 신이 인간을 무자비하고 가혹하게 벌할 이유가 무엇인가. 아담과 이브뿐 아니라 무고한 그 후손들에게까지 영원히 속세의 고통을 안겨줄 이유가 무엇이란 말인가. 어느 의미에서 보면 인간은 신의 명령에 순종하지 않았기에 인간이 될 수 있었던 것 아닌가. 인간이 순종만 하는 존재였다면 에덴동산을 떠나지 못했을 것이다. 문명의 옷도 입지 못했을 것이다.

에덴에서 쫓겨난 인간. 자유의지를 가지고 자기의 길을 개척해나가는 인간. 여기에 인간만이 가진 현묘한 길이 있는 것이다. 바로 그러한 인간의 특성이 인간이 역사와 문명을 창조하는 길을 열어준 것이다. 자유가 있으면 고민과 창조가 있다. 인간의 문화는 이 고뇌와 노력이 있는 곳에서 만들어진다.

히브리 종교의 인간관은 그리스도교에 전승되고, 서양 중세시대에 이르러 꽃 피우고 열매 맺는다. 중세인은 신에 귀의하는 것에 너무나 전념한 나머지 인간이 신으로부터 받은 능력을 충분히 활용하지 못했다. 이들은 현재가 아닌 내세에 가치를 두고 영적 인간이 되고자 했다. 현실을 냉소하면서 염세적이고 금욕적으로만 살려 했다. 인간의 또 하나의 중요한 본질인 육체의 문제에는 소홀했다. 중세 문명이 균형을 상실한 절름발이 문명으로 전락한 이유다.

셋째, 14세기 무렵부터 르네상스 운동이 시작되면서 근세인은 종교의 속박에서 벗어나 인성주의 인간관을 형성한다. 페트라르카F. Petrarca는 육체적, 관능적 아름다움을 노래했다. 미켈란젤로는 인간 육체의 아름다움을 형상화했다. 피코 델라 미란돌라Pico della Mirandola는 『인간의 존엄에 관하여 *De Dignitate Hominis*』라는 책을 썼다. 근세인은 한마디로 신도 동물도 아닌 인간 자신을 연구했다. 이러한 연구는 종교개혁을 겪은 16세기부터 점점 활발해졌다. 특히, 인간 문제를 하나의 학문 영역으로 끌어들여 인류학anthropology이라는 말을 처음 사용한다. 인류학이라는 용어는 1594년 카스만O. Casmann의 저서 『인간 심리학*Psychologia Anthropologica*』에서 처음 등장했다.

17~18세기 지식인은 인간 문제를 더 다양한 각도에서 연구했다. 데카르트는 인간의 의식을 이야기했다. 파스칼은 인간의 사색을 말했다. 헤르더J. G. Herder는 인간의 문화 창조를 논했다. 카루스F. A. Carus는 인간의 생태와 체질을 연구했다. 문호 괴테는 '인간에게 가장 흥미로운 존재는 인간이다.'라고 말했다. 칸트는 1798년 '인간학'이라는 강의를 처음으로 개설했다. 그중에서도 특히 칸트가 남긴 가장 큰 업적은 '무엇을 내가 알 수 있는가?', '무엇을 내가 해야만 하는가?', '무엇을 내가 희망해

도 좋은가?'라고 물은 것이다. 그는 '인간은 무엇인가'라는 물음을 통해 인간 존재의 의미를 탐구했다.[1] 이러한 그의 인간학에 관한 관심은 좁은 의미의 윤리학적 접근을 벗어나지 못했다.

19세기에 접어들면서 인간 문제는 더욱 폭넓게 다뤄진다. 산업혁명이 진척되면서 인간은 자연을 정복하고 신에게 반기를 들기 시작했다. 자연의 혜택이나 신의 은총 없이 이성의 등불을 높이 들고 역사를 창조해나갈 수 있다는 생각에 이르렀다. 포이어바흐L. Feuerbach는 전인간全人間으로서의 인간을 연구 대상으로 삼았다. 이는 인간을 헤겔이 세계 이성으로, 칸트가 인간 이성으로 이해한 것과 구별된다. 포이어바흐는 신학보다 인간학의 우위를 주장한다. 그에 따르면 인간은 신이 가진 위대한 속성 때문에 신을 숭앙했다. 그는 그런 속성들이 신의 것이 아니라 인간의 것이라고 말한다. 신성이란 인간이 신에게 투영한 속성에 불과하다는 것이다.[2] 나아가 진·선·미·심審·성과 같은 특성이 인간의 소유물이므로 인간이 당연히 되찾아야 한다고도 말했다. 사회학의 시조라고 할 수 있는 콩트도 인간성의 신격화를 주장했다. 시인 스윈번A. C. Swinburne이 "높은 곳에 있는 인간에게 경배하라."고 말하게 된 것도 이러한 인간에 대한 예찬과 무관하지 않다.[3]

넷째, 이상에서 말한 자연주의적 인간관, 신성적 인간관, 인성적 인간관에 이어 18~19세기는 실존적 인간관을 형성했다. 인성적 인간관은 계몽주의의 관념적 인간관이었다. 인간을 이성적 동물로 보고, 자연과 신을 초극한 독특하고 자주적인 존재라고 예찬했다. 실존적 인간관은 이와 달리 관념이 아닌 실제적인 사물에서 진리를 찾는 사유와 연관된다. 18세기 동양의 실학사상과 19세기 서양의 실존철학이 대표적이다. 동양의 실학이 지향한 시대사상은 실사구시實事求是다. 그것은 종래의 관념 세계의 공허한 공리공론空理空論에서 벗어나 실제 세계에서 행복한 인간 생활을 구현하는 것을 목적으로 했다. 이에 모든 민생 문제를 해결하기 위한 참다운 이상과 방법을 현실에서 찾고자 주력했다.

같은 맥락에서 서구에서는 키에르케고르S. A. Kierkegaard를 시초로 실존철학이 비슷한 인간관을 내세운다. 키에르케고르는 헤겔학파의 사변적 관념론이 인간의 실존성을 망각한 주장이라고 반박했다. 이후 야스퍼스의 『세계관의 심리학』, 하이데거의 『존재와 시간』, 사르트르의 『존재와 무無』로 이어지는 실존철학 이론이 완성된다. 프랑스의 마르셀G. Marcel도 『존재와 객관성』이라는 글에서 실존철학을 역설했다. 일찍이 유럽에서 허무주의를 예언한 니체도 인위적 탈을 쓰고 사는 현대인의 가식을 비판했다. 야수와 같은 권력의지와 함께 모든 인간의 삶과 창조의 본질을 힘의 의지로 설명하는 논리를 편다. 이처럼 실존철학이 확산하면서 인간 삶에서 이성의 힘뿐 아니라 다른 힘들이 보편적으로 수용되기 시작했다. 관념론적이며 낭만적인 것으로 미화한 인간의 가면이 벗겨지기 시작한 것이다.

1914년 발발한 1차 세계대전은 인간 연구에 큰 전환점이 되었다. 그 이전까지는 과학기술이 발달할수록 인간사회에 인간이 아닌 다른 어떤 존재로부터도 규제받지 않는 유토피아가 만들어질 것으로 믿었다. 기대와 달리 과학의 발달은 오히려 인류를 가공할 파멸의 함정으로 몰아갔다. 이에 철학자들은 인간의 의미가 무엇인가에 대한 본질적인 질문을 다시 던지기 시작했다. 셸러M. Scheler는 『인간의 이념에 대하여*Zur Idee des Menschen*』에서 "확실히 철학의 모든 중심 문제는 인간이 무엇인가라는 문제에 귀속된다."[4]고 선언했다. 겔렌A. Gehlen도 인간을 생물학적으로 다른 동물에 비해 결핍된 존재mängelwesen로 보았다. 그는 생물학적 인간관을 주장하면서 인간도 하나의 생물이라고 말한다. 동물은 본능적으로 특정한 환경과 상관관계를 가지며 살아간다. 환경에 적응할 수 있는 생존 능력을 지닌 안정된 기관기능을 가지고 있다. 이와 달리 인간은 동물처럼 환경에 잘 적응할 수 있는 안정적 기관을 지니지 못했다. 인간이 지닌 이러한 결핍조건은 인간이 동물과 다르게 살도록 만들었다. 인간은 생존을 위해 지혜를 강구하고 이를 바탕으로 능동적인 기능들을 개발했다. 인간은 생존과 자기 보존을 위해 환경에 적응하되 자기 자신과 환경을 창조적으로 만들어왔다. 겔렌은 인간의 이러한 노력이 인간 존재의 본질이라고 생각했다. 결핍 속에서 성장하고 발전하면서 성장하는 생명존재 lebewesen, 그가 바로 인간이라는 것이다.[5]

이렇듯 실존철학은 인간을 다른 존재자와 다르지 않다고 본다. 니체가 "인간은 아직 완성되지 않았으며 원칙적으로 규정할 수도 없는 존재"라고 말한 것도 같은 맥락이다. 단지 인간은 그러한 사실을 잊고 살아갈 뿐이다. 실존주의는 인간의 존재 방식이 인간 자신에 의해 만들어진다는 점을 강조했다. 실존적 인간관은 인간을 모든 개체로부터 독립된 존재로 본다. 인간이란 자유로운 선택을 통해 자신이 무엇인지를 스스로 규정하는 존재다. 인간만이 유일하게 자유 속에서 자신의 본질을 규정할 수 있다.[6]

그 밖에도 오르테가 이 가세트는 "인간은 스스로를 창조하고 그가 스스로 창조하려고 하는 것까지도 규정하는 존재"라고 말했다.[7] 몰트만 J. Moltmann은 "인간은 인간이 무엇인가를 묻는 자이며 동시에 해답하는 자"라고 말했다. "인간의 본질을 우리가 완전히 해명할 수 없는 것은, 우리가 인간의 문제를 사실로서, 개방적으로 offenheit 경험하기 때문"이라고도 주장했다.[8] 몰트만에 따르면 인간은 세계와 맺는 관계에 따라 다르게 살아가는 개방적 존재라고 할 수 있다. 플레스너H. Plessner도 인간이 지닌 바로 이러한 개연적 개괄성이야말로 인간 존재의 본질이라고 말했다.[9]

종합해 보면, 철학을 비롯한 모든 학문 분야에서 인간의 의미를 풀기 위해 오랜 세월 동안 노력해왔다. 아직도 '인간이 무엇이냐?'에 대한 해답은 여전히 풀리지 않은 상태로 남아 있다. 어떻게 보면 영원히 풀 수 없는 문제인지 모르겠다. '자연의 한 부분으로서의 인간', '신의 모습을 한 인간', '이성의 소유자로서의 인간' 등 전통적 인간관들은 이제 허물어졌다. 지금 우리는 오직 실존적 삶만을 경험할 수 있을 뿐이다. 새롭고 완전한 인간관을 마련하지 못했다. 인간사회는 옛날이나 지금이나 변함없이 정처 없고 목적 없는 삶을 영위하고 있다. 한 걸음도 더 나아가지 못한 채 원점을 맴돌고 있다.

앞으로 태어날 인간은 반드시 바른 판단 위에서 의식적인 삶의 목표를 세워 살아가야 한다. 이를 위해 우리는 다시 물어야 한다. 인간의 존재 의의가 무엇이고, 무엇을 해야 하는지, 나아가 삶의 목적과 본질, 인간의 사명은 무엇인지 파헤쳐보아야 한다.

2

현대 기술사회의 새 인간관

지금 인류사는 또 한 번 메타모포시스*적 변화를 겪고 있다. 새로운 인간관도 논의되고 있다. 새로운 인간관이란 오늘의 사회를 어떻게 인식하느냐에 따라 달라진다. 지금 우리 시대가 요구하는 인간관은 무엇인가. 20세기 후반 사상가들이 바라본 사회관을 중심으로 이와 상호 연관된 인간관이 무엇인지 고찰해 보자.

학자들은 인류가 마주한 새로운 시대를 다양하게 규정해왔다. 산업사회, 과학기술사회, 관리화 사회, 대중사회, 정보과학사회, 대항사회, 유동화사회 등으로 고찰했다. 이렇게 형성된 사회관을 모체로 새로운 인간관을 형성했다.

첫 번째 인간관은 사회를 산업사회로, 인간을 공작인工作人, 호모 파베르Homo faber로 보는 시각이다. 탁월한 현대 신학자 몰트만은 그의 최근 저서 『인간*Der Mensch*』에서 현대를 산업사회로 명명했다. 그는 산업사회가 실증주의, 공리주의, 마르크스주의, 자본주의, 실용주의와 관계를 맺으며 형성된다고 지적한다. 이러한 사회에서 인간은 근본적으로 '공작

하는 인간'이라고 규정한다.[10]

이러한 시각은 인간 본성을 공작, 제작, 조작, 구성, 생산, 노동 등과 같은 활동성으로 규정한다. 사회가 고도 산업화하면서 이러한 시각이 더 강화된다. 인간이 무엇인가를 만들어내는 제작 본성을 가지고 있다는 것은 사실이다. 인간은 기계를 만들고 인간관계와 사회체제를 조직하고 만들어왔다. 문제는 인간의 가치가 인간이 만든 것에 의해 재규정되고 있다는 점이다. 공작적 인간관이 인간에 대한 완전한 정의라고 말할 수 없는 이유다. 이러한 시각에 편향되면 인간 본성의 중요한 부분이라고 할 수 있는 사유와 감성과 행위의 자율성을 억압할 수 있다. 이것이 인간이 제작한 기계가 인간을 결박하는 시대를 만든 배경이다. 인간의 노동력은 본디 생존을 위한 하나의 수단에 불과하다. 그것은 인간을 평가하는 유일한 기준이 될 수 없다.

이제 인간의 복리를 위해 생겨난 생산력 조직이 인간의 활동을 규제한다. 사회가 자동화된 거대한 사회체제로 변화하면서 인간의 의미도 달라졌다. 인간은 전체를 알지 못한 채 부분만을 알고 수행하는 부분적 전문가로 존재한다. 인간 존재와 인간이 만든 환경을 구별하는 것이 점점 더 어려워진다. 큰 집단의 일원으로 존재한다. 이른바 큰 집단과 개인 사이에 공동유희共同遊戲가 발생하는 것이다. 이러한 사회에서는 당연히 인간의 자유가 제한된다. 인간다운 인격체로서 개성을 지닌 인간의 모습은 찾을 수 없다. 비인간화된 부정적 사회현상이 만연한다. 이는 인간을 전인적 존재로 인식하지 않고 오로지 활동하는 인간으로 보는 공작적 인간관의 한계다. 산업사회에서 인간소외가 생겨나는 근본 원인도 바로 여기에 있다.

현재 사회 상황을 보라. 산업사회가 만든 비인간적이고 부정적 측면이 펴져 있다. 인간은 신체와 정신의 활동을 통해 만든 대상들을 제어할 능력을 잃어가고 있다. 자유롭게 선택할 수 있는 창조적 노동의 가능성 또한 상실했다. 물질에 대한 한없는 소유욕 때문에 이웃과도 단절한다. 고독한 소외 상태로 살아간다. 인간사회는 상호 불신과 질투와 증오와 불안을 자동적으로 만들어낸다. 그것이 인간의 생존마저 위태롭게 하는 실정이다.

두 번째 인간관은 현대세계를 대중사회로, 현대인을 대중인mass man으로 보는 관점이다. 우리는 현대를 기계 시대 혹은 기술 시대라고 부른다. 기계 시대란 인간 생활의 거의 모든 부분에 기계장치가 침입한 시대를 일컫는다. 기계와의 접촉 없이는 인간 생활이 유지될 수 없다. 기술 시대란 산업 기술의 눈부신 발달과 함께 인간 생활이 기능화되는 사회를 의미한다. 이러한 명칭들이 말해주듯, 현대사회는 기계와 유사한 비인격적 조직이 출현하고 있다. 기능적이고 관료제적 조직이 사람을 지배하는 시대가 된 것이다. 이러한 사회에서 인간은 합리적 이성을 작동할 필요가 없다. 그 결과 현대인은 충동적으로 행동하는 '대중'으로 존재하게 된다.

콘하우저W. A. Kornhauser는 그의 저서 『대중사회의 정치 *The Politics of Mass Society*』에서 대중사회 이론의 계보를 두 갈래로 설명한다. 하나는 18세기 프랑스혁명 후 대중이 정치 무대에 등장하면서 생겨난 흐름이다. 이는 종래의 특권 귀족이나 엘리트 계급이 위협을 받는 사회적 위기와 연관되어 있다. 다른 하나는 20세기에 들어와서 러시아 혁명과 나치즘 운동을 경험한 후 대두된 흐름이다. 그것은 폭군 같은 독재자에게 대중이 쉽게 조종되는 사회적 위기와 연관된다. 앞의 이론적 계보는 대중사회에 대한 귀족주의적 비판과 연관된다. 엘리트로의 접근 가능성accessibility to elite이 대중사회를 출현하게 만드는 배경이 된다. 귀족주의 입장은 이러한 대중의 출현에 대항하여 엘리트 가치들을 지키려고 노력한다. 뒤의 계보는 대중사회에 대한 민주주의적 비판으로서 대중의 조종 가능성 availability of non-elite을 문제 삼는다. 전체주의화 되어가는 사회 위기 속에서 대중을 조종하는 엘리트가 출현할 수 있다는 것이 쟁점이다. 대중사회의 문제점들을 바로잡아 민주주의 가치들을 지켜야 한다는 관점을 취한다. 대중이 엘리트에 접근하는 가능성이 커지면 다른 한편으로 엘리트에 의한 대중의 조종 가능성도 커진다고 본다. 콘하우저에 따르면, 대중사회는 국가와 개인을 매개하는 중간 집단이 무력해진다. 국가와 개인이 직접적으로 대면함으로써 '벌거벗은 사회 naked society'가 되기 쉽다.[11]

미국의 사회학자 블루머 H. Blumer도 전체주의 사회의 개인과 집단의 모습을 대중으로 규정한다. 개인들이 뿔뿔이 흩어져서 고립되고 익명적으로 존재하게 되면서 출현한 집단이 대중이라는 것이다. 그 예로 스탈린주의 사회체제를 거론한다.[12] 그에 따르면, 대중에게는 어떠한 조직이나 관습, 전통, 혹은 기성의 규칙도 없다. 양식이나 감정의 조직체도 존재하지 않는다. 지위 역할의 구조와 확립된 지도권도 없는 상태의 집단이 대중이다.

이 밖에도 많은 현대 사상가가 이러한 대중사회의 모습을 비판적으로 사유해왔다. 멈포드 L. Mumford는 저서 『기계의 신화 *The Myth of the Machine*』에서 인류사회의 과거와 미래를 서로 결부시키는 중심 현상을 '거대기계 megamachine'라고 부른다. 거대기계란 전적으로 조직화되어 동질화한 사회체제를 의미한다. 이런 사회에서는 사회 자체가 마치 기계처럼 움직여 인간은 그것의 단순한 부품처럼 존재하게 된다.[13] 프롬은 대중사회의 인간을 '자동인형自動人形'이라고 불렀다. 리스먼이 현대인을 '타인지향형'이라고 부른 것도 같은 맥락이다. 화이트는 대중의 이러한 속성을 '조직 인간'이라는 개념으로 규정했다.

불안한 상태의 대중은 안정을 주는 무언가를 원하며, 그것을 향해 움직인다. 독재적인 지도자나 권위에 복종하며, 세속적인 생각이나 유행에 동조한다. 재난에 처하면 유언비어와 같은 거짓 진실들을 쉽게 믿고 퍼뜨린다. 대중은 불안을 피하려는 사회심리를 지니며, 그것은 결국 대중의 순응 본능으로 이어진다. 콘하우저가 말했듯이, 대중사회는 유행과 인기에 따라 지배 문화가 결정된다. 그 기준도 항시 유동적이다. 하나의 기준이 유행하면 그것이 사회 전체에 침투해 기준의 획일화가 일어난다. 대중사회는 유동적이고, 원자적이고, 익명적일 뿐 아니라 획일적이고, 동질적인 상태로 존재하기 쉽다. 아노미적 무질서가 언제든 발생할 수 있다.

세 번째 인간관은 사회를 정보과학사회로, 현대인을 소비인간Homo consumens으로 보는 관점이다. 벨은 『이데올로기의 종언』에서 블루머의 대중에 대한 정의를 비판한다. 그에 의하면, 개인들은 결코 백지와 같은 존재가 아니다. 경험이 같아도 모든 대중이 같은 반응을 보이는 것은 아니다. 다양한 사회 개념과 접촉하며 그것에 적합하게 구성되기 때문이다. 예를 들어, 영화를 보고 있는 동안 대중은 침묵하고, 서로 떨어져 앉아 고립된다. 익명의 존재처럼 보인다. 하지만 관람을 마친 후에는 친구들과 이야기를 나누고 의견을 교환한다. 다시 특정한 사회집단의 성원으로 되돌아간다. 벨은 대중을 부정적으로 인식하는 대중사회론이 일면적이고 추상적인 방식으로 대중사회를 이해하고 있다고 비평한다.[14]

나아가 벨은 대중사회론 역시 현대생활에 대해 낭만적으로 항의하는 또 하나의 이데올로기에 지나지 않다고 비판한다. 더 중요한 것은 탈脫산업사회 post-industrial society로 변화하면서 기존의 인간관이 재구성되고 있다는 점이다. 현대사회는 과학기술 혁명으로 물자 생산에 주력하는 사회에서 지식 생산을 중심으로 하는 사회로 전환하고 있기 때문이다. 산업사회(또는 공업사회)에서 탈산업사회로 이동하는 것이다. 이러한 변화 앞에서는 자본주의나 사회주의를 구성했던 가정들조차 붕괴할 수밖에 없다. 체제를 구분하는 기준 자체가 모호해진다. 이데올로기 또한 점차 약화할 수밖에 없다. 결국 미래 사회는 이데올로기 자체가 무의미해진다.

봉건주의 사회, 자본주의 사회, 사회주의 사회라는 구분은 마르크스주의를 바탕으로 자본과 생산 관계의 변화에 따라 사회를 나누는 개념이다. 전前산업사회, 산업사회, 탈산업사회라는 구분은 지식의 생산과 사용을 통해 구분하는 개념들이다. 어떤 관점이냐에 따라 특별히 부각하는 유사성이나 강조하는 속성이 있다. 생산을 중심으로 보면 미·소양 국가는 산업사회를 형성하고 있다는 점에서 유사하다.[15] 여기서 산업사회란 산업 기술이 발달하면서 이를 토대로 생산력이 발전하고, 그 결과 경제가 우위에 놓이는 사회다. 이러한 사회의 경제화가 이루어지면서 산업사회가 배태된다. 산업사회는 기능적 능률성의 원리에 의해 사회가 조직되는 경제화 사회 economizing society다. 벨은 이러한 사회가 무르익으면서 다른 형태의 사회로 변화하고 있다고 지적한다. 그는 사회의 전체 흐름이 기본적으로 산업 기술의 발달을 주축으로 형성된 산업사회로부터 탈산업사회로 발전해간다고 말한다.[16] 그 점에서 벨은 탈산업사회를 정보과학사회라고 부른다. 그의 시각은 정통 대중사회이론과 비교하면 상대적으로 현대사회를 긍정적으로 인식하는 것처럼 보인다. 만하임 Mannheim, 노이만 Neumann, 콘하우저, 블루머, 리스먼, 화이트 등은 사회 발전이 부정적 결과를 초래했다고 본다. 반면, 벨은 과학기술에 대한 기대와 관심을 표현한다. 매스컴의 발달에 따라 지식과 정보가 증가하는 현대사회를 긍정적으로 바라본다. 탈산업사회에 대해 비교적 낙관적인 입장이다.

프롬도 『희망의 혁명』에서 산업사회가 인간을 피동적 존재로 만들어버리는 과정을 비판한다. 그는 정보과학사회에서는 인간이 개인의 프라이버시를 지키지 못하며, 병적 상태에서 신음한다고 지적한다. 인간이 거대한 기계의 부속품과 같이 살아가며 어떤 창조적 자유의지도 없는 소비인간으로 전락한다고 경고한다.[17]

네 번째 인간관은 사회를 반체제 대항사회로, 인간을 반항인人 또는 저항하는 인간으로 보는 관점이다. 르벨J. F. Revel은 『마르크스도 예수도 없는 혁명』에서 오늘날 자유로운 대량 정보 생산을 가능하게 한 정보 개혁을 문제시한다. 특히, 미국에서 대항문화나 대항사회와 같은 주장이 사회 전반에 퍼지는 현상에 주목했다.[18] 서구와 미국의 젊은이들 사이에 퍼진 반항 의식은 이러한 대항사회의 한 표현이라고 할 수 있다. 사실 우리는 이러한 문화를 일상적으로 접하고 있다. 소위 '이유 없는 반항'과 같이 파괴적이며 폭력적인 반항 의식에 젖은 문화를 직접 경험하고 있다. 여기에는 적극적이거나 소극적인 형태의 다양한 저항 문화도 있다. 더러는 퇴폐적이고 쾌락적인 문화도 발견된다. 자포자기하며 사회 도피를 일삼는 이들도 없지 않다.

대항사회론에서 주장하는 무차별적인 평등이 과연 진정한 평등인지는 숙고해 보아야 한다. 성별, 인종, 나이와 같은 차이를 고려하지 않은 채 조건 없는 평등을 요구하는 것은 문제다. 그것은 대항 개념을 전통주의 사회의 모든 권위주의 질서를 거부하는 것으로 인식하도록 만든다.

대항사회론에서 주장하는 내용은 다양하면서 전면적이다. 반항이라는 관점에서 경제와 교육의 평등을 외치고, 완전한 개인의 자유와 문화의 자유를 촉구한다. 기술의 목표를 근본적으로 재평가해야 한다고 주장한다. 이러한 주장들은 개인 문제에 그치지 않는다. 한 사회 전체에 대한 혁명이 표제로 등장하기도 한다. 그런데 여기에도 문제는 있다. 만일 이러한 시각을 국가 차원으로 밀고 가면 어찌 될까. 아마도 타국의 이해를 침해하는 국수주의까지 자유라는 이름으로 방관하도록 만들 수도 있으리라.

대항사회론은 하나의 정립된 이론 체계로 보기 어렵다. 사실상 위에서 열거한 슬로건들이 이 이론을 대변하는 때가 많다. 대항사회론을 더 깊이 연구하고, 철학적으로 정립시킨 이론가는 마르쿠제다. 학문적 영향력이 컸던 마르쿠제 철학은 핵심이 무엇인가. 그것은 한마디로 말해 '부정否定 정신'이다. 부정 정신이란 거대한 힘을 가지고 있는 사회 현실에 휩쓸리지 않도록 끊임없이 부정적으로 사유하고 실천하는 것을 의미한다. 이는 사상은 물론 현대 인간 생활의 모든 차원을 지배하고 있는 고도 산업사회와 관리사회의 기성 체제를 근본적으로 혁신하기 위한 사유 방식이다.

마르쿠제는 헤겔, 마르크스, 프로이트의 사상을 변증하여 독특한 반체제 사상을 구성한다. 독자적으로 현대문명과 사회를 비판한다. 마르쿠제는 헤겔과 마르크스를 연구하면서 부정 정신 개념을 구체화해갔다. 주체의 자기실현과 자기소외, 이 둘의 대립을 극복하는 운동으로서의 '주체의 변증법'을 토대로 한다. 마르쿠제는 '헤겔 변증법'의 핵심을 부정성否定性으로 파악한다. 이를 현대적으로 해석해 '부정의 정신 철학'을 제시한다. 그의 주요 저서 『이성과 혁명』의 부제가 '헤겔과 사회 이론의 융성'인 까닭도 여기에 있다.

마르쿠제는 고도의 산업사회와 관리화 사회에서 인간의 사고와 행동이 이미 결정된 사실로 흡수되는 문제도 지적한다. 존재와 당위* 사이의 이차원적 긴장을 상실한다고 비판한다. 이런 사회에서는 사람들이 기성 사회 속에 매몰되어 살아가게 된다. 마르쿠제는 이러한 현실을 비판적으로 분석하고 새로운 반체제 사상과 운동으로서 부정의 사유를 부활시키고자 노력한다.[19] 말하자면 그가 주창한 부정 정신이란 관리화 사회라는 거대기계의 보잘것없는 톱니바퀴로 인간이 전락하는 것을 거부하는 행위다. 요컨대 고도 산업사회에서는 지배와 관리 체제가 강력해진다. 인간은 자율성을 빼앗기고 익명의 권위에 굴종하도록 강요당한다. 부정 정신은 이러한 현실을 거부한다. 이념과 현실 사이의 이차원적 긴장을 고수하면서 부정성의 변증법적 실천을 수행해 간다.

마르쿠제는 프로이트의 현실원칙과 억압이라는 개념을 '수행원칙'과 '과잉억압'이라는 새로운 사회 관념으로 발전시킨다. 그는 무의식 영역의 '본능 해방'을 사회변혁과 결합한다. 인간을 소외시키는 노동에서 유희이자 쾌락으로서의 노동으로 변경해야 한다는 것이다. 그는 부정 정신을 통해 기초를 새롭게 다지고 나아가 사회 조건을 변경함으로써 미래 문명을 이룩해야 한다고 주장한다. 여기서 그가 말한 미래 문명이란 '수행원칙'을 넘어서 '쾌락원칙'이 지배하는 감성적인 에로스 문명을 의미한다. 이는 현실의 억압적인 지배를 부정하고 본능적인 비도덕적 에너지가 지배하는 에로스 세계로 나아가는 구상이다.[20]

마르쿠제가 관리사회를 만든 기성 체제의 부조리를 근본적으로 혁신한다고 할 때, 그것은 인간 본연의 삶을 향한 것이다. 이는 분명 의미 있는 주장이다. 이러한 성과에도 불구하고, 그의 이론 역시 한계가 있다.

문명의 많은 문제를 어떻게 올바로 파악하고 인간화하고 현실화할 것인가에 대해서는 별다른 제시가 없다. 결국 우리에게 주어진 우리 시대의 아포리아는 풀리지 않은 채 그대로 남겨진다.

다섯 번째 인간관은 사회를 유동화사회 temporary society로, 인간을 '방랑인人' 또는 유동화된 인간으로 보는 관점이다. 토플러는 그의 저서 『미래 충격』에서 폭발적으로 발전한 문명의 자취를 소개한다. 기술의 발달은 현대를 움직이는 동력기관으로, 지식은 그것을 움직이는 연료로 비유한다.[21] 그는 인간과 사물의 관계, 인간과 인간의 관계, 인간과 조직의 관계 등 모두 것이 일시적이고 헛된 것으로 변하고 있다고 말한다. 이는 인간을 둘러싼 무수한 관계들이 엄청난 속도로 유동화되는 흐름을 지적한 것이다. 말하자면, 인간과 사물의 관계가 마치 계속해서 쓰고 버리는 종이컵과 같은 생활양식으로 변해간다. 인간과 장소의 관계도 변해간다. 출장, 전근, 전직이 심해지고 한 곳에 정주하는 일이 줄어든다. 거주지를 둘러싼 인간관계도 일시적인 것으로 변한다. 일생을 통한 친구라든가 전인적인 교류도 약화된다. 그 결과 유동화사회에는 새로운 방랑자들이 증가한다.

토플러에 의하면, 미래 사회는 현대사회의 특징인 뷰로크라시 bureaucracy 대신 애드호크라시 adhocracy로 대체된다('ad hoc'는 라틴어로, '어떤 특별한 목적을 위해서'라는 뜻이다). 애드호크라시는 한정된 시간 동안 특정 목적의 프로젝트를 수행하기 위해 사람들이 모였다고 흩어지는 조직 형태다. 뷰로크라시는 중공업사회에 적합한 조직 형태다. 속도가 빠른 사회에는 적합하지 않다. 미래 사회는 일시적인 형태로 구성되는 애드호크라시가 우세해질 수밖에 없다.

토플러는 속도가 빨라지고 인간관계가 일시적인 것으로 변해가는 사회에 모두가 적응할 수 있는 것은 아니라고 말한다. 변화와 속도에 적응하지 못해 노이로제를 앓는 현대인이 출현하게 될 것이라고 경고한다. 이것이 이른바 토플러가 말한 '미래 충격'이다. 토플러는 미래 충격에 대한 처방으로 '사회적 미래주의'를 제시한다. 사회적 미래주의란 자기가 속한 사회가 어떻게 변화할 것인지 예측하고 대비하는 것이다. 이를 통해 미래 충격의 부담을 완화하고 사람들이 노이로제에 걸리지 않도록 예방할 수 있다.

베니 W. G. Benie와 슬레이터 E. Slater도 현대사회를 토플러와 비슷하게 인식했다. 일시적 시스템들만 작동하는 유동화사회로 현대세계를 규정한다.[22] 유동화사회는 사회조직, 경제 조직, 기업 조직 등 민주주의 시장경제라는 탄력적 조직이 기본 시스템으로 구성된다. 사회 전반이 탈산업사회와 정보문화에 알맞은 시스템으로 변해간다. 그 점에서 미래사회는 자본주의와 사회주의를 구분하는 이데올로기 자체가 무의미해진다.

이제까지 우리는 현대의 많은 사회이론가가 현대와 미래사회를 어떻게 진단하는지 살펴보았다. 산업사회론, 대중사회론, 정보과학사회론, 탈산업사회론, 대항사회론, 유동화사회론 등 사회를 바라보는 관점과 인식에 따라 인간관이 다르게 나타났다. 기술의 발달이 초래한 현대사회의 변화를 분석하고 미래를 예측하고자 했다.

3

통정統整된 인격자로서의 인간관

이제까지 지성인들이 주장해온 인간관의 핵심을 살펴봤다. 고대의 자연 중심 인간관, 중세의 신성 중심 인간관, 르네상스의 인성적 인간관, 현대의 혼성적 인간관에 이르기까지 다양한 학설들을 살펴봤다. 나아가 현대 기술사회의 새로운 인간관도 고찰했다. 공작인, 대중인, 소비인, 항거인, 유동인 등 다양한 인간관을 검토해봤다. 이런 관점들은 아쉽게도 현대의 아포리아를 제대로 해결해주지 못한다. 현대인이 마주한 비인간적인 자연으로서의 사회를 설명하지만, 정작 인간 자신이 누구인지에 관한 본질적인 해답을 내놓지 못한다.

소크라테스는 인간을 연구하는 이유가 사람들이 선이 무엇인지 알면서도 악한 행동을 하는 까닭을 풀기 위해서라고 말했다. 더 좋은 존재가 될 수 있도록 인간을 연구한다. 아리스토텔레스도 자연이나 천체의 운동, 화학원소의 성질이 이 우주에서 가장 중요한 것이 아니라고 말했다. 바로 인간 자신이 가장 중요한 존재라고 생각했다. 비인간적인 자연이 아닌 인간성 자체를 연구해야 한다고 주장한다. 아직도 물음은 끝나지 않았다. 여전히 인간은 자기 자신이 무엇인지 알지 못한다.

과거에는 인간이 자기 탐구를 위해 과학 탐구를 삶의 우선 가치로 삼았다. 이제 인간 연구를 위해 경주해야 할 때다. 우리는 지금까지 부와 힘을 얻기 위해 인간 자신마저 상실해왔다. 인간 연구는 인간이 상실한 바로 이 인간 가치를 복권하는 인간 회복의 길에서 출발해야 한다.

최근 몇몇 학자들이 서로 다른 분야에서 다원적으로 인간의 본질을 규명하고자 시도했다. 어떤 학자는 현상학으로, 또 어떤 학자는 비교학으로 접근해 인간을 연구했다. 인간 행태를 알 수 있는 수많은 자료를 컴퓨터를 이용해 대량 저장하고 처리해 분석하는 방식도 발달했다. 이른바 행태학적 접근 방법을 통해 인간이 무엇인지 새롭게 밝혀내고 있다.

심리분석이 아무리 과학적이고 정밀하다 해도 거기에서 발견한 인간의 모습을 자명한 진리로 볼 수는 없다. 인간을 하나의 도식으로 단순화할 수 없다. 과학적 분석과 계산을 통해 발견한 인간의 모습은 인간의 한 부분이다. 전체 모습이 아니다. 과학적 방식은 다양한 접근법 중 하나다. 현미경을 통해 인간의 혈액과 조직을 들여다보고 뇌세포를 연구할 수 있다. 그렇게 발견한 인간의 모습이 곧 인간 자신은 아니다.

과학 탐구는 물질과 운동에 한정된다. 인간이란 영혼과 육체를 지닌 고차원적인 인격적 존재다. 일차원적인 생물이나 물체처럼 가정해 연구할 수 없다. 그것은 잘못된 방법이다. 시간과 환경조건이 바뀌면 모든 것이 변하듯 가정이 잘못되면 모든 것이 잘못된다. 인간의 양심, 의리, 사랑, 애정, 신앙 등을 산술적으로 계산한다는 것은 이치에 맞지 않는다.

인간 연구는 다양한 방법들을 조화시킨 다차원적 접근이 요구된다. 서양의 분석 방법과 동양의 종합방법이 협력하는 사유 방식을 창안해 인간을 탐색해야 한다. 물론 어떤 방법을 활용해도 완전하게 인간을 이해한다는 것은 어려운 일이리라. 인간이란 존재는 시간, 공간, 위치[時·空·位]와 계속해서 관계 맺으면서 변화하기 때문이다. 인간의 본질을 영원불변하는 속성으로 규명하는 것 자체가 불가능하다. 세상의 모든 지혜와 방법을 종합해 인간의 본질을 입체적으로 연구할 필요가 있다. 경험론과 합리론, 현상 분석과 종합적 직관의 힘을 통합해 인간을 연구할 때 더 큰 성과를 얻을 수 있다.

이런 전제 아래 여기에서는 동서양의 사유체계를 통합하고 변증하여 새로운 인간관을 제시해보고자 한다. 구체적인 사유 방법은 비교학적 접근 방법이 적합하다. 인간과 인간이 아닌 존재를 비교함으로써 인간이 지닌 긍정적인 차원과 부정적 차원을 명확하게 드러낼 수 있다. 더불어 인간의 본질적 특성과 작용이 무엇인지 밝히는 탐구도 필요하다.

먼저, 인간과 동물을 비교하면서 인간의 의미를 밝혀보자. 인간이란 생물이자 동물이다. 그것은 부인할 수 없는 사실이다. 생존을 위해 먹고, 마시고, 자고, 움직이고, 자식을 낳는다. 그 모든 행위가 인간이 동물이라는 것을 증명해준다. 어떤 면에서는 동물이 인간보다 신체 조건은 우월하다. 동물은 특정한 생활 조건에 알맞게 반응하는 신체 기관들이 발달해 있다. 자극에 대한 조건반사가 인간보다 탁월하다. 동물과 비교하면 인간은 생존에 적합한 본능적 반사 작용이 민첩하지 않다. 인간은 동물처럼 악조건 속에서도 생존할 수 있는 신체 능력을 지니지 못했다.

인간은 동물 중에서 가장 고등한 존재다. 직립 보행함으로써 손을 자유롭게 쓰고 도구를 만든다. 인간만이 언어와 문자를 가지고 의사를 소통한다. 깊이 생각하며 의식적 노력을 통해 생활환경을 변화시킨다. 자연에 수동적으로 순응하기보다 의지적으로 문화적 환경을 만들어간다. 인간은 동물과 달리 고차원적 삶을 살며 자기 세계를 창조할 수 있다. 겔렌의 말대로 "인간은 생물학적으로는 결핍된 존재이지만 문화 창조를 할 수 있는 유일한 지능적 존재"다. 그렇다면 인간은 동물과 다른 더없이 높은 존재로서 모든 것을 할 수 있는가.

이 점을 밝히기 위해, 인간과 신을 비교해 보자. 그리스의 델피 신전에는 '너 자신을 알라'는 심오한 말이 새겨져 있다. 이는 유한한 운명을 지닌 인간이 영원히 존재하는 신과 동등하다고 착각하는 교만을 경고한다. 인간은 신과 같이 전지전능하지 않다. 신의 섭리는 세상의 모든 곳에 미치고 존재한다. 인간은 그렇지 않다. 인간이라는 존재는 시간과 공간에 한정되어 있다. 존재하다 이내 사라지는 아침이슬이나 들에 핀 백합 같은 무력한 시간적 존재다. 인간의 창조란 신과 달리 유有에서 유를 만드는 행위다. 심지어 인간은 오랫동안 공들여 쌓아 올린 거대한 문명도 하루아침에 소멸시켜버리는 우둔함도 지니고 있다.

독일의 시인 횔덜린J. C. F. Hölderlin의 소설 『휘페리온』에 실린 「운명의 노래」는 신과 인간을 다음과 같이 비교했다.[23]

그대들(신들)은 천상의 빛 속에서
그 부드러운 평지를 거닐고 있네, 축복받은 정령들이여!
……
그러나 우리에게는 안주할 곳이라곤 없네,
고민하는 인간들은 눈먼 채
이 시간에서 저 시간으로 물과 같이
한 절벽에서 다른 절벽으로 떨어져 내리는 물이 되어
얼마가 지난 후 불확실한 곳으로 사라져버리네.

『구약성서』의 시편도 살펴보자. 거기에는 인간의 비참함, 왜소함, 기만성, 덧없음이 더 이상 잘 묘사될 수 없을 정도로 잘 표현되어 있다. 그뿐인가. 동양의 도교 경전이나 불경에도 인간의 허무한 속성이 잘 묘사되어 있다. 이렇듯 인간은 유한한 존재다. 빛이 나타났다 사라지듯, 있다가 사라지는 존재가 바로 인간이다. 인간은 치명적인 죄의 성질을 타고 태어난다. 이를 깨달았을 때 인간은 신적인 것에 압도되어 신에게 감동한다. 아우구스티누스가 쓴 『고백록』의 한 구절을 보라.

> 얼마나 전율할 만한 경험입니까? 나의 하느님이시여! 얼마나 깊고, 한없는 충만입니까? 그런데 이것이 영혼이고, 나 자신입니까! 나는 그러므로 무엇입니까?
>
> 나의 하느님이시여! 나는 어떠한 존재입니까? 아주 다양하고 잡다하고 전혀 측량할 길 없는 삶이 아닙니까?[24]

'인간이 무엇인가'라는 물음에 사람들이 정색하며 대결을 피하는 이유가 바로 여기에 있다. 분명히 인간은 감히 신과 비교할 수 없다. 세속적이며 작은 존재다. 인간은 신의 은총 없이는 살 수 없다. 동시에 인간은 신도 부러워할 만한 존재다. 완성된 실재는 아니지만 무한한 가능성 속에서 자신을 향상하고 완성하며 창조할 수 있기 때문이다.

이러한 비교 속에서 얻을 수 있는 진실은 무엇인가. 인간은 동물도, 신도, 기계도 아니라는 사실이다. 인간과 신 사이에 존재하는 천사나 보살과 같은 존재도 아니다. 동물이나 신을 통해서는 인간 존재의 의미를 명확하게 파악할 수 없다. 인간은 외부의 힘이나 권능에 의존하는 부속품과 같은 존재가 아니다. 자율성을 가진 주체다. 이것이 인간 이해의 전제가 되어야 한다.

그토록 많은 학자가 탐구했음에도 '인간이 무엇인가'라는 기본 문제에 수긍할 만한 해답을 얻지 못하는 이유는 무엇인가. 그것은 인성을 이해하기 위해 선천적이냐 후천적이냐, 혹은 악하냐 선하냐 하는 식의 간단한 답을 구하려 했기 때문이다. 인간이란 물질과 정신, 이성과 감성, 주체와 객체의 이원 세계에 사는 고차원적 존재다. 인간의 본질, 본성, 실재는 수학 공리와 같이 계산해 답할 수 없다.

자연계에는 천지天地, 음양陰陽, 주야晝夜, 남녀男女, 시종始終, 유무有無가 있다. 마찬가지로 인간의 삶에도 이상과 현실, 주관과 객관, 이론과 실제가 있다. 사람은 하늘과 땅 사이에 산다. 이성과 감성의 갈등 속에서 살아간다. 부모에게서 태어나지만, 부모와 다른 독자적인 존재다. 신이 인간을 창조할 때, 인간에게 하나가 아닌 두 개의 본성을 함께 준 것이다.

그렇기에 사람의 본질이 물질이냐 정신이냐 묻는 것은 어리석은 질문이다. 그것은 빵으로 살 것이냐, 진리로 살 것이냐 묻는 것과 같다. 인간에게는 빵도 필요하고 진리도 필요하다. 인간은 동물의 야생성을 가지고 있어 먹고 마시며 살기 위해서 싸운다. 하지만 인간에게 성스러운 신의 영성(이성)도 존재한다. 만일 그것이 없었다면 인류사는 이미 종말을 고하고 말았을 것이다.

인간에게는 종교도 필요하고 과학도 필요하다. 인간은 선하게도 악하게도 행동한다. 인간이 동물보다 낫다고 해서 우상화하는 일도 잘못이지만 신보다 못하다고 경멸해서도 안 된다. 인간은 신도 동물도 가지지 못한 인간 고유의 특성, 인간다움을 가지고 있다.

'상상력'을 예로 들어보자. 동물은 본능에 따라 충동적으로 행동한다. 신은 전지전능하므로 상상도 불필요하다. 인간은 자신만의 보이지 않는 정신적 내면세계를 갖고 있다. 꿈을 꾸고 그것을 이루기 위해 수많은 일을 상상하고 계획하고 행동한다. 달을 보면 사랑하는 사람을 생각하고 술을 보면 맛있는 음식을 떠올린다. 얼마나 자연스러운 일인가. 그처럼 인간은 상상을 통해 문학, 미술, 음악을 향유해 왔다. 인간의 문화유산에서 인간의 상상력을 빼면 아무것도 남지 않는다.

인간은 '의미를 찾는 존재'다. 그것은 신이나 동물에게서는 찾아볼 수 없는 인간 고유의 인간다움이다. 신은 성스럽고 근엄한 존재다. 눈물이나 웃음이 있을 수 없다. 동물은 무지하여 눈물과 웃음도 모른다. 오직 인간만이 그 두 가지를 다 알고, 가지고 있다. 인간만이 자신이 어디에서 왔고 왜 사는지, 어디로 가는지를 생각하고 고민한다.

생각이 아무리 적고 육체적 안락만을 취하는 사람이라도 한 번쯤은 밤하늘의 별을 바라보며 자신이 무엇인지 자문자답해 보는 법이다. 무수한 별들을 품은 우주라는 공간에서 보면 지구는 하나의 낙엽과도 같이 작은 별이다. 우주에서 본 지구의 모습은 얼마나 작은가. 그 가운데 '나'라는 존재는 지구에 사는 수십억 인구 중 유일하다. 인간의 삶의 뜻이 바로 여기에 있다.

인간은 47억 년의 지구 역사 속에서, 300만 년의 인류 역사 속에서, 100년도 채 살지 못하는 짧은 인생을 살며 잠시 왔다가 영영 돌아간다. 풀잎에 맺힌 이슬 같은 운명이다. 인간은 삶의 의미를 원하며, 그것을 발견하지 못할 때 반항한다. 때로 이러한 철학적 반항metaphysical rebellion이 극심하면 창조하는 존재로서 자신의 의미마저 잊고 자살을 택하기도 한다. 자살한다는 것은 삶의 뜻을 찾지 못했다는 것이다. 그것은 패배를 의미한다. 자신을 죽이는 것은 인간의 예외적인 모습일 뿐이다. 인간은 본래부터 삶의 의미를 추구한다.

인간의 본성은 두 개의 극단이 있다. 하나는 이성이고, 다른 하나는 감성이다. 인간은 이성과 감성 중 어느 하나가 아닌 둘 모두를 통합하고 변증하여 삶을 창조한다. 동물도 신도 이성을 필요로 하지 않는다. 동물은 오로지 감성적이며 신은 전지전능하다. 신은 그 자체로 족한 신성이 있다.

인간의 이성은 무엇인가. 오성悟性은 감각기관을 통해 전달되는 정보를 종합하여 사물을 깊이 이해하는 과정이다. 이성은 이러한 오성보다 한 차원 더 높다. 이성적 사유는 감각기관을 통해 어떤 자극을 받아 생각하는 것 이상의 의미를 지닌다. 이성이란 감각기관을 초월한 더 높은 차원이다. 질서가 있고 합리적이다. 감관感官은 물질이기 때문에 공간적으로 연장extension된다. 이성은 계산할 수 있는 물질의 양적 상태로 이해할 수 없다. 이성 활동을 두뇌 작용으로 봐서도 안 된다. 그것은 육체를 초월한 그 무엇이기 때문이다. 인간은 영감이라는 신성神性이 깃든 소우주microcosm다. 대우주macrocosm인 자연 안에 작은 정신이 깃든 우주, 그것이 인간이다.

나는 보이는 물체뿐 아니라 우주의 정신적 실제가 존재한다고 믿는다. 스토아주의자들은 우주 안에 있는 만물이 우주이성Weltlogos에 따라 생성하고 소멸한다고 생각했다. 바로 이 우주이성을 축소한 것이 인간 이성이다. 인간은 자연의 합리적인 법칙을 이성으로 발견하고 이를 이용해 세계를 합리적으로 건설한다. 그렇게 보는 것이 옳다고 생각한다. 그리스인들은 인간만이 이성을 가진 것이 아니라 우주 전체가 합리적인 이치에 의해 움직인다고 생각했다. 이러한 사고방식이 서양 문명에서 합리주의가 태동하게 된 토대라고 할 수 있다.

인간 본질을 한 가지로만 생각하는 단편적 시각이다. 지금까지 있었던 심각한 논쟁들을 살펴보면 현대 서양철학사는 일방적 독단론에 사로잡힌 쓸데없는 대립의 역사였다. 데카르트, 헤겔 등 관념철학 지식인들은 이성의 우위와 정신의 중요성을 일방적으로 주장했다. 포이어바흐, 니체 등은 육체가 사람의 전부라고 역설했다. 쇼펜하우어는 인간의 의사능력을 절대시했다. 실용주의와 실존주의는 이성의 존재보다 인간의 생존성과 실존성을 강조했다. 나아가 인간 존재가 이성을 통해 인식되는 것이 아니라 불안의 정조를 통해 체험되는 것으로 생각했다. 이렇게 인간을 어느 한 면으로 설명하려는 독단적 사유는 오히려 서양 지성계에 큰 혼란을 주었다.

이에 이성을 부정하는 사유 방식에 저항하는 철학적 논쟁이 활발하게 진행된다. 독일의 볼노브 O. Bollnow는 실존철학을 비판적으로 다룬다. 그의 저서 『새로운 구조 *Neue Geborgenheit*』에는 '집'에 대한 사유가 있다. 그는 실존주의의 인간상이 불안하고 고독한 나그네와 같다고 비판한다. 인간이 삶의 세계에 안주하기 위해서는 집이 필요하다고 역설한다. 불안하고 고독한 실존이 집을 통해서 외부세계와 연결된다고 보았다. 실존주의에서는 외부세계가 인간이 마음대로 지배할 수 없는 숙명적이고 위협적인 세계다. 인간의 내면세계는 이러한 외부세계와 단절된 채 대립한다. 이는 인간의 생존을 불가능하게 만든다. 집은 이러한 두 세계의 대립을 극복하고 인생의 안식처를 제공한다. 친숙하고 안정된 보금자리이자 삶의 근거지가 곧 집이다. 집이라는 말은 '삶의 질서 lebensordnung'와 '삶의 형성 lebensgestaltung'을 가장 단순하고 뚜렷하게 상징한다. 볼노브에 따르면 인간은 낯선 세계에 도전하며 집을 짓고, 집을 근거로 마을과 도시를 건설했다. 이를 더욱 확대하면 세계가 된다.

볼노브는 집을 짓고 세계를 형성하는 것이 질서의 영역을 점차 확대하는 것이라고 말한다. 그것이 가능한 것은 이성이 있기 때문이다. 이성이 지배하는 곳에서 질서가 이루어질 수 있다. 그가 말한 이성은 그 역할이 계몽주의와 경험주의에서 말한 이성과 거리가 있다.[25] 볼노브가 말한 삶의 질서를 이룩하는 이성이란 분석하고 계산하여 기계를 만드는 경험주의나 합리주의의 이성을 의미하지 않는다. 사변적인 관념주의에서 말하는 정신생활의 연장선도 아니다. 셸러가 말했듯 인식 작용이란 이성과 감성이 대립하는 것이 아니라 협력하면서 이루어진다. 이성과 감성이 통합되어 하나의 의지를 이룬다. 이를 통해 삶의 근원적인 힘의 원천이 만들어진다.

이러한 생각들을 수렴하면서 나는 '통정統整*된 인격자로서의 인간관'의 수립을 요청한다. 우리 세기의 딜레마인 정신계와 물질계의 불균형이 만든 아포리아를 극복할 수 있는 해답을 얻기 위해서다.

여기서 통정이란 통합지양統合止揚한다는 뜻이다. 그것은 단순한 종합과 다르다. 물질이나 정신 위주가 아닌 물질계와 정신계, 주관과 객관, 형상과 질료, 보이는 것과 보이지 않는 것, 의식과 충동 모두를 통합하고 지양한다. 그 결과 '새로운 하나', 하나의 독립된 존재가 생성된다. 그 점에서 통정된 인간관은 행복과 완전 중 어느 하나를 추구하지 않는다. 낮은 지적 수준으로 풀이되는 답을 구하지 않는다. 모두가 조화를 이루어 새로운 하나를 이루는 전체 속에서 참된 진리와 삶을 찾는다. 나는 이러한 통합지양과 생성의 원리를 화생론和生論*이라 명명한다.

인간은 영혼과 육체를 가진 존재다. 이 둘은 피상적으로 보면 분리된 것처럼 보인다. 인간이 인간의 삶을 누릴 수 있는 인격을 갖추는 데는 육체와 정신, 이 두 존재의 상호작용이 필요하다. 어느 하나가 없으면 인간이 될 수 없다. 인간은 서로 다른 두 개의 본성 사이에서 갈등한다. 그와 동시에 마음을 순수하고 바르게 하여 인격을 형성한다. 정신과 육체의 상호관계 속에서 존재의 가치를 찾는다. 사람이 살아가려면 물질과 정신이 인격의 의식적 통제 아래 상호 교호해야 한다. 남자와 여자가 조화를 이루어 아이가 태어나지 않던가. 인격이란 주관의 세계와 객관의 세계를 통합해 지양함으로써 만들어지는 새로운 하나다. 주관과 객관이 하나로 존재할 때 인격은 비로소 새로운 것을 창조할 수 있다.

이런 관점에서 우리는 현대 수학의 상식에 매몰되지 말아야 한다. 수학은 하나와 하나를 합하면 둘이 된다고 말한다. 그러나 사람의 인격은 다른 두 요소를 합해 하나를 만드는 것이다. 이때 하나란 다름은 같음으로, 같음은 다름으로 변화하면서 새롭게 생성된 하나를 의미한다.

인격의 특성이란 무엇인가. 그것은 신성과 물성物性의 조화에서 오는 윤리적이고 합리적인 정신작용이다. 비인간적인 자연은 이치에 따라 무의식적이고 본성대로 활동한다. 인간은 의식적이고 의도적으로 행동한다. 의지는 뜻이다. 인격적 존재는 환경적 여건이나 객관적 필연에 수동적으로 순응하며 살지 않는다. 자주적 결정에 따라 시대가 요청하는 당위적 삶을 스스로 생각하고 또 이를 이루기 위해 행동한다. 규범을 만들고 준수하면서도 때로는 로고스와 파토스 모두를 활용한다. 시대와 개인이 반드시 지향해 나아가야 할 당위적 방향을 설정한다. 그 목표를 향해 전진한다. 그것이 진정한 인간 가치이자 인격이다. 존재는 자연법칙이라는 이치를 따라 움직인다. 인간이 마땅히 따라야 할 당위란 인간의 의지를 바탕으로 주체적으로 생각하고 실천하는 의식적 지도성*에 의해 이루어진다.

인격자는 항상 의지를 갖고 새로운 창조를 지향한다. 인간 대 자연,

인간 대 사회, 인간 대 인간의 관계에서 더 나은 것, 더 새로운 것을 추구한다. 그것은 인간의 보편의지*다. 인간의 참모습은 통정*된 인격자로서의 인간이다. 주체와 객체, 존재와 당위 사이의 차이를 통합하고 변증한다. 인간은 다른 어떤 존재와 다르다. 동물도, 신도, 그 중간 존재도 아니다. 더 높은 차원의 이상과 꿈을 안고, 때로는 고민하고 때로는 실망하면서 행복과 가치를 향해 꾸준히 노력한다. 노력을 멈추지 않고 전진하고 또 전진하는 의지, 그것이 참다운 인간의 의미다.

4

현대사회의 참된 인간 진로

인간은 물질과 정신을 통합해 변증하는 인격을 이루고 있다. 이는 동물이나 신, 그 어떤 존재에게서도 찾아볼 수 없는 인간 고유의 특성이다. 물론 인간은 동물의 한 속성을 지닌다. 정지하지 않고 움직인다. 인격자로서의 인간은 본능의 충동에 따라 행동하지 않는다. 신과 같이 이치에 따라 사는 것도 아니다. 인간은 목적을 만들고 설계하며 살아간다. 누군가의 지배를 받으며 기계적으로 로봇과 같이 움직이지 않는다. 스스로 생각하면서 계획을 세우고 그것을 이루기 위해 노력한다. 새로운 문화가치를 창조한다. 그것이 인간의 참모습이다.

자주적 존재로서 인간이 문화를 창조할 때 가장 중요한 것은 '자유'다. 자유가 없으면 인간으로서 가치 있는 삶을 영위할 수 없다. 자유는 방종과 다르다. 방종이란 모든 것을 방임하는 것이다. 자유는 어떤 정치권력이나 경제력 혹은 종교 조직의 구속과 압제로부터 제한받지 않는 상태다. 집회의 자유, 결사의 자유, 신앙의 자유, 결핍으로부터의 자유를 이야기하는 것이 아니다. 여기서 말하는 참 자유란 패트릭 헨리가 '자유가 아니면 죽음을 달라'고 말한 것 같은 본질적 자유다. 사람이 살고 창조적 역사를 누리기 위해 필요불가결한 자유.

인간은 물질과 정신의 이중세계 속에서 이 둘을 통합하고 변증하여 통정統整*된 자기 세계를 창조한다. 과도한 소유욕, 성욕, 명예욕, 지배욕의 노예가 되어서는 안 된다. 돈만 소중하게 생각하고 좇는 사람은 돈의 노예다. 이성異性을 정복하는 데 쾌감을 느끼며 소일하는 사람은 성의 노예다. 독재자들처럼 지배욕을 충족하기 위해 수단과 방법을 가리지 않는 마키아벨리 같은 정치 지도자는 권력의 노예다. 정신적 자아를 버리고 육체적 욕구의 노예가 된 방종 상태는 자유가 아니다. 그것은 사람으로서의 권위를 포기한 것이다. 약육강식을 위해 투쟁하는 동물이나 다름없는 존재다.

통정된 인격자를 만드는 자유란 한쪽으로 치우치지 않는다. 그것은 육체적 욕구와 정신적 욕망의 교호 작용을 통해 마땅히 존재해야 할 당위를 향해 삶의 방향을 조정하는 것이다. 그것이 자유의지다. 인간은 이러한 자유의지를 통해 새로운 미래를 만든다. 마르쿠제가 말했듯, '일차원적 인간'은 이미 균형을 잃은 동물 같은 인간이다.

진정한 자유란 '나'의 자유뿐 아니라 '뭇 나'의 자유를 위한다. '우리'의 자유를 신장하는 것이 나의 자유를 신장하는 일과 같다. 던J. Donne이 말한 것처럼 인간이란 존재는 외딴 섬에 홀로 살 수 없다. 거대한 대륙의 한 부분으로서 뭇 나와 함께 살아간다.[26] 밀도 비슷한 말을 했다. 그는 『자유론』에서 '나'의 자유와 '뭇 나'의 자유를 조화하는 것이 참된 자유라고 주장한다. 옳은 지적이다.

'나'와 '뭇 나' 사이의 조화는 처음부터 노력 없이 주어지지 않는다. 인간의 의지적 노력을 바탕으로 존재한다. 나는 이러한 의미에서 진정한 자유란 인격적 자유라고 생각해왔다. 『민주주의 자유론』(1948)에서 생각을 분명히 밝혔다. 인류사회의 당위 속에서 '나'와 '뭇 나'를 조화시켜야 한다. 시대정신으로서 민주주의의 큰 뜻에 부합하도록 나와 뭇 나의 자유를 통합해야 한다. 그것이 진정한 자유다.[27]

인격적 자유는 '뭇 나'의 테두리 안에서 '나'의 자유를 찾는다. 가령, 시대정신의 변천으로 국가나 사회와 같은 '뭇 나'의 자유가 반민주, 반체제를 강요한다고 가정해보자. '뭇 나'의 부당한 간섭과 구속을 반대할 수 없는 자유는 진정한 자유가 아니다. 민주 정신과 대의를 따라 '뭇 나'의 자유를 반대할 수도 있어야 한다. 그것이 진정한 인간의 자유다. 그런 의미에서 인격적 자유란 발전적 자유다. 발전적 자유의 개념을 알고 생활할 때, 비로소 건전한 국가 사회의 발전과 자기 신장을 기대할 수 있다. 진정한 자유를 누릴 수 있다.

사회생활에서의 자유 개념도 마찬가지다. 인간은 스스로 생명을 선택할 수 없다. 인간은 세상에 던져진 존재이지만, 초자연적이고 의지를 초월하는 힘에 조종되는 개성 없는 로봇 같은 존재는 아니다. 주어진 역사 상황을 한탄하면서 염세주의에 빠져 울거나 탄식만 한다면 숙명에서 벗어날 수 없다. 한 사람의 자율적 주체로서 삶을 자주적으로 결정하고 이를 통해 새로운 환경을 개척하고자 노력해야 한다. 그래야 자유의 영역 또한 확장된다. 과거는 현재에서 보면 필연이다. 미래는 인간의 자유에 의해 창조된다.

자유의 힘이 작용하는 것은 의지적 선택이다. 인생이란 어떤 의미에서 선택의 연속이다. 물론 자신이 태어날 가정을 선택할 수는 없어도 학교, 교회, 단체, 직업, 배우자 등 자유의지로써 선택할 수 있는 수많은 일이 있다. 인간은 끊임없이 어떤 선택을 하고 무언가를 결정하면서 행동한다. 선택에 대한 책임도 진다. 책임 없는 자유는 없다. 책임지지 않는 인간에게는 자유가 없다. 강제로 얽어매 자유를 빼앗긴다면, 인간은 동물로 추락한다. 전체주의 국가에서 자유가 존재할 수 없는 이유다.

의지적 선택의 기준은 무엇인가. 바로 이 지점에서 가치와 행복의 문제가 등장한다. 선택이라는 행위는 더 나은 것, 더 가치 있는 것을 취하는 것이다. 옳고 참된 것, 사랑과 덕, 봉사와 같은 덕목을 포함하여 이로움, 효용성, 쓸모, 쾌락 등 수많은 대상이 선택의 기준이 된다.

좋은 것, 선善한 것이란 무엇인가. 벤담은 최대 다수의 최대 행복을 최고 가치로 생각했다. 그에 의하면 인간의 삶에는 고통과 쾌락이라는 두 개의 선택지가 존재한다. 무엇인가를 선택해야 한다면 쾌락을 극대화하는 것을 추구해야 한다. 쇼펜하우어도 비슷한 말을 했다. 그는 행복이 '고통으로부터의 자유'라고 생각했다. 그뿐 아니다. 견유학파나 스토아학파도 '욕망으로부터의 자유'가 최고경지라고 주장했다. 반대 생각도 물론 있다. 슈바이처A. Schweitzer는 봉사와 희생이 최고의 가치라고 말한다. '나'와 '뭇 나'가 바른 관계를 형성하면 인간은 오히려 자기를 희생하는 데서 진정한 기쁨을 느끼게 된다는 것이다. 실제로 인간은 봉사와 희생을 통해 숭고한 정신을 실현하고 보람을 느낄 수 있다. 간디와 같이 민중을 위해 단식투쟁하면서 기쁨을 느끼는 거룩한 존재가 있지 않은가. 숭고한 정신적 실행과 비교하면 실용주의적이고 공리주의적인 가치는 낮은 차원의 가치 추구다.

실제로 세상에는 숭고한 정신 가치를 추구하며 사는 사람이 적지 않다. 도덕 가치란 작게는 사람의 마음에 존재하는 옳고 착함을 지향하는 양심을 일컫는다. 크게는 인류사회 발전에 기여하고 봉사하는 마음이다. 그렇다면 양심이란 무엇이며, 선악과의 관계는 무엇인가. 스콜라

학파와 흄 등은 인간은 신성을 가지고 태어나므로 옳고 그름, 선과 악을 판단하는 능력을 선천적으로 가지고 태어난다고 생각했다. 로크, 홉스, 벤담, 다윈 등은 양심이란 심리적 복합체이며 개인적이고 집단적인 경험이 축적되어 후천적으로 형성된다고 보았다. 교육을 통해 갈고 닦으면 빛이 나고 발전할 수 있다고 본다. 그밖에 이성적 직관설, 심미적 직관설, 지각적 직관설, 철학적 직관설 등 인간의 양심과 선악을 설명하는 많은 논쟁이 있다.

더 근본적인 시각에서 보면, 양심 또한 주리적 생성의 원리*에 입각한 통정*적 인간관으로 설명할 수 있다. 양심이란 인간의 선천적 욕구이면서 동시에 그러한 본성을 토대로 하여 규범과 관계 맺으면서 작동한다.[28] 인간의 양심이란 선천적인 인간 성향과 후천적인 도야의 과정을 토대로 한다. 그것은 가치 있는 인간 생활과 복리를 증진하기 위해 사회가 요청하는 당위적 근거들 위에서 판단하는 행위다.

양심의 판단은 선善을 지향한다. 여기서 선이란 두 가지 의미를 지닌다. 하나는 고차원적인 절대선善으로서, 이성의 명령을 따른다. 다른 하나는 이익, 효용, 용도, 쾌락과 같이 낮은 차원의 상대선善이다. 고차원적인 선이 신의 정신인 규범적 도덕법을 내면화하여 일치시키는 것이다. 상대선은 인간사회가 요청하는 공리功利와 쾌락에 적응하는 것이다.

인간 삶에서 이 두 개의 선은 어느 하나라도 없어서는 안 된다. 모두 필요하다. 진정한 선이란 보편타당한 규범, 윤리, 요청에 근거하여 이루어진다. 인간이 소망해 마지않는 도덕적인 목표의 대상이 바로 선이다. 인류사회를 건설하고 문화 문명을 창조하는 데 우선해야 할 것은 선의 관념을 올바로 정립하는 것이다. 이는 인간 도덕을 건립하는 것이다. 평화와 인도주의, 자유와 안전, 복지를 유지하고 향상하기 위해서는 무엇보다 필요한 일이다.

인간만이 문화를 창조할 수 있다. 문화를 만들었기에 인간은 동물과 다르게 산다. 편익을 주고 값있고 보람 있는 사회생활을 영위할 수 있다. 인류의 사명은 삶의 가치와 보람을 실현하는 것이다. 이는 그 정신 지표라고 할 수 있는 '문화세계의 창조'를 목적으로 한다. 그것은 인간이 마땅히 걸어가야 할 당위의 길이다.

이러한 시각에서 현대문명의 아포리아를 분석해보면 중심 문제는 '현대인은 무엇 때문에 사는가'라는 물음이다. 과거에는 인간이 추구해야 할 삶의 목표가 분명했다. 예컨대, 유교는 충효와 인의예지신을 덕목으로 한다. 불교는 자비와 열반을, 기독교는 신의 나라를 건설하는 것을 삶의 목표로 세웠다. 현대사회는 그러한 공동 목표를 상실한 지 오래다. 이상은 메마르고 목표는 단편적인 것으로 추락하고 말았다. 사람들은 추구해야 할 공동의 목표를 상실한 채 물질적이고 육체적이고 향락적인 것에 젖어 살아가고 있다.

돈과 재화는 인간의 생활에서 필요한 요소다. 그것은 수단일 뿐 삶의 목표는 될 수 없다. 그것이 삶의 목표가 된다면, 사람은 노예나 다름없는 존재로 전락하고 만다. 인간의 인격을 상실하고 만다. 인간은 기술을 발전시키고 과학 진리를 탐구하는 과정에서 자연을 지배하는 힘을 얻었다. 오늘날 이러한 인간의 문명은 오히려 역설적으로 인간을 기술신앙의 노예로 전락시키고 있다. 지금 인간이 이루고자 하는 진보라는 신화에 인간의 자리가 없다. 진보란 본디 인간 생활을 향상하기 위해 존재해야 할 수단이다. 진보가 목적이 되면 인간은 인격마저 상실하게 된다.

합리화와 효율화는 진보의 기틀이자 사회 발전의 기둥이다. 대신 진보 사회는 사랑과 봉사, 정의와 감정, 의리심 같은 인간 가치들을 제거한다. 비인간 가치들이 인간 가치들을 대체한다. 이렇게 사회가 비인간화될수록 문명과 인간 상실이라는 이율배반 현상이 심화한다. 인간이 인간의 지위에서 떨어져 추락한다. 삶을 합리화한다는 명목으로 모든 인간 감정마저 약화한다. 진보가 인간을 부정하도록 만드는 것이다.

합리와 효율을 숭상하는 사회는 도덕 판단 없이 무엇이든 실험한다. 새 원리 발견을 목표로 삼는다. 지금의 과학은 탐구가 가능한 모든 것을 연구하려 든다. 그것이 과학의 기본 원리가 되어가고 있다. 과학의 합리성과 효율성이 과학의 명예와 이익만을 추구하는 것으로 변질했다. 과학이 발달할수록 인간이 살기 어려운 공해가 발생하고 환경이 오염되고 있다. 이제 인간의 생존까지 위협하고 있다. 그렇게 되면, 우리의 앞날은 과연 어떤 모습일까.

인간의 존재 의미는 화려하게 소비하며 사는 것에 있지 않다. 인간은 우주 창조 이래 지식과 기술을 넓히고 행복과 가치를 극대화하기 위해 노력하면서 장구한 세월을 보내왔다. 과연 얼마나 나아졌고 얼마나 행복해졌는가. 지식과 기술이 발달하면서 더 완전한 행복을 누리게 되었는가. 아니다. 오히려 인간성은 교활해지고 저차원적으로 변하고 있다. 더 나빠질 수 없을 정도로 나빠지고 있다. 마치 사람들이 더 나빠지기 위해 경주라도 하는 것처럼 보일 정도다. 양심이 무의미해지고, 교육은 그저 경제 발전의 수단이 되어가고 있다. 현대인은 물질의 풍요 속에서 점차 괴물이 되어가고 있다. 이러한 풍토에서는 인간은 돼지처럼 만족할 수는 있어도 불만족을 감수하는 소크라테스는 될 수 없다. 아무리 많은 물질을 획득하고 높은 지위를 얻어도 자기 노력의 결실이 아니기에 가치와 기쁨을 느끼지 못한다. 인간은 자아실현을 이룰 때에만 참된 기쁨을 느낀다. 자기 스스로 의의와 가치를 부여하고 스스로 참여할 때

보람을 느낀다.

인간은 무엇보다 인격적 의지가 필요하다. 지향할 지표가 있어야 한다. 그럴 때 인생의 보람을 느낄 수 있다. 현대세계는 어떠한가. 사람이 정신 지표를 세우고 그것을 발전시키기 위해 의식적으로 노력하는 모든 행위가 사회의 중심에서 밀려났다. 경제나 과학기술, 혹은 감성적 욕구와 정치 권력이 역사를 움직이는 힘이 되어가고 있다. 인간이 만든 피조물들이 끊임없이 자기증식하면서 그 힘을 확대해 이제는 인간사회까지 침범하고 있다. 인간의 삶을 규제하고 있다. 우리 시대의 아포리아는 바로 이러한 위기를 극복하는 것이다. 인간을 억누르는 비인격적인 세력에 어떻게 대항할 것인가 하는 것이 문제다. 지금 우리 시대가 우리 인간에게 묻고 있다. 인간의 자유의지와 인간의 가치가 우위임을 다시 확인하기 위해 무엇을 할 것인가. 어떻게 인간의 이상사회가 인간의 힘으로 실현되도록 할 것인가. 어떻게 그것을 가능하게 할 것인가.

나는 그 실현을 위해 두 가지 노력을 이야기하고자 한다. 우선, 소극적인 의미에서, 인간을 문명의 이방인으로 만들어버리는 소외 현상으로부터 인간을 어떻게 구원할 것인가 하는 문제를 풀어야 한다. 그것은 컴퓨터가 계산해주는 대로 활동하고 소비하는 '숫자로 전락한' 인간을 구제하는 일이다. 적극적인 의미에서는, 새로운 인류의 희망과 이상을 정립하고 이를 공동으로 추구하는 협력 작업을 추진해야 한다. 이상사회의 실현을 위해서는 이 둘이 동시에 요구된다.

일이란 만드는 것이다. 주어질 때까지 수동적으로 기다리는 것이 아니다. 희망 또한 앉아서 기다리기만 해서는 실현될 수 없다. 팔을 걷고 뛰어나가 희망을 붙잡아야 한다. 한 걸음 더 나아가, 발견한 것이 아무리 작은 실마리일 뿐이라고 해도 그것을 끝까지 따라가 큰 뿌리를 찾아

내야만 한다. 오늘날과 같은 인간 상실의 상황을 풀기 위해 인간 스스로 적극적으로 노력해야 한다.

누군가는 물을 것이다. 이토록 종말의 암운이 감도는 현실에서 어떻게 인간이 자신의 의사로 희망을 설계할 수 있을 것인가. 이렇게 답하고 싶다. 성공의 유일한 비결은 힘든 상황 속에서도 무엇이, 어떻게 하면 가능할지를 생각하는 것이다. 밝은 측면을 보고 문제를 풀어가려고 노력하는 것이 중요하다. 굽히지 않는 집념으로 부단히 노력하면 목표하던 것을 스스로 이룰 수 있다.

이러한 인간의 의지 활동은 자유와 직결된다. 외부의 권위나 세력에 복종해 어떤 일을 한다면 그것은 이미 인간의 본질을 상실한 행동이다. 오직 인간 의지로 미래를 결정할 수 있을 때, 창조하는 미래가 가능하다.

결연한 마음으로 다시 일어나자. 마음을 가다듬고 옳지 못한 과거의 가치관을 버려야 한다. 약육강식의 원리를 버려야 한다. 입신양명을 위해 자신의 결핍만 보고, 그것만을 극복하기 위해 사는 일을 멈추어야 한다. 새 시대의 가치관인 민주, 평화, 복지, 경애, 협력, 안정, 발전의 이념을 풍요의 원리 속에 다시 세워야 한다. 인간 권리를 확보하고, 문화가치를 창조하자. 복지를 향상하고, 평화를 이루기 위해 세계일가世界一家라는 생각을 정립하자. 그러한 진정한 가치들이 문명의 새로운 지표가 되도록 하자. 우리는 무엇을 생각하고, 행하며, 어디로 가야 하는가를 바로 보고 올바로 인식해야 한다.

인간은 정신생활을 환경 속에 구현함으로써 자기 세계를 창조하고 그 속에서 살아간다. 미래의 인류사회는 이제 새로운 꿈을 안고 살아가야 한다. 인간의 공동 목표를 향한 이상주의가 필요하다. 인간이 지향하는 이상사회란 살기 좋고, 아름답고, 보람 있는 인간사회다. 그것은 지금과 같이 물질과 양적 기준들이 지배하는 타율적인 세계가 아니다. 참된 인간사회는 정신이 지배하며 인간의 자율적 힘에 의해 움직인다. 사랑과 협력으로 움직이는 사회, 대중이 문화 창조에 참여하는 사회, 그 위대한 인간사회의 행진에 우리 모두 참여해야 한다. 인간을 위한 인간의 참된 사회를 실현해 가야 한다.

이러한 인간사회의 행진을 위해 풀어야 할 당면 문제도 있다. 우선 일의 기준이나 원칙을 개인이나 국가가 아니라 인류의 시각에서 다루어야 한다. 지금까지 인류는 한 인간으로서, 한 국가의 국민으로서 함께 잘 살아왔다. 완전한 의미에서 전 인류라는 넓고 높은 차원에서는 하나로 통합되어 같이 살아보지 못했다. 과거에는 많은 나라를 무력으로 정복하는 것이 승리라고 정당화했다. 오늘날에는 다른 나라에 대한 경제 침략을 합리화한다. 이는 잘못된 건설과 파괴를 끊임없이 되풀이하는 것이다. 인류 역사가 그 진실을 말해주고 있지 않은가. 우리는 반드시 깨달아야 한다. 무의미한 역사의 반복을 멈추지 못한다면 미래의 인류사회는 조종弔鐘이 울릴 것이다.

현재 우리는 인간과 국가의 차원에서 공통된 내일을 향해 계획을 수립할 수 있는 단계에 도달했다. 거기서 나아가지 못했다. 인류와 지구 차원에서는 어떠한 약속도, 준비도, 계획도 없다. 인류 전체로 보면 통제할 수 없는 무정부 상태에 놓여 있다고 해도 과언이 아니다. 자기의 이익과 국가의 장래를 이야기하는 사람은 많다. 인류의 내일을 말하고 준비하는 사람은 극히 적다.

우리는 거대한 바다의 외딴섬처럼 자국의 테두리 안에서 살 수 없다. 인류 차원에서 지금의 세계 문제를 다루어야 한다. 인류사회는 전통

사회와 산업사회를 벗어나 기술사회로 들어갔다. 이 엄연한 사실을 재확인해야 한다. 새 시대의 당위적 요청에 의한 목표와 규범을 다시 세워야 한다. 우리 시대의 당위적 요청은 바로 인류 평화와 안전, 평등과 복지 향상을 위해 나아가는 것이다. 인간중심주의Human-centrism*를 토대로 목표와 규범을 다시 세우는 것이다. 하물며 운동경기나 단순한 오락도 규칙이 없으면 무질서해져 오히려 흥미를 잃게 되지 않던가. 앞으로 살아나갈 우리 인류사회는 반드시 인간의 숭고한 정신과 목적이 담긴 설계를 바탕으로 해야 한다. 인류 공통의 새 규범과 모형을 세워야 한다.

인류는 지금 어디까지 왔으며 이제 어디로 향해 가야 하는가. 어떻게 정신과 물질의 균형을 되찾을 것인가. 인류사회의 존속과 파멸의 분기점에 선 오늘을 어떻게 구할 것인가. 자기의 피조물인 과학, 기술, 자본, 관료기구, 정치, 권력, 제도를 어떻게 또다시 인간을 위한 존재로 인간화할 것인가. 어떻게 하면 인류의 공동 목표인 새 휴머니즘의 이상사회를 구현할 것인가. 이 모든 문제를 풀기 위해 우리 모두 인류를 마음에 품고 힘을 모아야 할 때다. 이제 구체적으로 우리가 무엇을 해야 할지 논의해 보자.

5

더 밝은 인류사회

1. 인류라는 의식 속에서 새 사회의 설계

2. 탈전쟁의 인류평화사회

3. 인간복권에 의한 인간 선언

4. 내일의 인류사회와 교육의 역할

5. 인류사회의 재건을 위한 나의 제언

1

인류라는 의식 속에서 새 사회의 설계

인류사회와 현대문명은 종말론적인 위험에 처해 있다. 세계 정치 지도자와 지성인들은 이러한 본질적이고도 시급한 문제에 큰 관심을 표명하지 않고 있다. 문제의 핵심에서 벗어나 중요하지 않은 말단의 문제pseudo problems에 신경을 쏟는다.

인류사적 위기란 단지 매일같이 신문에 오르는 이슈들을 가리키는 것이 아니다. 국가 분쟁, 폭동, 기근, 에너지 위기, 무역 불균형, 식량 부족, 세대 갈등, 젊은이들의 탈선, 각종 범죄, 홍수, 화재, 가뭄 등 사람들이 주목하는 이러한 사회 문제들은 사실상 문제의 현상일 뿐 본질이 아니다. 병의 증상이며 병의 근본 원인은 아니다. 병의 근본 원인은 가시화된 현상계나 계량 가능한 물질계에 있는 것이 아니다. 현상만 보아서는 파악할 수 없다. 근본 원인을 인간의 지식으로는 계산할 수 없는 정신의 문제에서 찾아야 한다.

위기의 현상들은 인간이 정신계를 상실한 이후부터 생겨났다. 현대인은 물질 숭배 속에서 자아를 잃어버렸다. 인간은 가속화하고 있는 기계와 기술의 힘에 조종당한다. 문명 세계의 '이방인'으로 전락했다. 인간은 과학과 기술을 진보시킨다는 명분으로 지구 자연계를 파괴하고 있다. 최대한 많이, 가능하면 무엇이든 생산하는 최대 생산의 원리가 지배한다. 핵무기까지 무한정 개발하려 한다. 개발이 인류의 생존을 위협해도 진보 신화를 거부하지 않는다. 이는 인간이 더는 역사의 주체가 아니라는 것을 말해준다. 인간이 객체로 변한 것이다. 인간이란 존재는 얼마나 가련한가.

문명은 발달했어도 현대사회는 과거보다도 더 악하고 잔인한 사회로 변해가고 있다. 사람들은 폭력 영상을 즐기고, 생명을 부수고 상처를 가하는 난투극과 같은 오락에 환호한다. 그것이 문명 위기의 표현이 아니고 무엇인가.

현대사회는 자기 이익 추구 외에는 어떠한 가치 기준도 세우지 못하고 있다. 그야말로 정글의 법칙에 휘둘리는 무법 시대다. 오늘의 국제사회를 보라. 힘과 폭력을 이용해 다른 나라를 지배하려는 나라들이 많다. 힘의 균형을 이룬다는 목적으로 핵무기와 무기들을 만들고 무장한다. 다른 나라와 대치한다. 이렇게 만들어진 평화는 일시적인 평화다. 임기응변식 평화일 뿐이다. 이러한 상황인데도 우리는 평화를 누리고 있다고 착각한다. 얼마나 피상적인 생각인가.

때로는 국제 갈등이 일부 권력자의 보잘것없는 허영심에서 비롯하기도 한다. 그렇게 죽은 젊은 영혼은 원혼이 되어 이 지구 위를 떠돌고 있다! 그토록 많은 인류의 희생을 강요하고, 그토록 거대한 불행을 불러왔던 두 번의 세계대전을 생각해 보라. 우리는 아직도 전쟁의 역사적 교훈을 생생하게 기억하고 있다.

가정을 위한답시고 집을 불태우고 파괴할 사람이 누가 있겠는가.

더 나은 인류사회를 위한다는 명목으로 인간 생명을 살상하는 것은 절대 수긍할 수 없는 일이다. 인류가 피와 땀으로 쌓아 올린 부를 전쟁을 일으켜 파괴하는 것을 어떻게 옳다고 하겠는가. 현실적으로 인류 전체를 위한 진정한 이익이 무엇인가. 문명 위기를 만든 근본 원인을 해결하기 위해 무엇을 해야 하는가. 평화를 실현하는 일이 그 무엇보다 최고의 방책일 것이다. 이는 틀림없는 사실이다.

인류의 문제를 해결하겠다고 폭력적인 파괴 수단인 전쟁을 선택해야 할까. 전쟁 찬성론자들의 주장은 어떤 이유로도 수긍할 수 없다. 과거 휘황찬란한 이름으로 희생을 강요하고 참담한 결과를 낳았던 수많은 분쟁을 생각해 보라. 전쟁은 우리가 원하는 인류 세계의 참다운 평화를 세울 수 없다.

경이로운 과학기술의 발달로 지구는 물론 우주 공간까지 시공간적으로 급속하게 좁아져 가고 있다. 지구는 이제 하나의 지구촌이다. 서울에서 뉴욕까지 불과 몇 시간 안에 이동할 수 있는 항공 기술을 생각해 보라. 우주정류장과 우주 열차가 완성되고 있다. 우리는 세계 어디든 주말여행을 하듯 여행할 수 있다. 지구 전체가 일일생활권으로 변했다.

모든 민족이 동일생활권 안에 들어왔다. 국가 간, 민족 간 접촉과 협력이 필수 불가결한 시대다. 특정 지역의 작은 사건이라도 세계적으로 즉시 보도되어 모든 사람의 관심사가 될 수 있다. 한 나라의 경제 위기도 다른 국가 경제에 직간접적으로 영향을 준다. 패션의 유행이나 하위문화의 전파, 혹은 학생 세력의 확장과 같이 이제 하나의 현상이 세계로 퍼지는 일이 낯설지 않다. 그뿐인가. 산업공해나 방사능 오염과 같은 문제들도 심각하다. 이러한 오염들은 특정 지역을 넘어 인류사회 전체에 영향을 준다. 지역전쟁도 마찬가지다.

이러한 때에, 우리는 언제까지 적대심을 갖고 분쟁과 전쟁을 일삼을 것인가! 공해 문제, 질병 문제, 기근 문제, 자원 문제 등 어느 것 하나도 독선적이고 폐쇄적이고 배타적인 국가주의로는 해결할 수 없다. 현대문명의 문제들은 이미 특정 민족이나 지역에만 국한될 수 없다. 세계와 인류사회 공통의 문제다. 인류가 서로 협력해야만 해결할 수 있다.

이러한 상황에서 볼 때 현저하게 결핍된 것이 있다. 국가사회의 정신계 차원에서 새로운 내면적 조화가 이루어지지 않았다. 지금 세계는 국가 간 물질적, 외면적인 관계가 복잡하고 밀접하다. 이에 상응하는 정신적이고 내면적인 관계의 발전이 필요하다. 아직 이룩하지 못했다. 인류애와 사해동포 의식이 뚜렷하게 성장하고 있다는 증거도 없다. 경제나 정치 위기가 우리 일상생활에 직접 영향을 주면 그제야 인류가 공동운명 아래 놓여 있다는 것을 깨닫는다. 이러한 깨달음이 지속되는 것은 아니다. 위기가 사라지고 생활이 정상화되면 곧바로 망각한다. 이전 생활로 되돌아간다.

지금까지 지구촌화는 현실적으로 부정적이고 외면적인 차원에서 실현되었다. 외면적이고 물질적인 지구촌화는 세계를 진정한 의미의 정신공동체로 고양하는 단계까지 가지 못했다. 시공간이 압축됐어도 민족과 민족, 종교와 종교, 인종과 인종 사이의 심리적 거리는 더 멀어졌다. 이해 충돌이 더 커졌다. 전쟁의 이유와 구실도 확대되고 심화했다.

이러한 실정은 인류가 모든 분야에서 전반적인 위기를 맞았다는 것을 보여준다. 역사적으로 처음 겪는 지구적 규모의 대혼란 속에서 인류가 헤매고 있다. 과거에는 위기가 특수한 지역이나 국가, 특정 문명권에 한정해 나타났다. 지구적 위기로 번지지 않았다. 지금은 하나의 위기가 인류 전체에 영향을 미치는 상황이다. 이는 우리가 지식과 문화뿐 아니라 지리적으로도 하나가 되어가고 있기 때문이다. 위기를 해결하고 극복하기 위한 구제책이 지구적으로 논의되어야 마땅하다.

앞서 본 것처럼, 인류문명의 위기는 한마디로 인간이 자기의 운명을 조정하지 못한 데 있다. 사물이 인간의 등에 올라타 인간을 몰아가고 있는 상황이 만든 위기다. 인간 본연의 자세와 그 사명감을 다시 자각해야 한다. 인류사회가 걸어온 과거의 발자취와 지금의 현실을 분석해 미래를 재검토해야 한다. 경건한 인류의 이름으로 더 평화롭고 살기 좋은 인류사회 재건을 이룩해야 한다.

미래를 설계한다는 것은 무엇인가. 그것은 인류의 행복과 가치를 중심으로 전체 문화와 세계를 위한 인류 공통의 계획을 다시 세우는 것이다. 미래의 설계는 더 착하고, 살기 좋고, 값있고, 보람 있는 삶을 실현하는 것이다. 이는 인류가 자아실현과 자아 완성을 이루는 데서 출발한다. 인간사회에서 가장 존귀한 것은 인간이다. 이를 다시 확인하고 세계와 문명과 역사의 주인으로서 인간 가치가 대우받는 사회를 만들어야 한다. 인간 가치를 최대한, 최우선으로 존중하는 인간세계를 이루기 위해 인간중심주의*를 다시 세워야 한다. 조용히 눈을 감고 깊이 반성해보자. 왜 인류가 생존하기 위해 이웃끼리, 같은 민족끼리, 인간가족끼리 그렇게 잔인무도한 전쟁을 해야만 했던가.

미래가 현실을 낳는다. 인간의 마음속에 그려진 그 꿈이 미래 세계를 만든다. 이에 인류사회의 재건이라는 꿈을 인류의 이름으로 호소한다. 새 시대의 살기 좋은 이상적 모델을 만들어 우리 사회에 실현해보자! 설계사는 설계도를 그린 후 건물과 정원을 만들어나간다. 인류의 미래를 생각하면서 내일을 설계하고 구현하기 위해 노력해야 한다. 이렇게 사는 것이 인간의 의의를 찾는 것이다. 최고의 행복과 가치를 누리며 사는 옳은 방식이다.

나도 알고 있다. 지식인들이 현실을 모르는 유토피아 설계를 반대하는 이유를. 유토피아에 반대하는 이론과 활동이 늘어나고 있다는 것도 잘 안다. 유토피아가 현실의 난제들로부터 안이하고 값싼 환상으로 도피하게 만드는 구실을 할 수도 있다. 때로는 일부 권력자의 권력욕과 야심에 유토피아가 이용된 사실도 없지 않다. 예컨대, 공산주의 사회는 무차별적인 물질적 평등을 실현하기 위해 인간의 자유와 기본 권리를 억압했다. 물질적 충족과 무차별 평등이라는 공산주의 사회의 슬로건은 물질주의가 인간 가치를 높이고 삶을 향상한다는 잘못된 믿음을 반영한다.

거듭 말하거니와, 인간은 생물이나 동물이 아니다. 인간은 육체를 지닌 존재이면서 동시에 그것을 초월하는 정신적 존재다. 물질적 생활과 함께 가치와 보람을 추구하며 살아간다. 이를 명심하지 않으면 잘못을 다시 범할 수 있다.

생활에서 인간의 꿈과 이상이 결코 무시되어서는 안 된다. 이상과 꿈이 인간의 마음에서 사라지면 궤도와 목적을 상실한다. 그렇게 되면 근본적인 변화 없이 임시로 문제를 봉합하는 사회가 되고 만다. 그런 사회에서 인간은 정처 없이, 일정한 자기주장이나 견해도 없이 사는 삶을 되풀이한다. 더 나은 내일을 기약하기 어렵다. 이는 자명한 일이다.

유토피아의 어원은 '어디에도 없다'이다. 이 말은 그리스 문명이 가장 성장했던 극성기 이후 쇠퇴해가면서 일어난 운동에서 비롯한다. 도시국가의 문명이 누렸던 과거의 성장을 복원하려는 계획에서 유토피아라는 말이 생겨난 것이다. 플라톤이 『국가론』에서 이상국을 이야기하게 된 이유다. 근대 시기 토머스 모어가 유토피아를 말했을 때도 마찬가지다. 그는 혼란스러운 현실을 타개하고자 유토피아 사상을 피력했다. 유토피아에 대한 상상은 영국의 봉건제도가 붕괴하면서 생겨난 사회 혼란기를 유머와 함께 새로운 사회를 향한 열망으로 극복하고자 생겨났다. 유토피아라는 말에 비현실적인 것이 개입되었다는 생각이 틀렸다고 말할 수 없다.

사실 아무리 기상천외한 아이디어도 실현 방법이 없으면 환상이다. 천 리 길도 한 걸음부터라는 속담이 있다. 사다리를 오르려는 사람은 반드시 맨 아래에서 시작해야 한다는 격언도 있다. 높은 이상을 세우려면 오르는 방법도 마련해야 한다. 그런 면에서, 반反유토피아주의도 일리 있다. 유토피아를 향한 꿈은 인류에게 필요하다. 유토피아가 없었다면 인간 삶에서 이상과 설계는 존재할 수 없었다. 유토피아 사상에 문제가 있다면 그것은 유토피아를 꿈꾸는 행위 자체가 아니다. 유토피아를 어떻게 실현할 것인가 하는 방법을 분명히 세우지 않은 것이 문제다. 그런데도 이를 잘 알지 못한 사람들은 유토피아를 실현할 수 없는 한낱 환상이라고 경멸했다.

희망이 없는 사람에겐 내일이 없다. 꿈과 설계를 갖지 않은 사람은 더 나은 발전을 성취할 수 없다. 이상이 있어야 천국도 있다. 오늘의 역사 현실을 바로 파악하고 내일의 이상사회를 설계해야 하는 이유가 여기에 있다. 종교나 이데올로기를 맹목적으로 추종하자는 말이 결코 아니다. 단지 인류의 존속과 안전, 그리고 행복을 위협하는 모든 요소를 제거하자는 뜻이다. 인간이 온전하고 값있게, 그리고 자기의 소질과 능력을 자유로이 마음껏 발휘하며 사는 미래를 그리자는 것이다. 인간이 가치를 창조하고 스스로 자기를 실현하는 사회로 나아가기 위해 계획 없이 과학기술을 개발하는 행위를 지양해야 한다. 국제 협력 사회를 만들어가야 한다. 인류사회의 파멸을 막고 문화세계를 창조하는 데 힘써야 한다. 문화세계란 고차원적 정신문화를 향상하고 최고도의 과학문명을 발달시켜 물질과 정신이 조화를 이룬 사회다. 이를 이룩하기 위해서는 무엇보다 중요한 것이 인류 세계의 미래를 상상하고 그것에 맞춰 현실에 새로운 모델을 설정하는 것이다.

그 점에서 무엇보다 의식혁명*이 필요하다. 인류를 하나로 생각하고 모든 사람을 사해동포로 알고 사랑하고 협력하는 일체의식*이 요청된다. 인류를 마음에 품고 자신과 자국의 위치와 사명을 바르게 인식하는 새로운 삶의 태도가 요구된다. 의식혁명을 통해 세계가 진정한 의미에서 하나의 공동체임을 새롭게 깨달아야 한다.

비슷한 목적에서, 세계 연방정부 수립을 주장하는 학자도 많다. 이들은 세계국가 실현을 지금 당장 이룩해야 한다고 말한다. 이러한 성급한 주장이 나올 수밖에 없는 이유가 있다. 현재 문명의 위기 상황이 그만큼 심각하기 때문이다. 세계정부를 주장하는 논리의 근본정신은 옳다. 거듭 강조해도 지나침이 없다. 옳은 주장이다. 지금 당장 이룰 수 있는 일은 아니다. 먼 미래의 일이다.

시급한 문제부터 찾아 풀어야 한다. 일의 선후가 바뀌면 될 일도 안 되는 법이다. 세계국가를 논하기에 앞서 해결할 일이 있다. 지역에서 인간적인 집단 관계를 이루는 일차적 작은 집단들이 세계국가에서 어떻게 존재해야 하는지 먼저 규정해야 한다.

근대 민족국가는 제도가 탄생하는 과정에서 일차 집단이라고 할 수 있는 가족, 친척, 커뮤니티 등을 존중했다. 이를 토대로 국가의 기반을 공고하게 만들었다. 세계공동체를 지향하는 과정도 마찬가지다. 우선, 민족국가nation-state를 토대로 국제협력체로서 인류사회를 지향해야 한다. 집단적 운동경기를 떠올려보라. 선수 개인이 자기 위치와 임무를 잘 실행할 때 좋은 팀워크가 만들어진다. 그래야 좋은 성과도 거둘 수 있다. 음악도 음색이 조화를 이룰 때 아름다운 교향악이 만들어진다. 앞날의 인류공동체도 마찬가지다. 각 민족문화의 전통과 특색을 유지하되 조화를 이룬 전체가 되어야 한다. 이것이 인류사회의 전진, 그 위대한 협력과 전진의 출발점이다.

우리에게는 두 가지 과업이 동시에 요구된다. 첫째, 인간의 의식 구조가 인류의식*을 중심으로 개혁해야 한다. 둘째, 그와 동시에 국제사회가 정치, 경제, 사회, 문화 등에서 협력 구조를 제도적으로 마련해야 한다. 이러한 두 가지 과제를 이루고자 노력하면서, 전쟁을 거부하고 평화와 안전을 구현해야 한다. 공동 번영을 지향해야 한다.

이를 위해 우리가 고민할 문제가 있다. 르네상스 휴머니즘이나 가톨릭에서 이야기했던 세계 보편의 통일정신을 어떻게 현실 문제에 적용해 실현할 것인가 하는 문제다. 민족 간 배타적 이익 추구와 적개심, 전쟁의 위협, 각종 공해와 오염, 그리고 과학기술의 확대 재생산, 산업화의 부작용, 환경 파괴, 인구와 식량 문제 등 오늘날 시급히 해결해야 하는 문제가 실로 많다. 이러한 문제에 어떻게 인류를 품은 휴머니즘과 보편정신을 적용할 수 있을까.

진실로 이 모든 일은 인류 전체의 적극적인 참여와 협력을 얻어야 비로소 이루어질 수 있다. 우리는 자신의 개별적 특수성만을 내세워서는 안 된다. 인류의 보편적 동일성, 연대감과 일체의식을 찾아내기 위해 노력해야만 한다.

현실적으로는 다원적 국가체제 아래 국제적인 협력체를 이루는 것이 선결 과제다. 이를 토대로 온 세계가 동시에 인류의식을 형성해야 한다. 이를 바탕으로 학문과 문화의 여러 분야에서 위대한 종합화 운동을 새롭게 추진해야 한다. 이질감이 사라진 인류의식을 공유해야 한다. 전쟁과 공해로 인한 불안과 피해를 제거하기 위해 공동으로 노력해야 한다. 의식주 생활을 향상하고, 지역 간 경제 협력을 이루어야 한다. 인간조건을 개선하는 일에 같이 힘써야 한다. 질병을 예방하고 교육을 교류하고 문화를 보급하는 일을 향상하기 위해 상호 협력해야 한다. 이 모든 것을 '인도주의'와 '평화주의'와 '복지주의'라는 인류사회의 가장 큰 세 개의 근간에서 추진해야 한다.

인류는 인간가족 의식 없이 살아가고 있다. 서로 시기하고 질투한다. 전쟁이 삶의 목적이자 인류사의 가장 큰 과제라도 되는 듯이 여기기도 한다. 그 결과 인류 역사는 전쟁의 참화로 점철되고 있다. 왜 그래야 하는가. 앞으로는 이러한 잘못을 다시 저지르지 않아야 한다. 그러기 위해 전쟁의 원인과 결과와 영향 등을 정밀하게 밝혀야 한다. 세계대전을 예방하고 평화로운 인간사회를 재건하는 길을 모색해야 한다. 실로 우리에게 필요한 것은, 내일을 내다보면서 오늘의 삶을 다스리는 것이다. 희망과 꿈이 있을 때 인간은 신중하고 겸손하다.

모든 위대한 것은 '전체'와 '완전'에 기초해야 한다. 하나보다는 전체가 더 귀중하고 완전하다. 전체와 완전에 더 큰 가치를 두어야 한다. 이는 부분을 무시하는 전체를 뜻하지 않는다. 부분의 불완전은 가치의 전락이다. 그것은 전체의 불완전이자 고장이다. 부분이 전체에 속한다고 말할 때 그것은 전체가 산술적인 부분의 집합이라는 의미가 아니다. 전체는 단순히 부분들을 합해 놓은 것이 아니다. 부분들이 집합을 이루는 과정에서 이제까지 찾을 수 없었던 특성이 출현한다. 부분들이 유기적 관계를 이루어 새 생명을 얻는다. 이 새롭게 출현하는 생명과 특성이란, 부분의 집합을 초월한 제3의 메타모포시스를 실현하는 것이다. 변신적 존재가 생성되는 것이다. 예컨대, 여러 민족과 국가들을 결합함으로써 인류세계라는 제3의 변신적 존재가 출현할 수 있다. 세계공동체인 인류사회는 단지 각 국가나 사람들을 결합한 것이 아니다. 그것은 그 안에 존재하는 모든 인간의 삶의 터전으로서 새로운 의미의 세계를 창조하는 것이다.

무릇 인간과 사회, 개인과 국가, 국가와 인류사회는 이러한 상관관계 속에 존재해야 한다. 어느 하나 무시하지 않으면서 조화를 이루어야 한다. 더 옳고 더 완전한 길을 찾아 나아가야 한다. 그것이 참된 인류사회의 모습이다.

2

탈전쟁의 인류평화사회

인류의식을 품고 인류사회의 차원에서 오늘의 문제들을 고찰해 보자. 시급히 제거해야 할 인류 공동의 적은 그 무엇보다 전쟁이다. 전쟁이란 인간에게 무엇인가. 숙명인가 아니면 선택인가.

사람이란 싸우기 위해 태어나 살고 죽는 것이 아니다. 인류 역사는 그야말로 전쟁사로 점철되어왔다. 전쟁이 없었던 세기도, 전쟁이 일어나지 않았던 지역이나 나라도 없다. 불길이 치솟는 전쟁 속에서 태어나 전쟁의 먼지를 마시며 전전긍긍하다 전쟁의 구름 속으로 사라져간 불우하고 억울한 사람이 얼마인가!

베트남전쟁에서, 크메르전쟁에서 죽은 어머니의 품을 헤집으며 몸부림치는 어린아이의 모습을 떠올려보라. 그것이 어디 현재의 일이기만 한가. 팔레스티나 게릴라들에게 인질로 잡혀 무참히 살해당한 이스라엘의 어린아이들. 이스라엘 전투기 기관포가 쏜 포탄에 맞아 피를 쏟고 쓰러지는 레바논 어린아이들. 그야말로 전쟁은 악마의 모질고도 심술궂은 장난이 아니던가!

인류의 역사가 전쟁의 기록이라면, 역사적 영웅들의 전기는 전쟁 기록이리라. 인류의 운명을 놓고 무용하고도 무모하게 전쟁을 일삼았던 알렉산더, 카이사르, 칭기즈칸, 나폴레옹, 히틀러와 무솔리니. 이들의 생애에서 무엇을 배울 수 있을까. 인류 역사를 보면, 전쟁을 마치 스포츠처럼 생각하는 이들도 있다. 특별한 일도 아니다. 전쟁이란 본디 특정 집단의 목적을 성취하기 위한 폭력의 기술에 불과하다. 사람들은 정의 실현이라는 이름으로 전쟁을 가볍게 여겨왔다.

인류는 그동안 전쟁을 집단 간 갈등을 해결하는 효과적인 수단으로 생각해왔다. 그 결과, 원시 시대부터 지금까지 전쟁을 제도화해 왔다.[1] 단순 부족국가부터 초고도 문명국가에 이르기까지, 상충하는 집단의 이해를 조정하는 궁극적 수단으로 전쟁을 활용했다. 전쟁이 분쟁을 해결하는 최종 수단이 아닌, 최고 수단으로 제도화되어온 것이다.

전쟁을 이처럼 제도화한 것은 주권을 신성불가침한 것으로서 간주했기 때문이다. 주권은 이론을 초월하는 가장 높고 큰 절대명령이자 법이다. 주권이 곧 정의가 된 것이다. 문제는 이러한 절대 존재로서의 주권이 하나가 아니라 여럿이라는 데 있다. 종교를 생각해 보라. 절대적 신이 하나가 아니라 여럿이면 다른 종교를 믿는 사람과 다툴 수밖에 없다. 클라우제비츠K. von Clausewitz는 현대 다원 국가 사회에서 전쟁이 또 다른 방법의 정치이자 연장이라고 말한다.[2]

문명이 발달해도 전쟁은 줄어들지 않았다. 지난 150년 간(1816~1965년) 인류는 모두 260여 회의 크고 작은 전쟁을 치렀다. 전쟁에서 사망한 젊은이는 부상자를 제외하고도 5000만 명 정도라고 한다.[3] 민간인 사상자는 그보다 8배가 많은 4억 정도라고 한다. 발생 빈도도 시간에 지남에 따라 계속 상승곡선을 그린다. 1945년 이후 지금까지[1970년대]

60여 회의 전쟁이 일어났다. 무엇보다도 경악할 일은 문명이 발달하면서 전쟁 또한 증가했다는 사실이다. 인류가 생겨난 시점부터 계산해보면 그동안 얼마나 많은 전쟁이 일어났겠는가. 거기서 소모된 목숨은 또 얼마인가.

인간의 역사란 전쟁의 역사라고 해도 과언이 아니다. 인류는 피땀 흘려 문명을 건설하고, 전쟁을 일으켜 파괴했다. 다시 더 크게 문명을 건설해 더 크게 파괴했다. 신화 속 시지포스처럼, 끝없는 건설과 파괴를 반복했다. 문명이 발달하면서 전쟁 기술도 발달했다. 피해 규모도 점점 커졌다. 전쟁 기술의 성장도 가속화되어갔다. 발전 추세를 보면 선형적 상승이 아니라 지수적 exponential 상승 곡선을 그린다. 이는 다르게 보면 전쟁 기술이 한계점에 빠르게 접근하고 있다는 뜻이다.

국제정치학자인 러셋 B. M. Russett의 조사에 따르면,[4] 무기의 파괴력은 다른 모든 과학기술의 파괴력과 똑같은 지수 곡선의 증가율을 나타낸다. 예를 들어, 1820년부터 1960년 사이에 교통수단의 속도를 계산해보면 60년마다 자승 이상의 비례로 증가했다. 1820년대에는 범선 속도가 시속 8*km*에 그쳤으나 19세기 말에는 시속 40*km*로 향상된 기선이 출현했다. 1950년대 항공기는 시속 966*km*가 최고 속도였지만, 10년 후에는 시속 5600*km* 이상의 로켓이 만들어졌다. 그리고 얼마 안 가 인류는 시속 2만5700*km* 이상의 인공위성을 건조할 수 있게 되었다.

무기의 파괴력도 무기 기술 발달과 비례한다. 미국 남북전쟁에 사용된 야포와 2차 세계대전에서 사용된 초거대 폭탄은 그 폭발 범위와 위력을 비교할 수 없다. 구식 무기로부터 가공할 현대 전쟁무기가 제조되는 데까지 약 100년이 걸렸다. 다른 과학기술 발전 속도가 빨라지면서부터 무기의 파괴력도 더 증가했다. 1945년 히로시마에 투하된 원자폭탄은 반경 24㎞ 이내에 존재하는 모든 것을 순식간에 파괴했다. 그런데 불과 20년 후 개발된 1960년대 100메가톤급 수소폭탄은 반경 48㎞ 이내의 모든 생명을 파괴할 수 있다.

이러한 추세로 전쟁의 파괴력이 계속 커진다면 앞으로 벌어질 전쟁의 의미와 그 결과는 자명하다. 승자도 패자도 무의미해진다. 지구 파멸을 초래할 것이다. 지구상에 존재하는 열핵무기 전부가 아니라 그 가운데 단 몇 개만 폭발해도 지구 표면에 사는 모든 생물은 살아남을 수 없다.

우리는 감지하고 있다. 인류사를 지배했던 전쟁의 역사가 종착지를 향하고 있음을. 극단의 힘들이 또 다른 세계대전을 일으킨다면 어찌할 것인가. 그동안 이어져 온 길고도 긴 인류 전쟁사의 마지막이 도래할 것이다. 종국에는 인류사가 종말을 맞게 될 것이다. 이대로 가다가는 인류는 '마지막 전쟁'을 치름과 동시에 '인류사의 마지막 장章'을 기어이 펼치게 되리라.

그리스 문명과 로마 문명을 보라. 두 문명이 소멸한 이유는 인간이 전쟁이라는 이름으로 자신의 문명을 스스로 파괴했기 때문이다. 과거에는 파괴 후에도 새로운 문명을 건설할 가능성이 있었다. 아즈텍문명이 파괴된 자리에 새로운 라틴 문명이 세워졌다. 로마가 있던 자리에 르네상스라는 새 문화가 피어났다. 지금 인류문명이 파괴된다면, 이러한 건설과 파괴의 악순환도 드디어 끝나고 말리라.

다시 전쟁이 일어나 문명이 파괴된다면, 이를 재건할 사람도, 힘도, 문명도 남지 않을 것이다. 수십만 년 동안 연면히 이어온 인간 중심의 지구문화는 소멸하고 말 것이다. 태고의 공룡들이 멸종했던 것처럼 인간 또한 지구상에서 영원히 사라져버릴지 모른다. 그것도 인간 자신의 손으로. 전쟁을 중지하지 않는 한, 우리는 이러한 문명 종말이라는 위기를 언제든지 맞게 될 수 있다. 우리는 지금 바로 이러한 위기 속에 살고 있다.

왜 전쟁이 사라지지 않는 것인가. 그 근본적인 원인이 무엇인가. 상식적으로 보면 국가 간 정치, 경제 갈등이 전쟁의 원인이다. 이러한 일차원적 생각을 넘어서 인간의 악한 본성이 필연적으로 전쟁을 일어날 수밖에 없도록 만든다는 시각도 적지 않다. 전쟁을 일으키는 것이 인간의 타고난 본성 때문이라는 것이다. 어떤 이는 전쟁을 제거하는 것이 불가능하다고 비관적으로 생각하고 체념한다.

사람의 본성이 무엇인가에 대한 논의는 접어두고 전쟁의 원인을 인성에서 찾는 것은 잘못된 일이다. 같은 상황에 놓인 사람이 모두 같은 행동을 하는 것은 아니다. 인간은 집단을 이루어 살아간다. 대중심리에 의해 움직이기도 한다. 그렇다고 집단의 행위가 반드시 구성원 개개인의 인성을 대표하는 것은 아니다. 예컨대, 특정한 집단의 구성원으로 통합되지 않은 사람은 스스로 안위를 지키기 위해 다른 사람을 경계해야 한다. 상대적으로 하나의 질서 안에 포함된 사람은 자신의 안위를 더 마음 편하게 지킬 수 있을 것이다. 싸움이 반드시 모든 인간의 문제라고 일반화할 수는 없다. 사람이 싸우는 것은 특정 환경에서 발생하는 행위이지 모든 경우에 통용되는 본래의 천성은 아니다.

전쟁이 인간의 본성에서 기인한다고 믿을 수 없다. 더욱이 인간성은 불변하는 것이 아니다. 얼마든지 변할 수 있다. 문명화된 사회는 누구나 질서 안에서 평화롭게 살 수 있는 조건이 마련되어 있다. 범죄자와 같이 예외적인 상황도 있다. 대부분은 폭력 없이 화목하게 살아갈 수 있다. 전쟁 없는 삶은 실제로 가능하다. 현재 우리가 경험하고 있는 진실이다. 우리는 하나의 국가사회를 이루어 집단폭력을 제거했다. 같이 어울려 잘 사는 법을 터득해왔다. 이러한 지혜가 비단 국가사회 안에서만 가능할 것인가. 국가를 넘어 국제적인 인류사회로 확대하지 못할 이유가 무엇인가.

우리는 문명사회에서 교육이 어떻게 사람의 삶을 변화시키는지 잘 알고 있다. 무교육 속에서 무지하고 잔인한 야만의 삶을 사는 것과 교육을 통해 순화되고 사회화된 문명인이 지혜와 도의심을 갖고 살아가는 것. 두 길은 같을 수 없다. 집중적인 교육과 훈련을 통해 인간성을 개선할 수 있다. 습관은 인간의 두 번째 천성이다. 교육과 환경은 인간의 사고방식을 바꿀 수 있다. 교육자로 살아온 인생 경험에 비추어 볼 때, 인간성을 개선하는 것은 얼마든지 가능하다.

전쟁은 인간의 본성에서 기인하는 것이 아니다. 인간의 사회생활에서 생겨나는 제도적 모순이 전쟁의 진짜 원인이다. 우리는 다시 물어야 한다. 왜 인간의 사회생활에서 전쟁이 불가피하게 되었는가. 그것은 인간의 이해가 상충하고 대립하면서 갈등이 생겨나기 때문이다. 이러한 이해 충돌은 인간사회에서 보면 어쩌면 당연하다. 중요한 것은 사람들이 갈등 해소에 가장 효과적인 방법이 전쟁이라고 확신한다는 점이다. 전쟁이 사라지지 않고 존속하는 이유다. 전쟁을 최후의 해결 수단이라고 믿는 한 전쟁에 대한 죄의식도 사라질 것이다.

전쟁은 폭력에 의한 갈등 해소다. 대화는 폭력 없이 분쟁을 해결한다. 현재 국제사회는 전쟁 이외의 다른 유효한 분쟁 해결 제도가 없다. 분쟁을 해결할 수 있는 유일한 방법은 비폭력적인 대화를 제도화하는 것이다. 아무리 무의미한 회담도 전쟁보다는 낫다. 명심하지 않으면 안 된다. 전쟁으로 분쟁을 해결하는 행동 자체를 멈춰야 한다.

월츠K. N. Waltz는 전쟁을 제도화해온 이유를 이렇게 설명한다. 세계에는 많은 주권국가가 존재하지만 이들 국가 사이에는 통용되는 법질서가 없다. 각국이 자국의 계획과 욕망에 따라 무엇을 희망해야 하는지를 판정하고 행동한다. 이러한 현실에서는 분쟁은 언제든 전쟁으로 번진다.[5] 이것이 전쟁이 제도화되는 근본 원인이다. 무정부 상태는 힘이 전부라고 생각하기 마련이다. 태고부터 제국주의 사회에 이르기까지 수많은 전쟁이 일어난 이유다. 사실 전쟁이란 타국에 대한 단순한 정복욕과 자기만을 구하려는 이기적인 목적에서 기인한 폭력적 해결 방법일 뿐이다. 전쟁이 국가 관계를 판가름하는 최선의 정당한 방식이 될 수 없다. 전쟁이 국가 간 갈등을 해결하고 또 그 결과를 신속하게 결정할 수 있는 좋은 방식이 아니다.

모든 전쟁과 폭력이 항상 처음부터 '악한 의도'로 시작되는 것은 아니다. 한쪽이 악의에서 전쟁을 일으킨다 해도, 다른 한쪽은 악의 없이 다만 응전하고자 전쟁에 참여할 수도 있다. 럼멜R. J. Rummel도 말했듯이, 현대 전쟁은 민족의 정의와 정당방위 목적으로 시작되는 경우도 많다. 전쟁이 반드시 인간의 침략 본성에 의해서만 일어나는 것이 아니다.[6] 어떤 명분이나 이유로 시작되었건 전쟁은 옳지 않다. 어떤 전쟁이든 불가피한 전쟁은 없다. 2차 세계대전이 일어난 원인을 생각해 보라. 전쟁을 일으킨 일본이나 폴란드를 침공한 나치 모두 정의를 실현한다는 명분을 내세웠다. 명분을 앞세워 사람을 죽이고 문명을 파괴했다. 전쟁은 어떤 이유로도 정당화할 수 없다. 우리 모두 이에 동의할 것이다.

다만 문제가 되는 것은 '옳고 선한' 것이 무엇인지를 판별할 수 있는 보편 기준이 없다는 사실이다. 현재 세계에는 정의의 옳고 그름을 판정할 수 있는 권위 있는 기구가 없다. 랭브리지F. Langbridge의 시구를 떠올려보라. "두 사람이 같은 창을 통해 밖을 내다본다. 한 사람 눈에는 별, 다른 사람 눈에는 진흙만이 보인다." 사람의 생각은 모두 다르다. 아전인수식으로 옳고 그름을 판단하곤 한다. 이런 이유로 집단 간 분쟁이 끊이지 않는다.

국가 간 분쟁이 완전히 사라질 수는 없다. 개인은 재산 약탈과 살상, 사고의 시비와 같은 분쟁이 생기면 법정에 선다. 국가 간 분쟁도 다르지 않다. 옳고 그름을 판단할 수 있는 제도화된 기구를 만들어 국가 간 분쟁을 해소하고 개선할 수 있다. 제도화된 전쟁을 대신할 새로운 법 제도가 마련돼야 한다. 분쟁이 전쟁으로 발전하기 전에 비폭력적인 대화를 유일한 분쟁 해결 방안으로 제도화해야 한다.

20세기 후반에 사는 지금 우리에게 전쟁은 전혀 새로운 의미로 다가오고 있다. 무시무시한 위력을 지닌 핵무기는 그 자체로 전쟁이 곧 인류문명의 종말을 의미한다. 월츠는 이제 전쟁에서 누가 이겼는가를 묻는 것이 무의미하다고 말한다. 그것은 마치 샌프란시스코 대지진에서 누가 이겼는지를 가리는 것과 같다는 것이다. 그 정도로 전쟁은 무가치하다.[7] 규모는 다를 수 있어도 전쟁이 우리 모두에게 피해를 준다는 것은 변함없는 사실이다.

전쟁에서 사실상 승리자가 존재할 수 없는 이유다. 무서운 핵무기의 최초 보유국이자 최대 보유국인 미국의 케네디J. F. Kennedy 대통령도 이미 밝힌 바다. 그는 1963년 6월 10일 아메리칸 대학교 졸업식에서 전면전 자체가 무의미하다고 선언했다. 핵폭탄 한 개는 2차 세계대전에서 사용한 폭탄 전체를 합한 것보다 10배나 강력한 파괴력을 지녔기 때문이다.[8]

현재 인류사회는 국제적 무정부 상태에 놓여 있다. 앞으로 과학무기 제조 기술이 발달하면 지금까지와 비교할 수 없는 대량살상무기가 개발될 것이다. 코발트탄, 레이저광선, 기상무기 등이 얼마든지 출현할 수 있다. 가공할 신무기들이 출현하기 전에 이미 세계는 종말을 맞을 수도 있다. 미국에서는 새 떼를 소련이 발사한 미사일로 착각해 경보기를 울린 일이 있었다. 달을 적군 무기로 오인해 원자핵으로 무장된 대륙 간 유도탄을 발사할 뻔한 적도 있다. 실제로 그런 일이 벌어지지는 않았지만, 생각만 해도 무시무시하다. 앞으로 인간이 아닌 컴퓨터의 명령으로 전면전이 일어날 위험성도 있다. 인류의 운명을 인간이 아닌 기계가 장악할 수 있다. 사람도 실수한다. 기계라고 고장 나지 않을 수 없다. 기계는 결코 완전한 도구가 아니다.

전쟁은 살인적이며 반문명적이다. 이러한 전쟁이 단순한 악마적 불장난으로도 일어날 수도 있다. 과거의 전쟁은 최소한 승자라도 있었다. 앞으로의 전쟁은 인류 전체를 멸망시키며, 아무도 승리의 영광을 맛볼 수 없다. 전쟁으로 신세계를 건설하겠다는 꿈은 마땅히 없어져야 할 생각이다. 인류를 죽이는 애국심도 단호히 배격해야 한다.

군사제도와 군비 확장이 사라지지 않고 있다. 핵무기 생산 경쟁이 계속되고 있다. 의식적이든 우발적이든 불의의 전쟁이 발발할 위험성은 계속 존재한다. 이는 전문가들의 공통된 생각이다. 핵무기 가운데 이미 완성된 것으로 알려진 코발트탄이 인류세계 마지막 날의 기계라고 불리는 이유다. 핵폭탄 하나가 순식간에 세계를 잿더미로 만들어버릴 수 있다. 그런 일이 벌어지면, 지구 위의 모든 생물이 불에 타 죽게 된다. 겨우 살아남은 생명도 수년 내에 부패한다. 이 얼마나 가공할 사실인가!

말로C. Marlowe는 처음에 전쟁을 발견한 자가 누구인지 찬양하라고 말했다. 지금은 앞으로 전쟁을 없애는 자에게 영광 있으리라 외칠 때다.

예수는 평화 위에서 일하는 자가 하느님의 아들이라고 말했다. 우리가 기억할 말이다. 영원히 전쟁을 포기하도록 제도를 만들어 새로운 전쟁을 방지해야 한다. 이는 인류가 자신의 명예와 운명을 걸고 꼭 성취해야 한다. 그렇다면 전쟁은 어떻게 없앨 수 있을까?

인류사회를 파멸시키고 살생 무기에 시간과 돈과 지적 능력을 소비한다는 것은 얼마나 우매한 일인가. 지금은 개인의 명예를 위한 결투도 의미가 없는 시대다. 전쟁도 높은 눈으로 보면 실로 무의미하고 무가치하다. 그것은 신의 뜻도, 자연의 도전도 아니다. 잘못된 감정에서 시작된 그릇된 악행에 불과하다. 사람이 사람을 적으로 돌리는 일을 멈추지 않는다면, 어찌 신이 인간에게 평화와 행복을 안겨줄 것인가.

많은 국가가 매년 막대한 군비를 쓸데없이 낭비하고 있다. 군비는 인간이 이 지구상에 산다는 이유로 내는 생존세生存稅나 마찬가지다. 설령 그렇다 해도 너무 과도한 세금이다. 수많은 지구 인구가 영양실조 상태에서 벗어나지 못하고 있다. 생존세 없는 인류사회 건설은 불가능한가. 지금 인류 세계는 마치 긴장 속에서 평화를 희구하는 것과 같다. 값비싼 골동품을 서로 갖겠다고 달려드는 무지한 군중에게 골동품을 깨뜨리지 말라고 애원한다고 해결할 수 있는 일인가. 말만 하는 것은 어리석은 일이 아닐 수 없다.

아직 희망이 있다. 희망이 있는 곳에 방법이 있다. 위기에 대한 세부적이고 구체적인 대응 방법은 전문가의 몫으로 남겨놓자. 여기서는 전쟁 없는 세계평화를 위한 조건을 생각해 보자.

지금까지 평화 제도가 이루어지지 못한 원인은 무엇인가. 그것은 사람들이 전쟁이 불가피하고, 평화는 불가능하다고 생각했기 때문이다. 이는 자포자기한 패배주의와 불신 때문이다. 케네디 대통령이 말했던 것처럼, 우리의 모든 문제는 인간이 만든 것이다. 문제를 푸는 힘 역시 인간에게 있다. 전쟁이 만든 세상을 보라. 소수 권력자의 정복욕을 기리는가 하면, 전쟁에 승리한 자국의 공적을 과대평가하는 교육을 시행한다. 전쟁을 중심에 둔 문예사조를 만들어낸다. 인간은 신이 아니기에 불완전하다. 때로는 자연의 섭리에 숙명적으로 얽혀 살아간다. 셰익스피어는 다르게 말했다. "인간은 자기 운명의 주인이 될 수 있다. 우리의 잘못은 저 먼 하늘의 별이 아니라 바로 우리 마음속에 있다."[9] 경청할 만한 말이다.

나라마다 힘 있는 엘리트는 소수집단인 경우가 많다. 대중은 무엇이 어떻게 돌아가는지조차 모른 채 그저 그들의 말에 순응한다. 그럴수록 엘리트는 그 누구보다도 중대한 책임을 져야 한다. 나라를 이끌어야 할 중대한 책임을 부여받는다.

러셀은 『인류에게 미래는 있는가?』라는 저서에서, 법과 불법에 관한 질문에 대해 다음과 같이 답한다.

> "한 사람을 죽이는 것이 죄라면 2억을 죽이는 것은 2억 배의 중죄를 짓는 것인데도 그 중죄를 범할 핵 군비가 정책으로 날마다 강화되고 있다. (……) 인류에 대한 불법을 법의 이름으로 강요하고 있다. 나는 이와 같은 반역죄를 용납할 수 없다. 인류에 대한 불법에 복종하는 것을 거부한다. 철학자로서도 아니고 또 영국인으로서도 아니다. 오직 하나의 사람으로서 요구한다. 인류를 멸망시켜선 안 된다."[10]

앞으로는 컴퓨터가 인간의 의사에 반해 돌연 전쟁을 명할지 모른다. 컴퓨터를 절대군주처럼 숭배하고 맹종해서는 안 된다. 앞서 예로 들었듯, 실제로 미국 공군 레이더망이 날아오는 새 떼를 미사일로 오인한 일이 있었다. 기계의 잘못된 예측은 얼마든지 언제든 일어날 수 있다. 인간 역시 그릇된 판단을 할 수 있다. 기계가 판단하는 것을 생각 없이 따르기만 해서는 안 된다. 여유를 두고 침착하게 사태를 관망하고 사유하는 자세가 필요하다. 사태를 정확하게 판단하고, 전쟁을 가능한 한 억제하고자 노력해야 한다. 정말로 전쟁이 불가피하다면 최소화하도록 억제해야 한다. 그렇게 판단할 수 있는 이성적 사유가 필요하다. 최근 냉전 분위기 속에서 워싱턴과 모스크바를 연결하는 통신선이 개설된다는 소식이 있다. 이는 단지 연결망 개설 문제만이 아니다. 세계 인류 평화라는 관점에서 그 작은 실천은 인류의 생명을 위한 중대한 전환의 시작이다.

과학과 전쟁 중 하나를 선택해야 한다. 과학을 버릴 수 없다는 것은 명백하다. 전쟁을 없애야 한다. 미국 정부가 수소폭탄 제조를 위해 원자폭탄을 만든 바 있는 맨해튼계획의 책임자 오펜하이머 R. Oppenheimer를 다시 소환한 일이 있었다. 그는 이를 거부했다. 국가의 감시를 받으면서도 끝내 이 계획에 참여하지 않았다. 인간의 양심을 앞세운 훌륭한 태도가 아닐 수 없다.

인류의 파멸을 걱정할수록 평화가 절실하다. 평화를 이룩하는 일만큼 인류에게 시급한 일은 없다. 지금의 형편과 처지에서는 완전한 평화 실현이 불가능하다. 평화가 완전히 실현되기를 바라는 것은 성급하다. 평화를 위해 할 수 있는 것부터 먼저 이뤄가야 한다. 인간 본성이 전쟁을 일으키는 하나의 원인이라고 해서 인간을 하루아침에 개조할 수 없다. 무정부적인 세계 정치질서가 전쟁의 직접적인 원인이라고 하여 지금 당장 세계정부를 세울 수 없다. 사람들은 환상적인 해결에 조급해한다. 그럴수록 실패하고 낙망하는 일이 얼마나 많은가. 인간의 습성과 기질은 다양하다. 마찬가지로 세계에 산재해 있는 모든 나라를 당장에 하나의 정부 아래 통합한다는 것은 불가능하다. 하나의 격식을 세워 이를 기준으로 획일적인 통일을 기도하는 것도 무의미하다.

그런 의미에서 현존하는 유엔에 협조해야 한다. 유엔을 보호하고 육성해야 한다. 일부에서 주장하듯 유엔이 무능력하다고 비판만 해서는 안 된다. 유엔이 강력해지도록 도울 방법을 찾아야 한다. 평화를 원하는 우리의 소원을 풀어줄 기구로 유엔을 키워야 한다. 사회의 불합리한 점들을 하나씩 골라 고쳐나가는 것이 현실적이다. 나는 이것이 진정하고 영원한 평화 질서를 우리 사회에 구축하는 단계적 방법이라고 생각한다.

만약 전쟁을 막을 완전한 제도가 마련된다면 세계는 새로운 질서 안에서 공포 없이 지금 누리는 것보다 더 큰 자유를 누리게 될 것이다. 국가와 개인의 삶은 어떤 관계인가. 개인은 국가의 테두리 안에서 자유를 누리며 살아간다. 국가가 살인과 재산 약탈과 같은 범죄를 예방하고 안전을 보장하기 때문이다. 과거의 무법 시대와 비교하면 국가의 의미가 얼마나 큰지 알 수 있다. 국가와 더 큰 세계질서 사이의 관계도 그러하리라 확신한다.

가장 좋은 방법은 평화 연구와 교육에 모든 교육기관이 기꺼이 참여하는 것이다. 인간은 전쟁이라는 그릇된 제도에 매여 엄청난 재력과 에너지와 지력을 낭비해왔다. 신의 영역이라고 믿었던 우주를 비행할 수 있을 정도로 인간의 지식은 놀랍게 발전했다. 그러한 인간의 지식을 평화 질서 연구와 교육으로 돌린다면 인간사회는 모든 사람이 다 받아들일 수 있는 제도화된 평화를 이룩할 수 있을 것이다. 그런 의미에서 온 세계의 모든 학교가 평화교육에 앞장서야 한다.

전쟁을 포함한 모든 인간의 제도는 인간이 만든 것이다. 인간은 지금까지 집적해 놓은 경험과 지식을 이용해 지금의 모든 제도를 만들었다. 교육을 통한 지식의 올바른 전수는 이러한 제도를 개혁하는 데 근본적인 역할을 할 수 있다. 만일 세계의 모든 학교가 '평화만이 인류가 살아남을 수 있는 유일한 길'이라고 믿고 함께 보조를 맞추는 세상을 상상해보라. '사랑과 협력만이 다 같이 잘 사는 길'이 될 것이다. 평화를 반드시 이루어야 한다고 인류 전체를 교육할 수 있다면, 우리의 앞길은 밝다.

인간은 교육적 동물이다. 교육은 문화인과 교양인 그리고 야만인을 구분하는 지표다. 웰즈H. G. Wells는 인간의 역사가 시간이 흐를수록 점점 더 교육과 재앙이 벌이는 경주처럼 변해가고 있다고 말한 바 있다.[11] 과거 인간은 자연이 주는 재앙을 숙명처럼 받아들이며 살아갔다. 인간사회는 끊임없는 교육을 통해 자연의 재앙으로부터 해방될 수 있을 정도로 발전했다. 이제 우리는 인간이 만든 재앙인 전쟁으로부터 인간을 해방하기 위해 교육해야 한다. 전쟁이라는 재앙의 짐과 공포를 덜어내기 위해 평화교육을 실현해야 한다. 그렇게 하지 못할 이유가 없다.

칸트는 인간의 자유를 '새로운 인과관계를 창시할 수 있는 능력'이라고 정의한다.[12] 인간은 결심 여하에 따라 지금까지 존재하지 않았던 새로운 제도도 창시할 수 있다. 전쟁을 제거한 세계질서가 과거에는 불가능했다 하더라도 지금은 얼마든지 가능하다. 우리는 달도 자유롭게 오갈 수 있는 지혜와 지식을 갖췄다. 인류는 전쟁 없는 역사의 시작을 창조할 수 있다. 그럴 능력이 있다.

만약 큰 지식으로도 전쟁을 해결하지 못한다면 인간은 결코 신을 본뜬 존재라고 말할 수 없다. 오히려 가장 미련하고 우직한 동물에 비유되어야 마땅하다. 해결할 방법을 알아도 감정과 욕망을 통제하지 못해 전쟁을 멈추지 못한다면 우리는 앞으로 인간의 이름으로 살아갈 수 없다.

같은 맥락에서 세계 모든 나라는 적극적으로 협력해 유엔 기구를 더 강화해야 한다. 유엔이 본래의 기능과 사명을 다할 수 있도록 뒷받침해야 한다. 싸우기를 좋아하는 개인은 도덕적인 사람으로 보지 않는다. 이유가 무엇이든 전쟁을 일으키는 국가는 도덕적일 수 없다. 전쟁을 일으키는 나라에는 경제, 정치, 문화적으로 압력을 가해야 한다. 통상무역은 물론 국제회의, 여행, 통신 등 일상생활 속에서 다양한 제재 수단을 시행해 반反평화적인 전쟁을 강력하게 억제해야 한다.

전쟁 야욕을 가진 나라가 전쟁을 포기할 때까지 국제무대에서 배제하면 아마도 전쟁은 현저히 줄어들 것이다. 도덕적, 물리적 제재를 가함으로써 전쟁을 영구적으로 사라지게 만드는 것도 방편이다. 현실은 어떤가. 수많은 나라가 이웃의 전쟁을 부추기고, 무기와 군수물자를 판매해 이익을 남기려고 한다. 비난하기는커녕 전쟁의 성과를 축하하기까지 한다. 어리석은 행동이 아닐 수 없다.

전쟁을 방지하는 방법은 하나가 아니다. 비교적 작은 규모의 전쟁을 효과적으로 없애는 방법이 있다. 군비 감축과 전쟁 무기 판매를 금지하는 협정을 맺는 것이다. 이러한 협정은 핵실험 금지협정 못지않은 중요한 사안이다. 오늘의 세계를 보라. 전쟁 상인들은 마치 지구 어디에서든 전쟁이 일어나기만을 바라고 있는 것처럼 보인다. 전쟁 무기를 팔기 위해 정신없이 달려든다. 무기를 팔거나 사지 않으면 아마도 모든 전쟁은 원시 시대만큼이나 규모가 줄어들 것이다. 피해도 감소하리라. 이처럼 간단한 이치인데 무기 수출이 억제되지 않고 있다. 오히려 더 많은 전쟁이 일어나고 더 참혹한 살상이 여전히 발생한다.

이러한 현실은 그렇게 만든 강대국의 책임이 크다. 전쟁 무기를 끊임없이 개발하고 수출하는 것은 인류 역사에 씻을 수 없는 죄과를 계속 남기는 일이다. 후세가 규탄할 행동이다. 이는 파키스탄과 인도, 동파키스탄과 서파키스탄, 이스라엘과 아랍국가의 전쟁이 말해주고 있는 진실이다. 사상자는 엄청나게 늘어나고, 전쟁 기간은 장기화하고 있다. 강대국이자 세계의 지도국인 나라들은 세계평화를 외치면서도 이러한 반평화적인 일을 멈추지 않고 있다. 군비축소회의니 핵실험금지회의니, 전쟁을 없애고 평화를 이룩해야 한다고 말하지만 정작 현실에서는 의미 있는 변화를 만들지 못한다. 상황은 더 악화하고 있다. 이들이 말하는 평화의 진의가 무엇인지 알 수 없다. 큰 전쟁만 전쟁이고 작은 전쟁은 전쟁이 아니라고 착각하고 있는 것인가. 이렇게 어리석은 생각을 할 리 없다. 그렇다 하더라도 결과는 마찬가지다.

간절히 기원한다. 세계평화를 진정으로 원하고 실현하고자 한다면 강대국은 군축회의와 핵실험금지에 앞장서야 한다. 핵무기해체회의를 개최해야 한다. 전쟁무기 제조와 해외 판매 금지협정을 체결해야 한다. 이러한 노력이 형식적이고 외형적인 해결 방법으로 보일 수 있다. 그래도 현실적 대화 노력이 평화 달성을 위한 관건이다. 이러한 구체적인 행동이 전쟁을 없애고 평화를 정착시키는 데 가장 큰 도움이 된다. 이는 의심할 여지가 없다. 중요한 것은 이러한 일들이 인간 능력을 벗어난 일이 아니라는 점이다. 결심만 하면 인간은 무엇이든 이룰 수 있다. 평화를 원하면서 평화를 이룰 수 있는 근원적인 노력을 결행하지 않는 이유가 궁금하다.

전쟁이 없는 세계를 상상해보라. 골육상잔하던 과거를 뒤로 하고, 도둑도, 살생도, 가혹한 집단 싸움도 없는 인간의 낙원. 평화롭게 국가들이 조화를 이루며 사는 세상. 어쩌면 인류는 우리가 꿈꾸는 것보다 더 발전된 사회를 이룰 수 있다. 환상이나 공상이 아니다. 수년 전 치안이 불안정했던 선진국과 지금의 안정된 선진국을 비교해 보면 알 수 있다. 우리는 그처럼 전쟁이 사라진 사회를 한 나라 안에서 실현한 경험이 있다. 전쟁 없는 평화를 국가 테두리 안에서 실현할 수 있었다. 인류세계라는 차원에서도 그렇게 할 수 있다.

한 걸음 더 나아가 우리가 사는 세계에서 전쟁이 없어지면 인간은 과거보다 더 문화인으로 살아가게 될 것이다. 야성을 완전히 버리고 인간 가치를 자랑하며 살 수 있다. 전쟁을 포기하면 빈곤 구제와 복지사업, 평화산업에 투입할 예산을 만들고 사용할 수 있다. 이 지구에서 전쟁과 폭력 같은 비문화적인 모든 것을 축출할 수 있다. 좀 더 평화롭게 가치 있는 삶을 영위할 수 있다. 전쟁이 없으면 더 나은 평화를 지속할 수 있다. 그것은 누구나 어렵지 않게 예측할 수 있는 명확한 사실이다.

전쟁이 없는 땅이 인류의 낙원이자 에덴동산이다. 전쟁 너머의 세상으로 나아가기 위해 우리는 현재의 무수한 장벽들을 넘어야 한다. 그것을 알면서도 우리는 실천하지 않고 있다. 왜 그런지 아무리 궁리해도 몇백 번을 다시 생각해도 알 길이 없다. 사랑하는 지성인이여, 일어서서 앞장서자. 사해형제여, 아니 만물의 영장인 인간이여, 여기서 다시 한번 눈을 크게 뜨고 이 우주를 살펴보자. 지구의 긴 역사 위에서 수백만 년 기나긴 인간의 길을 걸어온 인류의 역사를 깊이 되돌아보자. 인간이 걸어가야 할 바른 당위적인 길을 찾아 인간답게 사는 사회를 만들어보자.

지금까지 인류는 무수한 전쟁영웅을 배출해왔다. 이제부터는 평화를 향한 진정한 용기를 가진 평화의 용자를 태어나게 하자. 앞으로는 인류가 영원히 살아가야 할 이 지구 위에서 더 인간답게, 옳고 바르게, 착하게, 빛나게 사는 인간의 역사를 창조해야 한다. 인간승리의 영광된 기록을 평화의 역사로 다시 써야 한다.

3

인간복권에 의한 인간 선언

참다운 인류사회를 건설하려면 인류 복권이 가장 중요하고 시급한 문제다. 전쟁을 제거해야 한다. 과학기술이 인간 생활의 가치와 행복을 위해 존재하도록 다시 조명하고 점검해야 한다. 과학기술에 조종되지 않는 진정한 지배자로서 인간 가치를 회복해야 한다. 인간은 과학문명에 고용된 수동적인 부품과 같은 존재가 아니다. 주인으로서 인간세계를 다시 계획하고 운영해야 한다.

인간은 동물의 속성을 가졌으나 이성을 지향한다. 정신과 육체 모두를 통정*한 인격자다. 자유의지로써 행동하고, 자신의 행동에 책임을 진다. 문화를 창조하며 살아가는 존재다. 미래 인류사회는 인간의 숭고한 정신과 이상이 담긴 설계를 바탕으로 만들어져야 한다. 지금 우리는 인류 역사의 단절적 전환 시점에 서 있다. 오늘날 이 모든 혼란의 책임은 자연이나 신에게 있지 않다. 혼란은 인간 스스로가 자초한 것이다. 우리는 이 모든 일에 책임을 져야 한다. 인격적 존재로서 앞날을 개척하고 인간복권*을 위해 노력해야 한다.

문명의 지배로부터 인간 가치를 복권해야 한다. 기계가 지배하는 세상에서 인간성을 되찾아야 한다. 공해로부터 인간을 해방해야 한다. 주체성을 잃고 누군가에게 고용된 삶에 만족하며 창조성을 상실한 채 살아가서는 안 된다. 휴가와 할부 인생에 위안 삼으며 살아가는 생활을 벗어나야 한다. 진정으로 가치 있는 삶을 되찾아야 한다. 모든 제도적 압박으로부터 자유로워져야 한다. 전쟁의 긴장으로부터 해방되어야 한다. 이를 통해 인간 본연의 인격적 주체성을 복권해야 한다.

우리 시대의 난제를 푸는 일은 개개인의 힘만으로는 불가능하다. 모든 사람이 힘을 합해 공동 목표를 세우고 이를 성취해 나아가야 한다. 역사적으로 인류는 힘든 난제를 만날 때마다 협력해 역사를 창조해왔다. 우리 역시 현재의 난제를 풀기 위해 협력해야 한다. 협력의 위력을 다시 발휘해야 할 때다.

인간은 사회생활을 영위하는 존재다. 협력과 도덕과 정치를 필요로 한다. 아리스토텔레스는 일찍이 인간을 사회적 동물이라고 했다. 동물과 달리 인간만이 사회생활을 통해 공동으로 다양한 가치물을 창조할 수 있다. 고대 그리스 철학은 인간의 정치공동체polis를 어떻게 조직할 것인가의 문제를 가장 중대하게 생각했다. 플라톤도 같은 생각이었다. 인간이 훌륭한 생활을 영위하기 위해서는 좋은 정치 질서를 바탕으로 하는 사회를 만들어야 한다.

세계 전체가 하나의 인류공동체가 되어야 한다. 이를 실현하기 위해 인류 정신을 회복하는 문제를 우선 풀어야 한다. 현재 드러난 가장 심각하고 현저한 문제는 과학기술을 어떻게 통제하고 조정해 통어統御할 것인가 하는 점이다. 인간이 과학기술을 다시 통제하고 관리하기 위해 무엇을 해야 하는지 고민해야 한다.

신화는 프로메테우스가 하늘에서 불을 훔쳐 인간에게 주었다고 전하고 있다. 원자 에너지는 인간에게 제3의 불이라고 일컬어진다. 이렇게 발전하기까지 인간은 자연의 횡포로부터 인간의 삶을 보호하기 위해 끊임없이 과학기술을 개발하고 발달시켜왔다. 인간의 노동력을 최소화하기 위해 단순한 도구에서부터 복잡한 거대 내연기관에 이르기까지 인간을 위해 '일하는 기계'를 만들어왔다. 과학기술의 발달은 질병으로부터 인간의 건강을 지킬 수 있게 만들었다. 중국 전설에는 사람들에게 농사짓는 법을 가르쳤다고 전해지는 신농神農이 생약을 개발했다는 이야기가 전해져 내려오고 있다. 인류는 현재도 고도로 정밀한 현대의학 기술을 발전시켜 가고 있다. 이동이 쉽도록 수레를 만들었던 인류가 지금은 초음속 제트 여객기를 개발했다. 정보 교환을 위해 불을 사용한 봉화기술은 이제 인공위성을 개발해 세계를 하나로 연결하는 전자통신망으로 발전했다.

인간은 식량의 결핍으로부터 인간을 해방하기 위해 연구했다. 이제는 식용 식물과 동물을 변형해 인간의 편의를 극대화하고 있다. 생활환경을 개선하기 위해 바다를 개척해 땅으로 만들었다. 심지어 강의 흐름을 동쪽에서 서쪽으로 바꿀 수 있을 정도로 기술이 발달했다. 그야말로 인간은 인간의 삶을 개선하기 위해 수없는 기술혁명을 이룩해왔다.

과학기술의 발달은 단순히 자연으로부터 인간을 해방하는 데 그치지 않았다. 인간이 제도를 강화하고 확대할 수 있도록 뒷받침했다. 나아가 인간은 자신이 속한 사회를 위해, 다른 집단을 정복하고 통치하기 위해 전쟁 무기를 개발했다. 과거에는 활을 만들었다면, 지금은 대륙간탄도탄을 비롯한 다양한 살상 무기를 만들어냈다. 이러한 전쟁 기술의 발달과 함께 군대, 경찰, 식민통치조직 등 행정 기술도 정교해졌다.

비록 다른 영역에 비해 그 비중은 크지 않아도 과학기술은 인간의 종교와 문화 창조 욕구를 충족시키기 위해 발전해왔다. 처음엔 신을 숭배하는 종교적 목적으로 건축술을 개발했다. 그것은 인류문명의 역사를 보면 어디에서나 발견되는 공통 사실이다. 피라미드의 석축 토목 기술, 파르테논 신전의 열주식列柱式 건축, 중국 룽먼[龍門] 석실과 한국 토함산 석굴암과 같은 불교 사찰의 돔 양식 건축, 잉카와 마야의 거대한 신전을 만든 기하학적 축성법과 석탑 축조 기술 등 종교적 의식을 목적으로 건축물들을 축조하는 과정에서 과학기술이 발달했다.

기술 발전의 원동력은 인간의 생활과 문화적 요구다. 발전된 과학기술은 인간의 생활과 문화 양식을 변화시켰다. 인간은 필요를 충족시키기 위해 과학기술을 발전시켰다. 이는 인간의 생활양식과 문화 양식을 변화시켰다. 예컨대, 제국은 고도로 발달한 교통수단을 통해 건설될 수 있었다. 무기체계가 발달하면서 전쟁 규모도 커졌다. 편리해진 교통체계는 미국과 같은 영토를 가진 큰 국가에서 민주정치가 작동하도록 만든 물리적 토대다. 신문·잡지 등 인쇄술이 발달하면서 인쇄문화가 성장했다. 폭넓은 동서 문화 교류 또한 통신·교통수단이 발달한 덕분이다.

기술문명은 문화 양식의 외형만 변화시킨 것이 아니다. 정신문화도 크게 변화시켰다. 미국의 재즈 문화는 전자기술의 발달 없이는 이루어질 수 없었다. 대중문화의 발전은 인쇄와 전파 기술이 발달하면서 정보 매개 기술이 고도화하면서 가능해졌다. 귀족이 지배 집단으로 군림하던 체제가 오늘날과 같은 평등사상을 바탕으로 한 대중 민주주의로 변이한 것도 그 원동력은 교육과 과학기술의 발달이다. 기술의 혁신은 사회정치 제도, 문화 양식, 예술에 이르기까지 광범위하게 인간 삶에 영향을 줬다.

기술문명과 문화 양식은 서로가 서로에게 영향을 주는 상호 생성 작용으로 연계되고 있다. 기술문명의 혁신은 곧 문화 혁명으로 번질 수 있다. 문화 혁명도 기술문명의 혁신을 요구한다. 문화에서 기술의 영향을 배제할 수 없듯 기술에서도 문화의 영향을 배제할 수 없다. 기술과 문화는 상호 작용하면서 서로를 근본적이고 질적으로 변화시킨다. 이 과정에서 끊임없이 새로운 것이 생성되어 과거와 다른 차이가 만들어진다. 이런 맥락에서 이 책에서는 인류 역사의 흐름을 기술의 혁신과 변화를 기초로 시대를 구분해 기술했다.

그동안 과학기술은 인간 생활을 편리하게 하고 문화 욕구를 실현하기 위해 발전해왔다. 20세기에 들어서부터는 과학기술이 자기증식하고 있다. 인간의 손을 떠나 스스로 자신의 생리에 따라 독자적으로 발전하는 경향을 띠기 시작했다. 인간의 도구인 과학기술이 점차 인간을 추방하고 인간을 노예화하는 방향으로 움직이고 있다. 이제 고도로 발전한 자동기계는 인간 없이 스스로 동작할 수 있다. 그러면서 인간을 추방하기 시작했다. 예를 들어, 온도 자동조절 장치가 개발되면서 기계 스스로 인간의 감각이나 명령 없이도 자동으로 냉난방 시스템을 가동해 일정한 온도를 유지하게 한다. 피드백 원리에 의한 자동조종장치를 부착한 항공기는 조종사의 힘을 빌지 않고도 스스로 방향을 찾아 자율 비행하거나 이착륙한다. 비행기를 조종하는 인간의 역할은 부차적인 것으로 구성된다.

고도로 발달한 전자 컴퓨터는 또 어떠한가. 인간이 설계했음에도 컴퓨터는 이제 인간의 판단력보다 빠르게 정보를 처리한다. 그 결과 인간의 두뇌 작용은 점차 줄어든다. 컴퓨터가 인간 행동을 관찰하고 잘못된 부분을 지적하는 경지에 이르렀다. 아직 도래한 것은 아니지만 컴퓨터 스스로 자기보다 나은 다음 세대 컴퓨터를 인간의 도움 없이 독자적으로 설계하는 세상이 올 수 있다. 그렇게 되면 과연 어떤 사태가 벌어질 것인가. 인간은 죽어 사라져도 컴퓨터는 남아 '자손'을 스스로 생산하면서 번영하는 무섭고 놀라운 세상이 올 것이다.

생명과학의 발달도 인간 존재를 위협하기 시작했다. 장기이식수술은 인간이 자기 수명을 연장하는 데 그치는 것이 아니다. 인간의 동일성까지 의문을 품게 만드는 심각한 문제를 낳고 있다. 예를 들어, 어떤 사람이 다쳐 다른 사람의 머리를 이식할 수 있는 미래를 가정해보자. 이 사람은 과연 누구인가. 두뇌가 한 사람의 정체성이 되어야 하는가, 아니면 몸의 유무를 기준으로 인간 존재를 규정해야 하는가. 한 생명이 부모 아닌 인간 제조공장에서 태어나 성장하는 일도 가능하다. 그렇게 되면 인간사회의 근간인 가족제도는 무의미해질 것이다. 전문가들은 현 추세대로라면 얼마 지나지 않아 인간의 유전인자를 조작할 수 있는 기술이 개발될 것이라고 전망한다. 그런 세상이 되면 우리 사회는 가공할 사태를 맞게 될 것이다. 계획적으로 인간을 다시 조합할 수 있을 것이다. 이를테면, 두뇌가 좋은 사람, 두뇌는 좋지만 비판하지 않는 사람, 두뇌는 안 좋아도 신체 능력이 뛰어나 육체노동에 적합한 사람 등. 사람을 사회가 필요로 하는 요구에 따라 배분하여 생산하는 세상이 도래하지 말라는 법이 없다. 그러한 사회에서 인간이라는 존재를 어떻게 규정하고 취급할 것인지 고민하지 않을 수 없다.

더욱이 현대 과학기술은 지구 인류를 일시에 말살할 수 있는 세균무기를 만들었다. 일격만으로도 지구 표면을 황폐하게 만들어 버릴 수 있는 대형 코발트탄도 개발했다. 이는 무엇을 말해주는가. 과학기술은 인간의 복지를 향상하기 위한 수단이나 도구가 더는 아니다. 인간 존재 자체를 위협하는 괴물이 되었다는 의미다. 인간이 키워 온 과학기술이 이제는 창조적인 인간을 자신의 노예로 전락시키고 있다. 인간의 통제에서 벗어나 마구잡이로 발전하기 시작했다. 인간은 과학기술의 고삐를 놓치고, 과학기술은 고삐 풀린 말처럼 폭주하게 된다. 광폭하게 날뛰는 고삐 잃은 과학기술에 치여 이리저리로 밀리며 살아가는 인간을 생각해 보라. 실로 무서운 문명의 아이러니가 아닌가.

애초에 인간은 자연의 횡포로부터 인간을 해방하기 위해, 그리고 행복한 생활을 영위하기 위해 과학기술을 발전시켜왔다. 그런데 이제 인간은 과학기술의 위협에서 인간의 멸망을 방지하기 위해 과학기술과 대결해야만 하는 것이다.

과학기술은 아직도 우리에게 소중한 도구다. 우리는 자유롭고 결핍이 없는 생활을 위해 과학기술에 큰 희망을 걸고 있다. 인류의 식량문제를 해결하기 위해서라도 과학기술에 의한 농업혁명이 필요하다. 고갈되고 있는 천연자원을 대신할 대체 에너지를 발명해야 한다. 무한정 늘어난 인구가 지구 위에서 인간답게 살 수 있는 면적을 확보하기 위해서라도 과학기술에 도움을 구해야 한다. 질병의 끊임없는 위협으로부터 인간을 해방하기 위해서도 현대 의료기술을 계속 발전시켜야 한다.

그뿐 아니다. 지금까지 기술문명이 만들어놓은 수많은 폐해를 제거하기 위해 과학기술은 필요하다. 더러워진 공기와 물, 파괴된 자연경관, 기상 이변 등을 해결하기 위해 과학기술을 외면할 수 없다. 아니 외면하면 안 된다. 우리가 할 일은 과학기술 발전을 막는 것이 아니다. 중요한 것은 어떤 과학기술들을 선택할 것인가의 문제다. 과학기술의 발전을 중지시키자는 뜻이 아니다. 발전 방향을 인간의 주체적 힘으로 통제하고 조정함으로써 인간을 이롭게 하는 통어 능력이 필요하다는 의미다. 과학기술의 고삐를 다시 붙잡아 관리해야 한다.

지금까지 우리는 과학기술의 자기증식, 혹은 자율 성장을 방임해왔다. 그동안 우리는 가능한 모든 것을 만들어보는 식의 철학에 의존해 살아왔다. 이제부터 과학기술의 가능성보다 필요성과 유익을 따져 물어야 한다. 지금처럼 가능하면 무턱대고 개발하는 식의 개발 원리를 바꿔야 한다.

가능하므로 개발하는가, 아니면 필요하므로 개발하는가. 이 두 가지 중 어떤 것을 선택하는가에 따라 문명의 미래가 결정된다. 예컨대, 유전형질을 조작할 수 있다고 하는 과학의 가능성만을 보고 결정해서는 안 된다. 인간이 인간을 조작하는 일이 올바르고 좋은 판단인지 먼저 결정해야 한다. 우리는 지구가 파괴돼도 과학의 가능성을 증명하기 위해 폭탄을 제조해왔다. 과연 이러한 행위가 인류에게 이로운 일인가. 우리가 물어야 한다. 인류문화를 위협하는 폭탄을 만들어도 좋은지 생각해야 한다. 과학의 가능성을 가치에 대한 문제로 전환해 다시 성찰해야 한다.

홀로 독주하는 과학기술문명을 통제해야 한다. 이는 인류문명을 구제하기 위한 가장 시급한 과제 중의 하나다. 지구에서 인간이 인류문명의 주인으로 살아가기 위해 인간의 통제를 벗어난 과학기술문명을 다시 인간 가치 아래 묶어두어야 한다. 모든 문제가 바로 여기로 귀결된다.

우리는 과학기술문명을 철저히 통제하고 관리해야 한다. 인간을 위해 선용해야 한다. 과학기술이 인간을 위해 사용되도록 만들어야 한다. 과학 발달은 오로지 인류의 평화와 복지를 향상하는 데 그 의미가 있다. 역사학자 토인비가 말했듯, 인간은 육체를 가진 유기체이기 전에 정신적 존재다. 인간 삶의 목적은 궁극적으로 정신적 실재實在와 통하지 않으면 안 된다. 맞는 말이다. 정신이 인간 존재의 의미를 구성하는 근본이다. 물론 정신만 강조하고 물질을 부수적인 것으로 취급하면 안 된다.

우주 사물의 근본 원리는 앞서 이야기했듯 그 근원이 물체나 정신 중 어느 하나에 있지 않다. 우주 만물을 관계론적 그물망으로 설명하거나 모든 것을 에너지로 풀이하는 시각도 적합하지 않다. 우주는 일원론적인 원리로만 설명되지 않는다. 물론 이원론적 설명도 완전하지 않다. 하늘과 땅, 정신과 육체로 이원화하여 그 상관관계를 기술한다고 해서 우주의 원리를 다 설명했다고 말할 수 없다. 물, 불, 공기, 흙과 같이 다원론적 해석도 적합하지 않다. 우주는 창조적 생성의 원리가 작동하는 공간이다. 우주 만물은 주체와 객체를 단순히 물리적으로 결합해 놓은 것 이상이다. 이 둘의 교호 작용 속에서 새로운 것이 생성한다. 만물이 상호 간 복잡한 관계를 이루어 그 속에서 새로운 그 무언가가 창조된다. 내가 주리생성의 원리*를 바탕으로 화생론和生論*을 제안하는 이유도 바로 여기에 있다.

다르게 말하면 정신과 육체를 단순히 합쳤다고 해서 인간이 되는 것이 아니다. 정신과 육체가 조화를 이루면서 통일적인 의식작용을 수행함으로써 인간이라는 존재가 의미를 갖게 된다. 비로소 인간이라 부를 수 있게 된다. 이런 의미에서 의식작용이란 저차원의 본능이 아니다. 충동이나 동물적인 반응도 아니다. 인간은 고도로 개발된 '인격적 작용'을 수행한다.

인격적 작용이란 무엇인가. 예컨대, 동물에게도 정신과 육체는 있다. 그렇다고 동물을 인간이라고 부르지 않는다. 인간은 정신과 육체, 그리고 또 다른 무언가(+α), 이 세 차원이 인간사회에서 의지적, 의식적 작용을 하면서 존재한다. 인간만이 자신이 반드시 가야 할 그 길이 무엇인지 알고 스스로에게 명령한다. 인격적 작용이란 정신과 물질을 단순히 종합해 놓은 것도, 이 둘 사이의 상호 관계도 아니다. 정신과 물질을 통합하고 지양하여 한 차원 높은 인격으로 통정統整*하고 승화하는 길이다. 인간은 동물과 다르고 신과도 다르다. 사회생활을 영위하는 가운데 인간만이 이 요청되는 길, 당위적인 길을 생각하고 걸어갈 수 있다. 이러한 특수정신이 인간을 인간으로 부를 수 있는 조건이다.

인격적 행동은 인간이 사회생활을 하게 되면서 필요해진 인간만의 특수정신이다. 사회생활을 하기 위해 인격 행동이 요구된다. 혼자 산다면 선악 개념은 존재하지 않았을 것이다. 자유와 의지를 품은 인격 활동도 불필요하리라. 인간이 사회를 이루어 살지 않았다면, 지금 우리가 생각하는 인간이라는 개념은 존재할 수 없었다. 인간이 사회생활을 영위함으로써 오늘의 모든 것이 이루어졌다. 법과 도덕을 만들고 문명을 만들 수 있다.

역설적으로 말해, 인간이 없는 곳은 사회가 없고, 사회가 없으면 문명이 없다. 인간에게 붙여준 창조자의 영광이라는 말도 존재할 수 없다. 인간이 있기에 사회가 탄생하고, 문명이 창조되었다. 신의 영광도 나타났다. 사회가 있기에 인간이 이 세상의 주인이 될 수 있었다. 이런 맥락에서 우리는 신神 중심, 제도 중심, 물질 중심, 기계 중심에서 벗어나야 한다. 진정한 의미에서 인간이 중심이 되는 사회를 향해 나아가야 한다. 새로운 인간중심주의Human-centrism*를 실현해야 한다.

최초의 휴머니즘은 14, 15세기 무렵 이탈리아에서 종교 억압에 저항해 일어났다. 신성주의에 반기를 들어 출현한 인성주의가 그것이다. 그 후 18세기부터 19세기까지 독일에서 출현한 새로운 휴머니즘neohumanism은 봉건적 억압과 속박에 반발하면서 발생했다. 괴테, 실러, 훔볼트, 하이네 등 문학을 중심으로 형성된 혁신 운동인 질풍노도Sturm und Drang가 출현했다. 이 책에서 내가 이야기하고자 하는 새로운 인간중심주의이자 신新인본주의는 이러한 과거의 논리들을 그대로 재현하는 것이 아니다. 과거의 인본주의를 반복하는 것에 목적을 두지 않는다.

합리와 능률만을 우선하는 기술신앙사회에서 벗어나야 한다. 인간 부재의 소외된 사회를 만들어서는 안 된다. 브레진스키Z. K. Brzezinski가 말한 기능적·기술적 관리화 사회, 전자기술사회로 나아가서도 안 된다. 인간을 기계의 부속품으로 전락시켜서도 안 된다. 인간 존재의 내적 가치를 철저히 무시하고 기계적으로 인간을 구분하는 일을 멈춰야 한다. 가령 번호로 인간을 식별하는 세상을 생각해보라. 과학이 자기증식하는 사회로 변해가는 것을 방관하면 안 된다.

기계와 물량이 지배하는 사회에서 인간이란 하나의 물체로 계산된다. 물량이 지배하는 타율의 세계가 아니라 정신이 지배하는 자율의 세계를 다시 만들어야 한다. 인간사회는 물질이나 제도, 과학이나 기술을 위한 세계가 아니다. 인간이 아닌 과학기술이 주체가 된 세계는 진정한 인간사회가 될 수 없다. 인간이 아닌 다른 무엇을 위해 만들어진 사회를 거부해야 한다. 인간 자신을 근본으로 삼고, 인간을 위한, 인간에 의한, 인간의 세계로 다시 향해야 한다. 인본주의를 기초로 하는 세계를 되찾아야 한다.

인간중심주의*란 막연한 인도주의나 인성주의 또는 인문주의를 가리키지 않는다. 이 책에서 말하는 인간중심주의란 우리 시대가 요청하는 새로운 인본주의다. 판단과 행동의 기준이 물질이나 기계, 기술이 아닌 인간이 근본이 된다. 인간이 창조한 과학과 문명, 지식과 기술은 인간의 것이다. 그것들은 인간을 위해 봉사해야 한다. 이제 세상은 인간과 로봇이 경쟁하는 시대로 접어들었다. 인간이 인조인간에게서 밀려나지 않기 위해 하루빨리 인간을 복권해야 한다. 과학기술이 확대 재생산하면서 자기증식하는 것을 즉각적으로 중지해야 한다. 공해, 오염, 소외, 무계획적 개발을 시정해야 한다. 전쟁, 제도, 조직, 발전이 인간의 행복과 가치를 위해 존재하도록 초점을 다시 맞춰야 한다.

이제까지 구성해왔던 인간과 사회와 문명에 대한 의식과 가치 기준을 바꾸어야 한다. 무엇이 더 나은 것인지에 대한 평가가 달라져야 한다. 바로 그것이 인간의 의식혁명*이며, 정신혁명이다. 인간복권은 인간의 절규이며 인간선언이다. 인간선언은 사회의 모든 부조리와 비인간적인 것들을 거두고 인간을 위한 인간의 세계를 바로 보는 것이다. 나아가 인간의 힘으로 인간세계를 바로잡아 바른 인간의 세계를 다시 건설하는 것이다. 인간의 의식혁명을 통해 하나의 새로운 인류사회를 재건해야 한다.

4

내일의 인류사회와 교육의 역할

낙숫물이 바위를 뚫는다는 말이 있다. 훈련이 제2의 천성을 만든다고 말한다. 인간이란 존재는 교육의 산물이다. 문명사회는 교육을 통해 이루어진다. 인간이 문명을 만들고 문화인으로 살 수 있는 것은 교육의 힘 덕분이다. 교육을 통해 인류는 원시인에서 지성인으로 새롭게 태어날 수 있었다.

지식과 기술을 가르치는 것을 교육이라 할 수 없다. 지식을 습득함으로써 많은 것을 알아가고 풍부한 상상력을 갖게 된다. 기술을 연마하여 인간이 살아가는 데 필요한 것을 만든다. 이것은 다 교육의 한 부분일 뿐 전부가 아니다.

더 중요한 교육의 역할은 지성을 터득하게 만드는 것이다. 지성의 도야는 현대교육이 소홀히 여겨왔던 부분이다. 교육의 근본 임무는 무엇인가. 그것은 우리가 참다운 인간, 옳은 인간으로 살 수 있도록 자질을 향상하고 발전하도록 돕는 것이다. 교육은 생활환경에 적응하고, 역경을 극복하고, 슬기로우며 의지적인 인간으로 성장하도록 지원한다. 인간이 혼자 사는 존재가 아니라 국가사회 속에서 함께 사는 존재임을 알게 한다. 어울려 협력하고 봉사하며 살아가는 법을 가르친다. 우애와 질서를 지키며 자기의 책임을 다하는 인간. 교육이 지향하는 참다운 인간의 모습이다.

교육이란 수많은 질문을 던지고 답하는 과정이다. 인생은 무엇이며, 삶과 죽음은 무엇인가. 인간의 양심은 선천적인가, 후천적인가. 선과 악은 무엇이며, 정의와 진리는 무엇인가. 절대선이란 무엇이고, 상대선은 무엇인가. 진리는 가변적인가, 영구불변하는가. 사람의 운명은 필연적인가, 우연적인가. 행복은 무엇이고, 가치란 무엇인가. 인간은 어떻게 살아야 하며, 무엇을 해야 하는가. 인생의 의의와 인류의 사명은 무엇인가. 이를 알아가도록 이끄는 것이 교육의 가장 큰 과제다.

이유와 목적을 알지 못한 채, 무작정 걸어가고 있는 사람을 올바른 정신의 소유자로 생각할 수 없다. 인간은 자신이 무엇을 하고 있는지, 왜 하는지를 알아야 인간으로서 참다운 길을 걸어갈 수 있다. 어떤 젊은이가 깊이 생각하지 않고 남이 하는 대로 따라 하는 타인 지향 풍조에 물들어 있다고 하자. 그것은 살아 있을 뿐 무엇 때문에, 왜 살고 있는지는 모르는 사람의 행동이다. 이처럼 생각하지 않고, 자신이 무엇을 하는지 모르는 채 사는 사람이 갈수록 늘어나고 있다.

교육을 받은 지성인이라고 자처하는 사람은 어떠한가. 지성인은 할 일이 무엇이고, 왜 일하고, 어떤 계획을 세워, 어떻게 살아야 하는지 알고 있다. 이들 중 많은 사람이 더 크고 중요한 문제에 대해서 깊이 생각하지 않는다. 내가 왜 이 세상에 존재하고, 왜 살아야 하는지 묻거나 답하지 않는다. 이런 상황이니 인류사회가 하나의 집단체로서 마땅히 지녀야 할 정처나 목적도 없이 살아가게 된다. 인간 의지의 규제도 없이 일의 형편에 따라 이리저리 떠밀린다. 일에 쫓기면서 떠돌아다닌다.

우리의 교육이 중대한 잘못을 범하고 있는 것은 아닌지 묻지 않을 수 없다. 나는 위에서 교육이 인간으로서 마땅히 물어야 할 질문을 하고 답을 찾아가는 과정이라고 했다. 과거 어떤 문명보다 많은 교육을 받았다고 자부하는 현대인이 그 모든 물음 중 어느 하나라도 제대로 된 해답을 내놓지 못하고 있다. 거리의 청소부에게 물어도, 관청의 공무원에게 물어도, 학자에게 물어도 되돌아오는 답은 언제나 모르겠다는 말뿐이다. 교육을 더 받았건, 덜 받았건 모른다는 면에서는 다 같다. 박사학위를 받은 사람이나 그렇지 않은 평범한 사람이나 그저 모른다고 한다. 이런 상황이라면, 교육이 잘못되었다고 말할 수밖에 없다. 무엇이 잘못되었는가. 한마디로 그것은 교육이 말단을 가르칠 뿐 근본을 가르치지 않아 생겨난 결과다. 부분만 파헤치고 전부를 다루지 않기 때문이다. 현대 교육의 맹점이 바로 여기에 있다.

근대사회는 과학화를 목적으로 하면서 기존의 중요한 가치들을 도외시하고 있다. 정신적인 것, 인간적인 것, 합리적인 것마저 진부하다며 깎아내린다. 이러한 문제들에 대한 사유 과정도 학교 교육과정에서 점점 사라져가고 있다. 과학화와 전문화를 목적으로 분석적이고 분화된 지식만을 중시하는 것이 오늘날 교육의 오류다. OX 교육은 부분을 이해하는 데 일리가 있다. 전체를 아는 데는 부족한 접근이다. 논리 철학을 위시한 많은 사회과학 분야를 보면, O도 아니고 X도 아니고 O이면서도 X이기도 한 문제가 얼마든지 있다. 일차원적 단답식 교육은 불완전한 교육이다.

선진국만 과학교육과 기술교육의 진흥을 도모하지는 않는다. 거의 모든 개발도상국도 강조하는 바다. 물론 과학기술 교육은 필요하다. 꼭

해야 한다. 과학기술 교육만 강조하고 정신 교육을 소홀히 한다면 이치에 맞지 않는다. 인간의 물질적이고 동물적인 측면만 보고 그쪽으로 편향된 교육을 하면 안 된다. 그것은 전인적 인간을 불완전한 존재로 만드는 격이다. 인간을 계속해서 부분으로 분해해 분석해보라. 그 마지막에 남겨진 인간의 형태를 인간의 형상이라고 과연 말할 수 있겠는가. 인간을 지나치게 세분화하고 해부학적으로만 보면 인간의 모습에서 멀어지고 만다. 그렇게 분해하여 이해한 인간의 모습은 인간이 아니라 물질이다. 동물과 다를 바 없다.

의학이나 자연과학이 인간을 동물에 속하는 존재로 보는 이유를 안다. 중요한 것은 인간 육체를 구성하고 있는 조직세포를 연구했다고 해서 인간의 의미를 알았다고 말할 수 없다는 점이다. 인간 육체의 일부만을 연구해 박사학위를 받은 사람을 떠올려보자. 사람들은 그가 인간을 세밀하고 깊게 연구했다고 인정할 것이다. 연구자 자신도 자부심을 가질 수 있다. 이것이 연구자가 인간의 전체 본질을 알아냈다는 것을 증명하는 것일까. 그것은 부분만 보고 전체를 안다고 말하는 것과 같다. 말이 되지 않는다.

이는 의학에만 국한된 이야기가 아니다. 인문학과 사회과학을 포함해 물리학, 화학, 공학도 마찬가지다. 한계가 있다. 인간은 인간의 육체를 구성하는 물질적 구조나 대사 과정으로 규정할 수 없다. 그보다 중요한 것은 인간이 어떤 창조적 인격체인가 하는 점이다. 이 엄연한 사실을 무시하면 인간을 제대로 파악할 수 없다. 정신과 육체가 어떻게 내면적으로 통일되어 작용하는가를 볼 수 있어야 한다. 그래야 인격체로서의 인간의 의미를 비로소 알 수 있다. 세포 연구나 기능 조사나 현상 분석만으로 인간이 무엇인지를 말하는 것은 그 결과가 아무리 훌륭해도 우스운 일이다!

현대교육은 세분화된 심화 교육을 위주로 한다. 관건은 전문인과 총괄인人을 구별해야 한다는 사실이다. 세부적인 것은 전문인에게, 전반적인 것은 총괄인에게 맡겨야 한다. 전문인은 세밀한 부분을, 총괄인은 전체를 파악한다. 목공도 가구와 문을 짜는 소목小木과 집을 세우는 대목大木을 나누지 않던가. 교육도 마찬가지다. 세부 교육과 전체 교육이 같이 이루어져야 한다. 정신과 물질 양면을 조화롭게 교육해야 한다. 전인교육이 필요하다.

오늘날 인류사회에서 바람직한 전인교육이란 어떻게 이루어져야 하는가. 인간은 자연이나 사회의 부속품과 같은 존재가 아니다. 진정한 의미에서 독립된 소우주이며 자연의 실재다. 우리는 이 점을 잊어서는 안 된다. 인간은 어떤 목적을 위한 수단이 아니다. 목적적 존재이자 인격적 존재다. 인간은 완전한 존재이며 절대가치를 지닌 독립된 존재다. 인권이란 신성불가침이다. 인간 가치를 존중한다는 것은 한 사람을 다른 사람보다 우위에 놓고 우상처럼 숭배한다는 말이 아니다. 반대로 다른 사람을 노예와 같이 대우하면 안 된다. 사람 위에 사람 없고, 사람 밑에 사람 없다는 말이 있다. 단순하지만 인간을 목적으로 대하는 민주 정신을 이보다 더 정확하게 표현한 말도 없을 것이다.

인간을 독립된 주체로 대우하고, 온전한 인격을 가지고 살아나갈 수 있도록 교육하는 것은 당연한 일이다. 한 인간으로서, 한 국가인人으로서, 한 사회인으로서 사람을 교육해야 한다. 교육은 우리가 부분을 전부로 착각하는 일이 없도록 안내해야 한다. 작은 것과 큰 것, 바른 것과 그른 것, 같은 것과 다른 것을 혼동하지 않게 만들어야 한다. 나만 아는 사람이 아니라 남도 알고 우리도 함께 아는 폭넓은 인간으로 성장할 수 있도록 이끌어야 한다. 삶이 즐겁기도 하고 괴롭기도 한 것임을 알게 해야 한다.

현대교육이 지향하는 참다운 인간이란 무엇인가. 희로애락이 혼재된 것이 삶이라는 것을 아는 사람. 인류사회가 큰 바다임을 아는 사람. 그 큰 바다에는 흐린 물도 맑은 물도 흘러들어와 섞이고 맑음과 탁함, 선인과 악인이 함께 공존하며 살아가는 것이 인류사회의 이치임을 아는 사람. 생각과 도량이 넓고, 너그럽고 후한 사람. 넓고 깊은 지식과 교양을 겸비한 사람. 멋과 값짐을 동시에 추구하는 사람. 행복과 가치 구현을 함께 바라볼 수 있는 사람. 봉사와 희생을 각오할 줄 아는 사람. 교육이 추구해야 할 전인全人이란 바로 이러한 존재다.

참다운 인간은 자신에게 부과된 책임을 감당한다. 이는 권리 주장을 위해 책임을 갖는다는 말이 아니다. 그러한 자세는 바람직하지 않다. 임무를 감당하는 책임이란 당연한 행동 윤리일 뿐이다. 다른 권리행사를 위한 전제나 요건이 되어서는 안 된다. 전인교육이라는 시각에서 보면, 동양의 미덕 역시 중요하다. 자기를 내세우거나 자랑하지 않고 양보하는 겸양지심謙讓之心은 여전히 중요하다. 어질고 바르게 살고 덕을 추구하는 행동[仁義德]도 가치 있는 행동규범이다. 만사에 감사하고 서로 이해하며 관용하는 마음을 가져야 한다. 협력하며 어울려 함께 잘 사는 것은 모든 인간사회의 기본 바탕이다. 한마디로 전인교육이란 폭이 좁은 지성인이나 기술인을 배출하는 것을 뜻하지 않는다. 교육의 참된 목적은 폭넓고 인간다운 인간을 길러내는 데 있다. 교육이 지향해야 할 전인은 그야말로 전문 소양을 갖추었으며 세계를 통합적으로 이해할 수 있는 인간이다.

현실 적응 능력만을 키워온 지금의 교육은 교육 부재의 사회를 만들고 있다. 이제 이러한 사회에서 우리가 모색해야 하는 참다운 교육이 무엇인지 생각해 보자. 우선, 암기 교육을 지양해야 한다. 각종 시험을 생각해 보라. 그것은 기억을 위한 기억, 지식을 위한 지식만 요구한다. 그야말로 암기만 중시하는 교육이다. 과학 일변도로 편중된 지식 교육도 시정해야 한다. 교육의 근본은 그 무엇보다 논리와 규범, 도의에서 출발해야 한다. 우리는 교육을 통해 무엇이 진정한 민주주의인지 알아가야 한다. 시대정신이 무엇인지 바르게 파악할 수 있어야 한다. 인류 역사를 점이나 선이 아닌 연면한 흐름이라는 것을 이해해야 한다. 입체적이고 종합적으로 관찰하고 이해하는 안목을 키워야 한다. 현재 우리가 어떠한 위치에 있는지, 어떤 난국에 처했는지 똑똑히 인식할 수 있도록 교육해야 한다.

나아가 교육은 인류가 앞으로 어떻게 살아야 하는지 생각하게 해야 한다. 세계인으로서 목적의식을 명확히 알게 해야 한다. 우리는 각자 자기 생활을 하면서도 인류사회의 문제에 협력할 수 있어야 한다. 이러한 목표를 달성하는 근간은 교육이다. 그렇다면 교육의 주요 내용은 무엇이어야 할까.

첫째, 인류가 하나라는 일체의식을 바탕으로 인간중심주의* 교육을 실현해야 한다. 인류의 진정한 평화와 안전, 복지사회를 이루기 위해 인간 상호 간의 배타적 의식을 없애야 한다. 협력할 수 있는 여건을 만들어야 한다. 이를 위해 인류가 하나라는 동류의식을 갖도록 교육해야 한다.

나와 너는 다르고, 너는 남이다, 너희는 우리와 다르다는 식의 생각을 지속하면 세상은 변할 수 없다. 이해관계를 앞세워 서로 대립하면 정복의식과 적개심만 남는다. 우리가 하나의 인류라는 생각을 하지 못하면, 나와 우리의 이익만을 추구하게 된다. 그것이 자연스러운 인간 심리다. 동류의식 없이 서로 다르다는 인식만 있으면, 세계평화와 공존공영 또한 기대할 수 없다. 허망한 꿈이 되고 만다. 개나 원숭이가 서로를 바라보듯, 사람들도 다른 사람을 그저 이질적인 대상으로만 여기게 된다. 동류의식을 갖지 않고 인류사회를 이루려는 것은 질적 상호관계는 맺지 않으면서 인간사회 전체가 동고동락한다고 피상적으로 말하는 것이나 다를 바가 없다.

서로에 대해 일체감을 가질 수 없었기에 인류는 지구에 태어난 후부터 지금까지 계속해서 서로 미워하고 싸웠다. 빼앗고 빼앗기며, 죽이고 죽으며 살아왔다. 민주주의의 박애 정신이 오늘의 시대정신으로 부상한 지 벌써 200년이 넘었다. 우리는 아직도 동상이몽처럼 서로를 이용하고 침략하며 살아가고 있다.

국제사회의 여건과 상황을 생각해 보자. 고루한 국가주의, 종족주의, 계급주의가 아직도 그대로 방치되고 있다. 이러한 생각들을 놔둔 채 인간 상호 간의 이질감을 대체할 일체의식을 자라게 할 수 없다. 목적을 이루기 위해 여건을 바꾸고 전제를 바꾸어야 한다. 여건을 만들지 않고 목적을 이루려 하면 나무에 올라가 성급하게 물고기를 구하는, 연목구어緣木求魚격이 되고 만다. 가정과 전제가 잘못되면 모든 것이 잘못되고 만다. 비유하자면 하나의 새장에 독수리와 병아리를 함께 키울 수 없는 것과 같은 이치다. 독수리와 그 새끼들은 같은 새장에서도 잘 살 수 있다.

세계평화는 인류의 소망이다. 인류사회의 안전과 복지, 문화 향상, 그것이 우리의 꿈이다. 인류 역사에서 이러한 숙원이 이루기 위해 인류 전체가 하나의 인류라는 동류의식을 느낄 수 있어야 한다. 그것이 인류사회로 나아가기 위한 선결 조건이자 시급한 과제다.

인간은 동등하다. 인류는 하나다. 이러한 일체의식만이 이 세상에서 모든 어둠과 부조리와 싸움을 거두어줄 것이다. 일체의식이 있어야 인류가 공존할 수 있다. 같이 사랑하고 아끼면서 번영할 수 있다. 교육을 통해 바로 이러한 사회를 만들 수 있다. 인류가 하나로 어우러지는 삶을 위한 터전을 다질 수 있다.

아울러 현대사회에서 시급히 바로잡아야 할 일은 인간중심주의* 사상의 확립이다. 인간은 더이상 중세사회의 신성을 바탕으로 만들어진 신국神國의 일원이 아니다. 근세와 현대사회처럼 물성物性이 중심이 되는 사회에 갇힌 존재도 아니다. 인간은 동물계에 속한 존재도 아니다. 과학기술의 계량 중심 메커니즘으로 파악할 수 있는 존재도 아니다.

정보과학혁명이 만들어낸 지금의 문명, 후기 산업사회를 방치하면 안 된다. 인간을 비인간화하는 물질의 세계, 과학과 기술이 인간을 지배하는 사회를 개선해야 한다. 인간이 이 세상의 주인이 되고 인간 정신으로 인간사회를 지배하는 인류사회로 전환해야 한다. 모든 물질과학문명이 인간에게 올바르게 봉사하는 정상사회를 되찾아야 한다.

학교 교육이 망각해온 교육의 근본을 되찾아 바른 교육을 다시 시행해야 한다. 학교 교육의 의미는 인간을 바르게 보고 생각하도록 만드는 것이다. 옳은 인간의 길과 인류사회를 재건하도록 이끄는 것, 그것이 교육의 목적이자 내용이다.

둘째, 평화교육을 실현해야 한다. 평화란 인간 생존의 전제다. 사회생활의 바탕이다. 평화가 없다면, 누구도 안심하고 생활할 수 없다. 평화는 하늘의 뜻이다. 서로 사랑하고 존경하고 아끼는 일은 성스럽도록 아름다운 인간 행위의 극치이다. 평화가 존귀하다는 것은 단지 평화가 이루어지면 우리가 안일하게 살 수 있다는 의미가 아니다. 평화가 있어야 우리가 안정을 얻고 상호 협력할 수 있는 기초를 쌓아 인류사회를 건설하고 창조할 수 있다는 의미다.

평화교육을 위해 먼저 해결해야 할 문제는 민족의 우월성을 따지는 차별 관념을 없애는 것이다. 계급의식을 조장하는 적대 감정도 사라지게 해야 한다. 배타적인 종교 관념에 빠지지 않도록 주의해야 한다. 교육을 통해 온 인류가 근본이 같고, 같은 운명을 지녔다는 것을 깨닫게 해야 한다. 인류 일체의식을 갖도록 교육해야 한다. 과학문명 특히 교통·통신이 발달하면서 우리는 지구 어디에 살든 다른 세계와 의사소통할 수 있다. 이제 우리는 하나의 지구촌에서 살아가는 한 마을 사람이다. 서로를 남남처럼 미워하며 사는 일을 멈춰야 한다. 우리가 인류가족이라는 생각을 더욱 굳게 가져야 한다.

오늘날 성행되고 있는 대국의 경제침략주의neo-colonialism가 사라져야 한다. 소국의 배타적이고 국수주의적 내셔널리즘도 버려야 한다. 인류가 평화와 협력하는 삶을 버리는 것은 생존을 포기하는 것이다. 멸망을 자초하는 것이다. 서로 협력해야 오늘의 난국을 헤치고 보다 밝은 내일을 창조할 수 있다. 다 함께 마음을 모아야 한다. 항상 인간사회에서 문제가 되어온 것이 무엇인가. 개인과 개인, 국가와 국가 사이에 존재하는 경쟁과 협력이라는 상극 관계의 힘들이 가장 큰 문제였다. 서로 모순된 두 개의 지향이 부단히 대립하고 상충하기에 인간사회는 영원한 자가당착에 빠져 헤어나지 못했다.

인간의 진정한 행복, 가치, 평화, 완전무결은 실현될 수 없는 영원한 숙제다. 추구할 수 있어도 성취할 수는 없다. 중요한 것은 이 깊은 대립과 충돌의 힘이 역설적으로 역사 발전의 원동력이라는 점이다.

이성의 길을 걷는 신과 감성의 길을 걷는 동물이 있다. 이 두 개의 길은 모두 외길이다. 답은 정해져 있다. '네' 혹은 '아니오'만 답하면 된다. 인간은 사회생활을 하기에 어느 하나의 대답으로 살 수 없다는 것을 안다. 서로 다른 대답을 동시에 할 수 있다. 이렇게 말하면 인간이 어떤 존재인지 좀 더 뚜렷하게 알 수 있으리라.

인간은 하늘과 땅, 남과 여 사이에서 태어나 육체와 정신을 가지고 공기와 물을 마시며 살아간다. 인간에게 두 갈래의 큰 길이 있다. 하나는 선의 길이고, 다른 하나는 악의 길이다. 여기에는 옳고 그름, 유익과 불이익, 있음과 없음, 처음과 끝, 나와 너라는 개념이 얽혀 혼재해 있다. 인간 세상에 언제나 모순과 곤혹이 발생하는 이유다. 우리가 알아야 할 것은 그러한 모순 속에서 창조와 비약이 생겨난다는 사실이다. 인간 존재는 자유와 필연의 법칙 속에서 자신의 삶을 역동적으로 만들어간다. 자기운동自己運動을 한다. 인간이기에 필연적으로 역사적 현실의 제약을 받는다. 분명한 것은 인간은 주어진 그 현실 속에서도 자유의지를 통해 선택적 자유 활동을 한다는 것이다. 자유의지를 통해 삶을 전개해 나간다.

평화냐, 전쟁이냐를 선택하는 것도 바로 이러한 모순개념의 대립구조에서 유래한다. 모순과 아포리아를 푸는 일은 인간의 의도적, 의식적 작용을 통해 접근해야 한다. 그래야 인간이 원하는 뜻을 이룩할 수 있다. 인류의 평화교육은 바로 이러한 철학 위에서 시작되어야 한다. 그러한 삶에 대한 인식 속에서 평화의 설계를 꾸려야 한다.

여기서 다시 상기해야 할 것이 있다. 인간이 자연의 법칙을 무의식적으로 따르면서도 당위의 길을 찾아 걸어가는 존재라는 사실이다. 자연은 이치reason를 따라 의식이나 의지 작용 없이 본능적으로 운동한다. 인간은 당위sollen에 따라 의식적이고 의도적으로 행동한다. 우리는 사람이 사람을 미워하는 것, 사람이 사람을 수단으로 생각하는 것, 사람을 어떤 이유를 만들어 죽이는 것, 이 모든 인간의 행동을 깊이 살펴야 한다. 그러한 일이 발생하지 않도록 실천해야 한다. 전쟁이 왜 사라져야 하며, 왜 평화를 건설해야 하는지 명확히 깨달아야 한다.

셋째, 참다운 역사교육으로서 인류 문화사 교육을 해야 한다. 진정한 역사교육이란 반민주적이고 국수주의 관점에서 국가 중심으로 역사를 교육하는 것이 아니다. 단순히 인류의 흥망과 전쟁을 다루는 세계사를 교육하는 것도 아니다. 올바른 역사교육은 인류의 문화사 교육이 되어야 한다. 전쟁의 승패가 지금 무슨 의미가 있는가. 세계평화와 인류 평등이라는 관점에서 보면 과거의 모든 전쟁은 반평화다. 반민주이며 반인간적인 인간의 소행 그 자체다.

파괴 행위로 문명이 창조될 수 없듯, 전쟁으로 유토피아를 건설할 수 없다. 전쟁에서 누가 이기고 졌는지 중요하지 않다. 문화 향상과 평화 복지를 위해 누가 더 좋은 공헌을 했는지 물어야 한다. 그런 관점에서 보면, 선민사상, 택민사상, 중화사상, 계급의식과 같은 생각들은 못마땅하다. 유치하기까지 하다.

바른 역사교육을 통해 다른 나라의 역사를 존중할 줄 아는 태도를 길러야 한다. 다른 문화를 높이 평가하는 태도가 필요하다. 너그럽고 우호적인 태도로 전통 풍습의 장점을 발견할 줄 알아야 한다. 상대 문화와 나라를 이해하고 존경할 때 문화 간 적대의식도 사라진다. 상대방에 대한 호감과 신뢰감을 형성하면서 우호 정신을 구축해갈 수 있다. 우호 정신은 사랑과 협력을 통해 나타날 것이다(우호 정신이야말로 평화와 협력의 기반이다). 참으로 사랑과 협력이라는 말은 신이 인간에게 평화와 행복을 안겨주기 위해 창조한 낱말인지 모른다.

역사는 거울이다. 과거의 사실을 나열하거나 모아 놓은 사료가 아니다. 역사는 과거와 내일에 의의와 가치를 부여한다. 인류에게 무엇이 이롭고 해로운 것인지 보여준다. 역사는 사실을 늘어놓는 기술이 아니다. 인간은 역사를 보면서 반성하거나 긍지를 갖기도 한다. 역사는 지나간 의미 없는 자료들이 아니다. 살아 있는 삶을 반성하고 계획하게 하는 산 자료다. 그 점에서 역사란 새로운 인류의 방향을 제시해주는 거울이다.

넷째, 민주시민 교육이 필요하다. 오늘의 시대정신은 개인주의도 전체주의도 아니다. 특수주의나 계급주의도 아니다. 우리 시대가 필요로 하는 정신은 보편주의다. 국민의, 국민에 의한, 국민을 위한 민주주의가 오늘의 정신이다. 이는 재론의 여지가 없다.

많은 사람이 이러한 민주주의 원칙을 다수결주의로 착각한다. 다수결주의는 다수의 의견을 존중하여 거기에 따르자는 뜻이다. 전체주의 국가에서처럼 소수자의 의견을 무시해도 좋다는 의미가 결코 아니다. 우리는 주로 소수 권력자의 지배를 독재라고 생각한다. 극단적인 전체주의 국가를 보면, 다수자의 독재가 오히려 더 무섭다. 민주주의의 장점은 극단의 대립을 피하고, 합리적으로 조정하고 운영할 수 있다는 것이다. 진정한 민주주의란 소수자의 의견을 존중할 줄 아는 것이다. 이는 민주 정신의 삼대 근간인 자유·평등·박애 중 모든 사람을 평등하게 사랑해야 한다는 의미의 박애 정신을 실천한 것이다.

관용 정신은 박애 정신에 기초한다. 교육 정신의 기본은 살벌한 경쟁의식이 아니라 관용과 박애 정신이다. 선의의 생활과 선의의 경쟁이 바로 이러한 민주정신을 실천하는 행동이다. 타자에 대한 이해 없이 협력은 이루어질 수 없다. 협력하는 과정 없이 평화의 건설과 창조는 이룰 수 없다. 서로 협력하고 이해하는 관계를 세우고 그 위에 자유와 평등을 심어야 한다. 자유도 귀하고 평등도 귀하다.

우리는 일상생활에서 자주 체험한다. 자유를 따르다 보면 평등이 무시되고 평등을 따르다 보면 자유가 없어지는 것을. 자유와 평등 둘 다 필요하다. 그것은 당연한 일이다. 자유가 보장되지 않으면 책임이 없어지고 인간의 창조 정신도 불가능해진다. 평등이 확보되지 않으면 약육강식하는 사회로 변한다. 인류는 전쟁을 멈추지 않고 서로를 죽이게 될 것이다. 자유와 평등 모두 요구된다.

현대사회가 질서와 창조가 존재하고 서로 이해하고 협력하는 삶을 실현할 수 있는 것은 자유와 평등이 있기 때문이다. 이는 단순히 개인 관계에만 적용되는 원리가 아니다. 개인과 국가의 관계도 자유와 평등을 기반으로 구성해야 한다. 이것이 개체와 전체가 조화를 이루어 함께 성장하고 발전하는 길이다.

불행히도 전체주의와 사회주의 사회는 평등을 기계적인 평등이나 무차별 평등으로 오인한다. 국가와 단체의 자유를 허용하면서 개인의 자유는 용납하지 않는다. 개성을 무시하는 것은 자율을 부인하는 것이다. 개인의 능력을 부정하는 것은 자유를 보장하지 않는 것이다.

개인의 자유와 인권을 무시하는 사회는 국민이 의욕을 떨어뜨린다. 생활도 활기를 잃어 창조력이 쇠퇴한다. 예로부터 '독선은 무지의 표시요 독재는 무능의 소치'라고 했다. 자유 없는 생활은 억압의 생활이요, 자유 없는 평화는 굴종의 평화다. 새로운 교육은 이를 명심하고 분명하게 가르쳐야 할 것이다. 민주사회에 대한 옳은 이해와 세계시민으로서의 정신과 자질을 배양하도록 힘써야 한다.

현대교육은 민주사회를 건설해 나갈 수 있는 능력과 뜻이 있는 민주시민을 키우기 위해 노력해야 한다. 온 세계의 모든 학교가 '민주시민'이라는 세계 교과서를 공동으로 만들고 교육하는 것은 참으로 유익한 일이리라. 꼭 필요하다. 나는 이러한 생각을 토대로 변함없이 경희대학교를 운영해 왔다.

인생은 마치 보석과 같다. 갈고 닦으면 빛나고 그렇지 않으면 빛을 잃는다. 인간의 이성도 다르지 않다. 감성을 닦고 버린 것이 이성이다. 인간에게 교육이라는 것이 얼마나 소중한 것인가를 새삼 느끼게 된다.

이러한 교육 내용을 구현하기 위해 큰 차원의 대전제가 수반되어야 한다. 첫째, 온 세계가 바름과 그릇됨, 선함과 악함에 대한 가치판단의 기준을 통일해야 한다. 선악에 대한 개념, 옳고 그름에 대한 기준과 신념이 다르면 대립과 혼란이 생겨난다. 불신과 증오의 투쟁이 있을 뿐이다. 평화와 협력을 통한 전진과 건설은 있을 수 없다. 인류가 함께 어울려 사는 하나의 인류사회를 만들기 위해서는 하나의 목표, 하나의 의식, 하나의 행동규범을 수립해야 한다. 도덕도 하나, 율법도 하나, 정신도 하나, 인류도 하나라는 대원칙이 필요하다. 인류 일체의식 속에서 인간 정신이 작용하는 사회로 전환하지 않으면 안 된다.

둘째, 인류사회의 빈부 격차를 줄여야 한다. 의식주의 생활이 안정된 사람과 불안정한 사람은 각기 생각이 다르고 주장과 행동도 다르다. 동양의 성현 공자도 생활에 필요한 것을 겸비할 때 예절을 안다고 말했다. 모든 사람이 인간다운 생활을 영위하자고 말하는 것은 인도적 문제인 동시에 민주주의 정신의 구현이다. 빈부 격차가 사라지지 않으면 결코 행복할 수 없다. 격차가 만드는 원망과 시기와 질투가 적개심을 자아낼 것이다. 이는 인류사회를 투쟁과 전쟁의 소용돌이 속으로 몰아넣을 것이다.

빈국에서 발생한 질병이라도 국경을 넘어 다른 지역으로 옮겨가는 것을 막을 수 없다. 지구가 점점 좁아지고 왕래가 빈번한 사회는 더 그렇다. 선진대국들은 진정한 인도주의적인 목적에서 빈부 격차를 좁히기 위해 낙후된 후진국에 참다운 경제 원조를 제공해야 한다. 인류 일체의식이 현재 우리 시대의 정신이라는 것을 알고 실현하는 모습을 보여야 한다. 그것은 선진 국민의 긍지이자 의무일 것이다.

셋째, 인류 세계가 더 행복해지는 앞날을 위해 모든 민족 사이의 지식과 문화의 격차를 좁혀야 한다. 문화인, 지성인과 야만인, 무식자를 구분하는 경계는 지식과 교양이다. 지식과 교양의 격차를 시정할 수 있는 교육을 중요시해야 한다. 모든 인류에게 교육을 보급하고 향상하는 데 힘을 쏟지 않으면 안 된다. 개인의 삶을 생각해 보자. 학식과 교양 수준이 다르면 같은 사람이라도 삶의 태도가 판이해진다. 성현과 같은 인격자가 있는가 하면 무뢰한, 배신자, 살인마, 협잡배와 같은 악인도 생겨난다.

인간의 본성을 성선설과 성악설 중 어느 하나로 판단하는 것은 잘못된 편견이다. 성선설은 마치 인간을 무조건 교육만 하면 된다는 식의 교육 만능을 불러올 것이다. 성악설은 교육 효과가 존재하지 않는다고 생각해 교육 무능이 옳다고 생각하게 된다. 인간은 같으면서 다르다. 중요한 것은 본바탕은 모두가 다를 바 없이 똑같은 인간이라는 사실이다. 이것을 먼저 알아야 한다. 예외도 있을 수 있다. 대부분 훌륭한 교육을 받아 수련했느냐, 안 했느냐에서 오는 차이다. 나라와 민족도 마찬가지다. 선진국과 후진국 간 격차를 줄이지 않는다면, 교육이 같아도 온 인류가 같은 인간의 자격으로 역할을 다할 수 없다. 동류의식을 느끼기 어렵다. 평화롭게 문화생활을 협력하는 하나의 인류사회를 이루는 것도 불가능해진다.

민주주의의 만민평등사상은 당연히 절대가치다. 과거 백인들은 유색인종이나 국가를 미개하게 생각해 경멸했다. 백인들은 유색인이 무식하고 교양과 예절이 없으며 불결하고 위생 관념이 희박하다고 여겼다. 유색인종이 무지하여 생각이 야비하고 포악하다고 비난했다. 이들의 주장은 전적으로 잘못됐다. 그것은 이방의 문화를 이해 못한 백인 우월의식의 표현이다. 마땅히 비판해야 한다. 막연히 인도주의만을 주장하기보다 백인이 그렇게 주장한 근거가 무엇인지 들어볼 필요도 있다. 고쳐야 할 점이 있다면 고쳐야 한다. 무식과 불결과 무지는 이 지구상에서 사라져야 한다. 아직도 그런 사람이 있다면 교육하고 교양을 가지도록 만들어야 한다. 중요한 것은 피부색이 아니다. 사람을 유색인이니 백인이니 구분해서는 안 된다. 우리가 같은 지식과 교양을 갖춘 훌륭한 인간이라는 동류의식을 느끼게 만드는 것이 중요하다. 그것이 세계평화와 인류문화 발전이라는 금자탑을 쌓는 바른길이다.

참다운 교육을 위해 문화 간 격차를 줄여야 한다. 그래야 차별의식과 이질감도 없앨 수 있다. 교육을 종족과 민족을 초월해 하나의 인류라는 관점에서 다시 수립해야 한다. 선진 국민은 후진 국민의 문화를 열등하게 보기 전에 문화 원조를 선도해야 한다. 그것은 선진 국민의 의무이자 인류사회를 향한 오늘의 시대정신이다.

넷째, 인류는 유아독존을 부르짖는 자국 우월주의를 버려야 한다. 자국 중심의 울타리를 넘어 온 인류가 같이 어울려 살 수 있는 이상적인 인류사회 모델을 세워야 한다. 그것을 실현하기 위해 다 함께 협력하고 노력해야 한다.

태고부터 인류는 적자생존과 약육강식하는 세계에서 살아왔다. 부족사회, 민족사회를 이루면서 공동사회를 형성했다. 이때부터 인류는 가족 단위보다 큰 집단의 이익을 발견했다. 그 테두리 안에서 서로 엇갈린 이해를 해소할 수 있도록 도덕과 규범을 세워 실천했다. 상호 양보하고 협력하는 생활을 할 수 있었다. 공동 이해관계를 발견해갔다. 이러한 역사의 진행도 후에 발생한 봉건주의와 국가주의와 제국주의와 전체주의라는 테두리를 넘지는 못했다는 것이 한계였다.

지금은 배타주의에 편향되어 타국과 겨뤄 우열을 가리고 승패를 정하는 시대가 아니다. 협력과 호혜주의에 입각한 민주주의라는 큰 정신을 신봉하는 시대다. 지구상의 모든 인류가 질서도, 규칙도 없이, 협력도 하지 않으면 어떻게 될까. 서로 경쟁하고 싸우는 일을 멈추지 않는다면 인류는 앞으로 생존 불가능한 현실에 직면하게 될 것이다. 이런 역사의 진실 앞에서 우리는 변해야 마땅하다. 인류가 하나라는 일체의식 속에서 더 합리적이고 인도적이며 보편타당한 인류의 길을 만들어야 한다. 아직 우리는 더 높고 큰 인류사회라는 차원에서 함께 살아본 경험이 없다. 그동안 우리는 다른 나라를 정복하거나 속여도 된다는 그릇된 생각에 갇혀 있었다. 동류의식 없이 적대 감정 속에서 생각하고 행동하며 살아왔다.

세계는 자연히 윤회 법칙에 의해 돌고 돈다. 강한 나라가 약한 나라를 침략할 수 있다. 아무리 강한 나라도 자연법칙에 따라 노쇠해진다. 다른 강한 나라의 침략을 받을 수 있다. 약육강식하는 자연계의 법칙을 따르는 한 역사의 악순환은 계속된다. 이를 없애기 위해 국가 간 적의를 버리고 대립적인 이해관계를 지양해야 한다. 서로에게 이익이 되는 공동선善을 발견해야 한다. 이를 실현하기 위해 협력해야 한다. 국가선이 국제선이 될 수 있도록 말이다.

현실은 어떠한가. 국가선善이 국제악惡으로 변하는 일이 흔하게 일어난다. 전쟁과 무역 문제만이 아니다. 수많은 실제 영역에서 그런 일이 벌어지고 있다. 인류가 불행을 피할 수 있는 근본적인 길은 자국 우월주의에서 비롯된 양육강식의 악순환으로 벗어나는 것이다.

이러한 해악을 어떻게 제거할 수 있을까. 우선, 국가와 민족이 지상 최고 가치라는 생각을 멈춰야 한다. 인류사회라는 크고 높은 차원에 생각의 초점을 맞춰야 한다. 이를 바탕으로 국가들이 다 함께 협력하는 하나의 국제사회를 만들어야 한다. 국제사회라는 테두리 안에서 자국의 이해관계를 조절하도록 노력해야 한다.

온 인류국가의 공동 목표를 함께 찾아 하나의 이상적인 모델을 만들고 추구해야 한다. 그 모델이란 인류사회라는 차원에서 민주적이고 평화적이면서도 인간 중심적인 사회다. 거기에는 어떠한 강제나 독재성이 개입되어서는 안 된다. 폭력적 개입 없이 인간을 위한 것이 되어야 한다. 논리적이고 규범적이며 타당성 있는 모델이 필요하다. 더욱 살기 좋고, 아름답고, 풍요하고, 보람 있는 인간사회가 그 모델이다.

이 네 가지 대전제가 기본이 되어야 비로소 옳은 교육을 실행할 수 있다. 이를 바탕으로 인류 세계의 진정한 평화와 안전과 번영을 달성할 수 있다.

마지막으로 일반적인 교육 관련 문제 한두 가지만 더 살펴보자. 아무리 훌륭한 사회라도 좋은 교육제도가 마련되어 있지 않으면 계속 유지, 발전할 수 없다. 마찬가지로 더 나은 인류사회 건설을 위해서 가장 필요한 것은 무엇보다 교육이다.

교육은 인간에게 지식과 기술을 가르친다. 악을 피하고 선을 행하라고 이끈다. 교육은 행복의 가치가 무엇이고, 참되고 진실한 것이 무엇인지 가르칠 수 있는 유일한 수단이다. 교육은 생산적인 인간, 사회적인 신사, 선량한 시민을 만드는 데 참다운 역할을 한다. 국가의 번영은 배움의 동산이라고 하는 학교의 교정에서 시작되고 이루어진다. 참된 인간이란 올바른 교육의 산물이다. 인간의 이상사회를 위한 인간교육이 필요하다.

교육의 의미는 옳은 인간, 생산적인 인간을 길러내는 데 있다. 단지 지식인과 기술인만을 키워내기 위해서라면 교육은 의미가 없다. 교육이 단순한 지식의 축적과 전달에 머무르면 안 된다. 지식만 키우면 밝은 미래사회의 씨앗이 자랄 수 없다. 우리가 지향하는 새로운 이상향은 결코 소수 인간집단이나 특정 국가가 주도하는 사회가 아니다. 이상사회를 성취하고 유지하는 동력은 우리 모두에게 있다. 교육의 힘 역시 바로 여기에서 발생한다.

교육은 이렇게 중대한 사명을 지니고 있다. 당장 필요한 것만 임시방편으로 가르치는 교육을 지양해야 한다. 장래를 향한 새로운 시대의 요구에 부응하는 인재를 길러야 한다. 이상을 가슴에 안고 사는 전인적 인간을 양성해야 한다. 그것이 바른 교육이다.

현재 교육은 어떠한가. 지나치게 지식 전달에 편중되어 있다. 전인적 사고를 할 수 없는 전문 분야에만 국한된 부분적인 분화 교육에 치우친다. 그러다 보니 교육을 받아도 전체적 식견과 목적의식을 갖지 못한다. 지식은 풍부할지 몰라도 전체를 조립하지 못한다. 부분에 머무른다. 그 결과 인간을 부속품만 쌓아놓은 움직이지 못하는 기계로 만든다.

앞으로 인류사회의 교육은 과학교육에 못지않게 인간교육에 중점을 두어야 한다. 교육의 참 목표는 인간을 전인으로 만드는 것이다. 문화간 지식문화와 사고방식의 격차를 좁혀 민족 간 편견이 사라지도록 도와야 한다. 인본교육과 평화교육을 통해 전쟁이 부도덕하다는 것을 알게 해야 한다. 과학기술 위주의 인간 사고방식을 개혁해야 한다. 과학기술 만능사회가 결국 세계 파멸을 초래할 비인간적인 소행임을 깨닫게 해야 한다. 인류사회가 하나의 공동체이며 하나의 생활 단위라는 점을 충분히 깨달을 수 있도록 가르쳐야 한다. 그렇게 할 때만 진심으로 인류를 사랑하는 참다운 인간을 키워낼 수 있다.

대학교육도 마찬가지다. 지식교육과 학문연구에만 치중해서는 안 된다. 인류 문화를 물려받아 이를 발전시켜 후세에 길이 전달해야 하는 문화 보존의 역할도 겸하고 있다. 참다운 인류문명의 존속이 올바른 대학교육 전통 계승에 달려 있다. 대학 스스로 책무감과 사명감을 느껴야 한다. 모든 대학이 이러한 대학의 역할을 절감해야 한다. 실제로 중세 시기 파리대학은 유럽의 분열을 구제하기 위해 개입했었다.

모든 대학이 세계적 규모로 인류가 당면한 현대 위기와 아포리아를 풀기 위해 통일된 운동을 전개할 때다. 대학이 인류의 살길을 찾지 못하고 제시하지 못하면 대학 본래의 사명을 다했다고 말할 수 없다. 공리공론이 아닌 실현 가능한 인류사회의 이상적 모델을 건립하는 것, 그것이 오늘날 대학인에게 부여된 사명이다. 나는 이를 굳게 확신한다.

러셀은 그의 저서 『인류에게 미래는 있는가』에서 이렇게 말했다.

> 나는 인간으로서, 인간에게 호소한다. 여러분들도 인간으로서의 존재와 인간성을 기억하고, 그리고 그 밖의 모든 비인도적 욕망을 잊어버려라. 만약 그렇게 될 수 있다면 인류의 앞길을 확실히 밝을 것이지만, 그렇지 못하다면 전 인류의 사멸이라는 위험이 우리 앞에 가로놓이게 될 것이다.
>
> 우리는 세계를 폐허로 만들고 인간의 생명을 타버린 잿더미로 만들어서는 안 된다. 맹목적인 애국심을 고취하거나 자국만의 공적을 과

대평가하는 사람을 길러내서도 아니 된다. 인류에 대한 불법不法이 법의 이름으로 우리에게 그런 일을 강요할 때 우리는 이와 같은 인류에 대한 반역죄를 용서할 수 없고, 인류에 대한 불법에 복종하는 것도 거부해야 한다.[13]

올바른 교육은 인본사상을 토대로 한다. 상호 교류하고 이해하는 사회로 나아가도록 돕는다. 인도주의, 평화주의, 복지주의, 민주주의의 원칙을 계승해 서로 협력하는 사회로 이끈다. 새로운 이상을 안고 새로운 인류 세계를 건설하는 길을 연다. 보다 안정되고 밝고 살기 좋은 값있는 내일의 사회. 교육을 통해 이룩할 수 있다.

5

인류사회의 재건을 위한 나의 제언

인류 역사는 신석기 시대 기술 혁명부터 현대 정보과학기술 혁명까지 네 차례 큰 기술 혁명을 일으키며 발전해왔다. 인간이 사용하는 도구는 석기, 골각기에서 컴퓨터까지 놀랍도록 진보했다. 인류는 실로 터무니없다 할 정도로 엄청난 성과를 만들었다. 인류가 이룩한 발전이 대부분 물자의 대량 생산과 기술 성장을 가리킨다는 것이 문제다. 인류는 물질적인 풍요 속에서 정신적 빈곤을 느낀다.

자연은 음양 원리를 통해 부단히 분열하고 통합하는 운동을 전개한다. 인간은 조리條理와 부조리 속에서 생활해오고 있다. 니체는 인간에게 선과 악이 존재하는 한 행복은 영원히 우리의 것이 될 수 없다고 말했다. 인간사회는 옳고 그름, 선과 악, 밝음과 어둠, 높고 낮음이라는 이원론적 가치들이 서로 대립하면서 관계를 맺는 상관상제相關相制* 구조를 형성한다. 이는 인류사회의 근본 바탕이다. 그렇기에 인간이란 항상 운명적으로 한쪽엔 천사를, 다른 쪽엔 악마를 곁에 두고 살아간다.

공자나 맹자, 소크라테스나 아리스토텔레스 이전부터 인간이 끊임없이 고민해왔던 문제도 바로 이것이다. 인간은 우주의 원리와 참다운 인간의 길을 알고자 그토록 노력해왔다. 그 답은 오늘날까지 풀리지 않고 있다. 우주의 근원이 정신이냐, 물질이냐 같은 단순한 문제조차 답하지 못하고 있다. 20세기도 변하지 않았다. 일원론에 기초한 유물사관을 신봉하고 예찬한다.

인간사회는 변화무쌍하다. 만물이 얽혀 상호관계를 맺는 삼라만상 속에서 항상 변전해왔다. 가치 규범과 정의와 진리가 무엇이고 선악이 무엇인지는 한마디로 풀기 어렵다. 참으로 힘들고 복잡한 문제다.

우리가 사는 세계는 시간, 공간, 환경, 목적이라는 사차원이 서로 얽혀 복잡한 현실을 만들어내는 상승相乘관계*를 형성한다. 우주 현상의 변수는 그토록 복잡하다. 한마디로 정의할 수 없다. 단순하게 이것이 희고, 저것은 검다고 말하는 일도 쉽지 않다. 일원론, 이원론, 다원론, 절충론까지 다양한 세계관이 존재한다. 어느 한 관점으로 세계를 단정할 수는 없다. 하나의 관점을 세워 믿어버리는 것은 편향된 행동이다. 미숙한 생각이다.

우주 만물은 크게 주체와 객체로 나눌 수 있다. 큰 데서 작은 데까지 무한히 많은 것이 다양하게 상호관계를 맺는다. 상관상제*한다. 이 과정에서 우주 만물이 생성한다. 이러한 변화는 분화와 통합 과정을 되풀이한다. 정·반·합의 변증 운동이 전개된다. 이 무한한 교호작용은 영겁의 시간을 주어도 다 밝혀낼 수 없다. 아무리 세분화하고 전문화해도 더욱 혼미해지고 만다. 학문의 분화와 심화가 지금의 혼란을 빚어놓은 것처럼 말이다. 헤라클레이토스는 우주는 끊임없이 흐르고 있으며 머무는 일이 없다고 했다. 어떤 철학자는 우주의 원리를 상호 간의 '관계'라고까지 설명한다.

다시 본질로 돌아가 살펴보면, 이토록 무수히 많은 것들과 그 실체는 주관과 객관의 장場 위에서 상대성 원리에 따라 + - 교호한다. 그것은 생성 작용으로서 서로가 영향을 주고받는 힘의 작용이다. 이 생성 작용은 양적 분화와 통합 작용을 반복하다가 포화 상태에 도달하면 질質로 비약한다. 돌연변이를 일으킨다. 그러한 질적 비약 역시 원리와 법칙이라고 하는 이법理法을 따른다. 우리는 이러한 생성 과정을 정적이며 물적인 자연계의 공리公理라고 부른다. 인간은 이러한 자연계에 속하는 육체라는 자연물로 살아가지 않는다. 인간은 의식작용, 정신이라는 또 하나의 실재를 가진 존재다.

그 점에서 인간은 다음과 같이 설명할 수 있다. 일차적으로 자연과 정신이 각기 독자적으로 그 자체 내에서 생성 작용을 일으킨다. 이차적으로는 자연과 정신이 각기 더 높은 차원에서 서로 얽힌다. 그렇게 함으로써 다른 생성 관계를 다시 일으킨다. 그처럼 인간은 대단히 복잡다기한 다차원적(상하·전후·좌우) 여건과 역사적 상황 속에서 생활한다. 그 원리를 밝히려 하면 미궁에 빠져들 뿐이다.

인간은 독립된 존재다. 자기의 운명을 개척해야 하는 숙명을 지닌 존재다. 인간은 어떤 식으로든 스스로 책임지며 최선의 판단을 하며 살아간다. 자연, 정신, 여건과 상황 속에서 주관과 객관이 얽혀 생활한다. 그러면서 동시에 자유의지를 기반으로 새로운 것을 만든다. 앞서 말했던 삼차원 생성 작용의 상승*관계 위에서 의식적, 의도적 행동을 한다. 주리적 생성 원리*가 작동한다. 이를 이론적으로 구명하는 일은 지금 이 책의 주제와 맞지 않으므로 여기서는 아쉬우나마 그 핵심만 살펴보겠다.

주리 생성 이론의 궁극적인 결론은 '창조적 조화'다. 삼라만상의 분화와 통합의 원리, 정·반·합의 원리는 살아 있는 우주의 운동이다. 존재, 서로 대립하고 동시에 서로 조화를 이루는 상반상화相反相和, 창조. 이 셋은 역사의 공식이다. 우리는 어떤 존재와 다른 존재가 상극되는 것을 모순이라고 한다. 창조적 조화의 관점에서 보면 모순도 파국이 아니다. 그것은 우주 운동 과정 중 하나다.

예를 들어, 식물이나 동물의 삶과 죽음을 생각해 보자. 만물은 창조의 진통 속에서 태어나 성장하여 번성하다가 늙어 죽는다. 이는 자연의 이치요 법칙이다. 이때 죽음이란 단지 무無로 돌아가는 것을 의미하지 않는다. 그것은 겉으로는 무로 돌아가는 것처럼 보이지만, 더 많은 번식과 발전을 통해 생명을 영생하게 만드는 과정이다. 죽음은 생성을 지향하는 우주 운동의 일부다. 그러니 삶과 죽음의 의미를 모르는 사람은 참다운 인생을 모르는 것이다. 삶과 죽음이라는 두 존재가 합해져 새것을 창조적으로 이룰 수 있다. 나는 이러한 창조적 조화 운동의 원리를 화생론和生論*이라 칭한다. 우주와 인간의 이치를 동적 일원론으로 풀어냄으로써 만물이 화합하여 새것을 낳는다는 의미를 강조하기 위해서다.

우주와 인간사회의 모든 사물의 존재 원리를 화생론의 틀 안에서 찾을 수 있다. 만물은 작은 데서 큰 데로, 다른 것에서 같은 것에로[異中同] 운동한다. 큰 데서 작은 데로, 같은 데서 다른 데로[同中異] 운동을 되풀이한다. 이를 반복하면서 살아간다. 인간은 그러한 운동 속에서 그때그때의 상황에 맞는 공리公理를 찾아간다. 그 점에서 우리는 전진과 창조를 지향하며 조화를 이루는 일에 힘써야 한다. 이와 같은 우주 원리에 따라 판단하면서 인류사회의 정도를 걸어가야 한다. 그래야 인생으로서 값있는 길, 옳은 길을 갈 수 있다. 이 길이 곧 인류의 파국을 막는 길이다. 자연의 순리에 따른 안정과 번영의 길을 찾는 참된 길이다.

이러한 원리를 토대로 현 인류사회가 역사적으로 당면한 문제들이 무엇인지 살펴보자. 가끔 이런 생각을 해본다. 만약 예수와 공자, 싯다르타와 마호메트, 조로아스터와 탈레스 같은 성현들이 없었다면 인류세계는 과연 어떻게 되었을까. 사랑과 자비, 긍휼과 봉사 그리고 내일을 위해 사는 경건한 인간 정신이 결여한 인간사회는 허전하기 이를 데 없다.

도덕은 허례허식이요, 가면이요, 위선이라면서 극단적으로 부정하는 시각도 있다. 본능과 본성을 중시하는 나체주의자나 유물주의자도 있다. 그러나 인간에게서 도덕을 제거하면 수성獸性이 깃들인 동물이 되고 말 것이다. 인간에게 이성이 있다는 것도 알지 못할 것이다. 더 높은 곳을 지향하는 인간의 마음은 허구의 장난이 아니다. 도덕은 동물성을 인간성으로, 더 나아가서는 이성에까지 승화시켜 보려는 인간의 노력이다!

동양에는 겸양이 지나치면 허례라는 말도 있다. 서양에서도 겸손이라는 단어 'humble'은 '천하다'는 뜻도 포함하고 있다. 이 말은 도덕을 무시해도 된다는 뜻이 아니다. 무엇이든 어느 해로운 면만 보고 그 근본을 무시하면 안 된다. 그것은 인생을 잘못 이해한 것이다.

인도 캘커타를 여행할 때 일이다. 갠지스강에서 성수聖水에 목욕하는 인도인들을 보고 참으로 많은 것을 느꼈던 기억이 있다. 사람들은 물질적으로 궁핍했지만 그들에게는 신이 있었다. 종교가 있었기에 혼란 없이 인간의 도리와 질서를 지키며 살아가고 있었다. 네팔에서 같은 것을 보았다. 생활이 어려워도 도적이 없었다. 집 울타리를 높이 쌓을 필요도 없고, 안방 문을 걸어 잠글 필요도 없었다. 사람들은 마음이 순박하고 온순하고 정직했다.

깊이 생각하지 않고 종교에 대해 옳음과 그름을 논해서는 안 된다. 물체에는 양면이 있다. 사물을 보는 관점에 따라 다른 견해를 갖는 것은 당연하다. 종교가 인간에게 준 긍정적인 작용을 생각해 보라. 종교의 어느 한 면만 보고 그 근본을 왈가왈부하면 안 된다.

우리는 앞에서 우주가 창조되고 인간이 태어나 오늘에 이르기까지 살펴봤다. 우주 생성 과정과 인간의 발자취와 문명을 더듬어보았다. 그 대자연 속에서 인간 존재가 무엇인지 똑똑히 눈여겨보고 느낄 수 있었다.

태초에 우리 인간은 자연 속에서 살며 자연의 시련에 도전하고 응전하면서 살아왔다. 그러다 기술을 발견하고 발전시켜 자연의 피해를 어느 정도 막을 수 있었다. 그러자 이제 인간은 그러한 적대 정신을 자연이 아닌 인간 자신에게 돌렸다. 이전보다 더 사나운 감정을 만들어냈다. 물욕, 권세욕, 지배욕, 공명욕을 위해 인간과 인간이 대립했다. 이는 인간사회에서 분쟁, 투쟁, 전쟁과 같은 형식으로 나타났다. 이 과정에서 인류는 많은 것을 파괴하고 살생했다. 투쟁과 전쟁 속에서 빚어진 인생의 갖가지 비극들을 보라. 어떤 말로도 표현하기 힘들 만큼 야수적이고 야만적인 인간의 잔인한 소행이었다.

신은 태초부터 보아온 이러한 인간의 모습을 과연 무어라고 평할까. 천사라고 할까. 보살이라고 할까. 육식하는 독수리라 할까. 초식을 하는 양이라 할까. 생각만 해도 참 부끄럽다. 인간을 신의 형상을 한 신의 자식이라고 말할 수 없을 것이다. 이제 인간의 이름으로 저질러놓은 이 모든 일을 반성해야 할 때다.

인간 본연의 존재는 분명히 신의 형상을 닮았다. 인간이 신의 말씀을 진리로 알고 이성으로 자기완성을 지향하는 존재임은 틀림없다. 그런데 왜 인류는 그토록 사악한 생각을 하며 살아왔을까. 지성을 말한 소크라테스에겐 독배를 주었고, 사랑과 진리를 말한 예수에게는 십자가를 지웠다. 참다운 인간의 도리를 설파하고도 박해를 받은 성현은 얼마나 많은가.

광대무변한 우주, 그 속에 있는 하나의 태양계, 그리고 그중 하나인 조그만 별 지구. 인간의 삶은 영겁의 시간 속에 잠시 반짝거리다 사라지는 반딧불과 같다. 잠시 왔다 돌아가는 아침이슬 같은 인생이다. 욕심은 내서 무엇하고 권세는 부려서 무엇 하는가. 이 세상을 떠날 때는 누구나 하늘처럼 별처럼 알고 붙잡았던 재산도, 권력도, 모두 다 내려놓고 빈손으로 돌아가야 할[空手來空手去] 운명이다. 인생이란 어쩌면 구름 같고, 어쩌면 그림자 같다. 욕심을 붙들려고 동료와 눈을 흘기고 이웃과 서로 피를 보면서 싸워야 했을까. 그것은 작은 사람의 보잘것없는 야욕에서 나오는 작은 마음일 뿐이다. 이해할 길이 없는 마음이다. 파스테르나크의 소설 『의사 지바고』에서 말하듯, 경건한 마음으로 살기 위해 이 세상에 태어났다는 것을 깨달아야 한다. 지금 우리는 어떠한가. 마음껏 먹고 놀고 소유하고 지배하기 위해 태어난 것처럼 살고 있지 않은가.

생각 없이 살 수 있는 삶도 얼마 남지 않았다. 한계점에 다다랐다. 인간은 그동안 원칙도 없고, 올바른 견해도 없이 욕망을 좇아 생활해왔다. 전부를 보지 못했다. 이러한 삶의 방식을 고치지 않는 한, 인류는 앞으로 살아남을 수 없다. 최종의 시대를 맞게 될 것이다. 삶을 지키는 일과 야욕으로 싸움을 일삼는 일이 언젠가 양립할 수 없는 날이 온다. 그런 때가 다가오고 있다.

각종 신무기와 핵무기의 발달을 보라! 과학기술의 자기증식을 보라! 인간 정신을 상실한 물량 위주의 물질문명을 보라! 인간 상호 간의 불신 세계를 보라! 인류는 지금 역사의 대차대조표를 작성해 총결산하고 재출발하지 않으면 안 될 시점에 이르렀다.

돌이켜보건대, 우리는 옛 성현의 가르침을 외면하면서 지나친 경쟁의식 속에서 이웃을 적으로 돌리며 살아왔다. 이기적이고 타산적인 생활을 계속해왔다. 특히 근대 세계는 개발 위주, 합리화, 능률화, 과학화를 최상의 방법으로 여겼다. 드디어는 신과 이성을 대치하는 것으로 생각했다. 이성마저 상실한 젊은이가 얼마나 많은가. 모든 것을 거부하면서 반체제, 반질서, 반문명을 내세운다.

역사는 이렇게 극을 이루고 있다. 거대한 발전과 함께 인간을 물량화하고 기계화하는 세상이 만들어졌다. 자연 파괴와 각종 공해와 오염이 심화했다. 인류 말살의 수단인 거대한 핵무기(인류 세계 최종일의 기계)와 레이저 광선, 화생무기와 그 운반 수단까지 놀랍도록 발달했다. 인간이 만든 모든 것이 인류의 생명을 위협하고 있다. 우리 인류는 앞으로의 생을 연장하기 위해서라도 역사적 현실을 재청산하지 않으면 안 된다. 살아남기 위해, 더 사람답게 살기 위해 올바른 길을 다시 모색해야 한다.

현대세계는 많은 아포리아를 안고 있다. 그것을 풀기 위해 어떻게 해야 하는지 우리는 이미 알고 있다. 사실, 인간은 인간답게 살 수 있기 위해 옛 성인의 말을 귀담아들으면서 인간 본연의 길을 걸었어야 했다. 우주의 원리에 순응하면서 인간 세계를 인간의 의지로 창조했어야 했다. 의지가 우리의 미래를 결정한다는 사실은 여전히 변함없는 진실이다. 미래는 우리가 만드는 것이다. 이 중요한 개념을 망각해서는 안 된다.

인간은 수단적 존재가 아닌 독립된 존재다. 이를 충분히 재인식해야 한다. 인간사회는 눈에 보이는 외형적 물질세계로만 이루어진 것이 아니다. 보이지 않는 또 하나의 이법理法이 존재한다. 정신적 실재의 세계가 바로 그것이다. 우주의 근본 원리를 통해 그 실체를 체득하고 생활화해야 한다. 이러한 생각에서 출발해 인생의 참되고 옳은 길을 모색해야 한다.

만약 인간이 오래전부터 이러한 자연의 이치와 우주의 원리를 알았다면 어찌 되었을까. 인간의 바른 도리를 깨달았다면 어땠을까. 작게는 인간 개체, 크게는 여러 나라가 중국 춘추전국 시대와 같이 군웅할거 하며 난립해 싸우지 않았을 것이다. 좀 더 높은 차원에서 협력하는 인류사회를 마음에 품고 공통의 목표와 규범을 세우고 함께 살 수 있었으리라. 아마도 그랬다면 인간은 무슨 방법을 써서라도 현 인류사회의 많은 난제를 해결했을 것이다. 전쟁을 지양했을 것이다. 과학기술이 인간을 소외시키는 일도 일어나지 않았을 것이다. 공해와 오염이 인간의 생명을 노리는 세계를 막을 수 있었으리라.

그리하여 인간이 인간을 미워하는 적개심이 사라져 인류애가 더욱 두터워졌으리라. 전쟁 준비를 하는 대신 빈곤으로부터 빈자들을 구제했을 것이다. 무한정 과학기술을 개발하지 않았을 것이다. 부작용과 공해도 예방했을 것이다. 국가 안에서 질서를 확립하고 국민이 협력했듯 인류세계도 그런 협력하는 삶을 이룰 수 있었으리라. 더 현명하고 합리적인 생활목표와 규범도 만들었을 것이다. 지금과 같은 정신적 혼란 없이 이상적인 인류사회의 모델을 세울 수 있었을 것이다. 더욱 살기 좋은 인류사회를 향해 큰 걸음을 내디뎠을 것이다.

이러한 사실에서 얻을 수 있는 교훈은 무엇인가. 개인이 자기주장과 이익만을 위해 살면 결국 모두를 잃고 자멸하게 된다는 사실이다. 그것은 결코 현명하지 못한 길이다. 과거와 같이 타국을 정복하고 제패하려 해서는 인류가 처한 이 난국을 헤쳐갈 수 없다. 자국의 국경선 확장을 위해 배타적인 국수주의를 앞세우는 것은 해답이 될 수 없다. 투쟁과 전쟁을 선택하는 것은 더는 옳은 방법이 아니다. 더욱이 이미 지구 전체가 연결되어 지구촌이 되어버린 세계에서는 더 말할 것도 없다.

오늘 우리가 사는 세계는 확실히 협력하는 시대다. 더 중요하고 완전한 것은 부분이 아니라 부분이 모여 어우러진 전부다. 우리는 개개인이나 중간 집단이 아닌 전 인류, 우리 모두를 위해 공동의 길을 모색해야 한다. 효과적으로, 안전하게 살 수 있는 참된 길을 찾아야 한다.

개개인의 힘은 연약하나 단결된 인간의 힘은 막강하다. 우리는 협력하는 생활을 하고 있기에 도덕과 규범이 필요하다. 원칙도 목적도 없이 살아서는 안 된다. 일정한 계획을 마련해 살아가야 한다. 이러한 전환의 삶은 누구 한 사람의 변화로는 불가능하다. 인류 모두가 힘을 모아야만 가능하다. 그래야만 모순과 낭비와 시행착오를 줄일 수 있다.

인간의 의지는 역경을 뚫고 함께 협력하면 기적도 만들 수 있다. 현대인은 왜, 그리고 무엇을 위해 사는지에 대해 스스로 통일된 의식과 목표를 세워야 한다. 중심을 세워 분열 없이 협력하는 생활을 해야 한다. 그 중심이란 국수주의적인 작은 집단이 아니다. 온 인류사회라는 큰 집단 차원에서 중심을 바로 세워야 한다. 그래야 권력에서 오는 갈등, 이념에서 오는 분열을 막을 수 있다. 대립하는 이해관계에서 오는 싸움을 줄일 수 있다. 우월감에서 오는 배타심도 버리게 된다. 인류라는 일체의식과 동일성을 기반으로 하는 연대감을 핵심으로 인류는 목표를 다시 세워야 한다.

다원적이며 다극화된 현대 민주사회에서 인류 전체를 하나로 만드는 세계민주사회를 건설한다는 것은 참으로 어렵다. 중요한 것은 그럼에도 물러설 수 없다는 것이다. 앞에서 말한 바와 같은 오늘의 국가 사회를 단위로 하는 하나의 민주적이고 협력하는 사회를 만들어야 한다. 이를 위한 생활 토대와 규범, 목표를 바꿔 세워야 한다. 오로지 이 길만이 오늘의 난국을 헤치고 인류의 자멸을 피할 수 있다. 우리가 더욱 인간답게 살기 위해서 반드시 건너야만 하는 다리다.

이와 같은 중대한 결심을 실행하기 위해서는 무엇이 필요한가. 옛날 부족사회에서 통일국가로 나아갈 때를 생각해 보라. 제국주의에서 민주주의 국가로 그 정체를 바꿀 때도 생각해 보자. 그때와 마찬가지로 지금 우리는 모두가 함께 중대한 결심을 해야 한다. 용단을 내려야 한다. 인류사회로의 전환은 인간 심리와 결심 여하에 달려 있다. 인류의 이름을 걸고 협력하느냐, 아니면 무자비한 경쟁을 계속하느냐. 우리는 어느 하나를 선택해야 한다. 인간은 선택적 자유권을 행사하면서 스스로 운명을 창조하는 존재다. 결정에 대해서는 끝까지 책임져야 한다. 우리가 죽어 지옥에 가든 연옥에 머물든 책임은 사라지지 않는다.

여기서 잠시 눈을 돌이켜 보자. 인류의 역사 변동 속에서 한 사회에 기술의 변화가 크게 일어날 때마다 사회도 변했다. 내적, 외적 차원에서 총체적인 큰 변혁이 일어났다. 물론 오늘날 물결치는 정보과학혁명이 앞선 혁명보다 더 근본적이고 근원적인 변신적 변이*를 일으키리라는 것은 분명하다. 차원도 다르고 질도 다른 변화가 진행 중이다. 모든 면에서 과거보다 더 근본적이고 더 큰 변화가 일어나고 있다.

기원전 6세기 무렵 혼란 속에서 정신사에 거대한 변화를 가져온 정신세계의 분계선이 만들어졌다. 이는 축의 시대를 형성했다. 우리가 살아가는 시대도 거대한 변동이 일어나고 있다. 인류는 지금 정신과 물질의 혼란이 세상 전체를 동시적이고 총체적으로 변화시키는 입체적인 축의 시대를 지나고 있다. 우리는 이를 똑바로 인식해야 한다.

이제 하나의 지역에 한정해 살아가는 지역의 시대는 지나갔다. 지구 시대가 왔다. 결핍의 시대가 가고 풍요의 시대가 당도했다. 그것은 중세에 겪었던 정신의 시대도, 근대가 만든 물질의 시대도 아니다. 모든 것이 복합된 진통의 시대다. 비인간화를 초래하는 사물이 자기증식하고 있다. 우리는 이러한 시대의 모습을 지양止揚해 보다 완성된 새로운 사회로 나아가야 한다. 새로운 인류사회로 가야 할 때가 오고 있다. 시대가 우리에게 새것을 창조하지 않으면 안 된다고 요청하고 있다. 정신과 물질 모두를 동시적으로 크게 변혁해야 한다. 우리는 우리 시대를 주의 깊게 살피고 또 파악해야 한다.

만일 인류가 역사의 흐름과 자연의 오묘하고 깊은 이치인 철리哲理를 벗어나려 한다면 그것은 세계정신을 부정하는 것이다. 시대조류를 역행하는 것이다. 인간은 평등하고 인류는 하나여야 한다. 마음도 하나, 대우도 하나, 규범도 하나, 생활목표도 하나가 되어야 한다. 우리는 문명창조를 위해 같이 태어나 같이 살아가야 하는 참다운 세계공동체의 일원이다. 인류가족人類家族이다. 이 사실을 명심해야 한다. 그렇다면 다가올 새 사회는 무엇을 보장해야 하는가.

새로운 인류사회 선언에 대한 제언

1. 인간은 인류사회에서 어떠한 것보다도 가장 귀중한 존재라는 것을 재확인하면서 여가와 문명의 주인으로서 최우선, 최대한의 존대를 받는 인간중심 사회를 이룬다.
2. 지금까지 인류 역사가 약육강식하는 자연법칙(정글의 법칙) 하에 있었음을 깊이 반성하면서 보다 인간적인 인간사회, 높은 삶의 질을 보장하는 문화적 복지사회, 대소국의 동권同權과 공영을 보장하는 보편적인 민주사회를 이룬다.
3. 인간은 생래적으로 문화적인 삶을 누리는 존재이다. 인간만이 문화를 창조했고 문화는 인간생활을 풍요하고 값있고 보람 있게

해주므로 앞으로 인류사회의 모든 가치규범 기준을 문화적 가치 기반 위에 둔다.

4. 모든 물질문명과 과학기술은 인간의 필요에 의해 개발하고 발전시켜온 것이므로 이로운 것은 개발하고 해로운 것은 규제함으로써 물질과 과학기술, 제도와 조직이 인간에게 바로 봉사하는 사회가 되고 수단이 되는 사회를 이룬다.
5. 현대 과학 물질문명의 여폐餘弊로 인한 각종 부조리와 불신, 인간의 도덕적 타락과 양심의 부재, 인간 경시, 인간 부재 현상을 거두어 내고 인간성을 회복하여 정신적으로 아름답고, 물질적으로 풍요하면서 편익을 주고 인간적으로 보람 있는 삶을 영위하는 사회를 이룬다.
6. 자연환경은 더이상 정복의 대상이 아니라 인간의 삶의 터전이며 생활의 보고이다. 잠시도 자연환경을 떠나 인간의 삶을 생각할 수 없으므로 우리는 자연을 소중히 여기며 보호하고 파괴를 방지해야 한다. 더 나아가 생활의 보고로 활용하여 우리의 삶을 더욱 윤택하게 하도록 한다.
7. 평화는 인간 생활의 대전제이고 기반이다. 앞으로 인류사회는 약육강식의 지배논리에서 벗어나 만민의 자유 평등과 공존공영을 보장하는 유엔헌장 정신에 따라 팍스 유엔을 중심으로 한 지구의 대협동사회·공동사회, 즉 세계국가연합Global Common Society을 이룩한다.
8. 현대 물질문명사회는 과학기술의 혁신적 발달로 우리의 삶의 터전을 지구촌으로, 인간관계를 상호 의존 관계로, 그리고 동일한 민주체제 속에 같이 사는 인류가족으로 바꾸어 놓았다. 따라서

우리는 오늘의 국제 대기의 변화에 따라 과거의 배타적 민족·국가주의, 제국적 이념주의의 장벽을 넘어 오늘의 시류에 맞게 문화복지사회로 인류사회를 재건한다.

세계의 석학과 지성인들이 우려하고 있다. 지금 우리가 사는 세상은 고도로 과학화된 대중사회다. 조직화된 비인간 사회로 변했다. 사람들은 생각 없이 타인을 좇아 행동한다. 산업이 발달하면서 무엇이든지 대규모화하고, 대량화하고, 물량화하고, 기술화하려 한다. 강력한 조직력이 작용해 인간을 예속화하는 고도의 기능화 사회가 만들어졌다. 인간의 기본 권리가 무시되는 관료화 사회로 변모해가고 있다. 인류문명 자체를 크게 염려하지 않을 수 없는 위기 상황이다. 우리는 비뚤어진 이 문명의 방향을 다시 시정해야 한다.

이러한 사회를 내다보며 우리가 서둘러 해야 할 일은 무엇인가. 그것은 현 사회를 인간 정신이 지배하는 인간의 사회로 바꾸어 놓는 일이다. 비인간화되어가고 있는 사회를 다시 인간화해야 한다. 이를 위해 인간선언을 해야 한다. 나아가 '새로운 인류사회의 선언'을 해야 한다. 이 인간화 작업이야말로 현대 지성인에게 부과된 가장 크고 숭고한 역사적 사명이다. 이를 마음속 깊이 간직해야 한다. 이를 위해 지성인은 더 크고 높은 안목을 가져야 한다. 사회의 양심으로서, 국가의 이성으로서 오직 인류사회를 옳은 방향으로 이끌고 나가기 위한 책임을 지녀야 한다.

우리는 '지구'라는 우주선에 함께 탑승한 공동 운명체이자 인류가족이다. 역사를 거울삼아 현명한 눈을 가져야 한다. 다시는 과거와 같은 잘못을 되풀이하지 않아야 한다. 내일의 인류 세계는 인간중심주의* 정신을 토대로 설계되어야 한다. 모든 국가가 서로 미움을 거두고 협력하는 하나의 인류세계를 이뤄가야 한다. 그 안에서 모든 개인이 더 값있고 보람 있는, 아름답고 행복하게 살 수 있는 살기 좋은 사회를 건설해야 한다. 그 세상의 이름은 '하나의 인류사회'다. 하나의 인류사회를 재건하기 위해 온 인류가 한마음 한뜻으로 힘을 합해야 할 때다. 역사적인 '새 인류사회를 향한 위대한 행진'의 대열에 함께 나서주기를 간절히 바란다.

해제

인류문명의 항로航路와 그 희망의 설계

현재 인류문명을 관통하는 보편 물음은 무엇인가. 기후변화와 자원고갈, 인구폭증, 사회 양극화와 불평등의 심화 등 인류가 맞닥뜨린 수많은 이 난제로부터 우리 중 어느 누구도 자유롭지 않다. 인류사회의 위기는 사실상 인류 공통의 과제다. 지금 우리는 지구 차원에서 보편 윤리규범과 그 틀을 만들고 실행하지 않으면 안 된다. 문명의 항로를 재설정해야 할 때다. 그런데도 우리는 모든 현재의 위기를 미래세대에게 미루어 두고 있는 것은 아닌가. 지금 여기의 삶을 혁명하지 못한다면 인류에게는 미래가 없다. 무엇을 어디에서부터 어떻게 풀어가야 할까. 우리가 미원美源 조영식 박사가 쓴 『인류사회의 재건』(1975)을 다시 출판하는 것은 바로 이러한 물음에서부터 시작한다.

미원은 누구이고, 『인류사회의 재건』은 그의 삶에서 어떤 의미를 지니는가. 그는 생애 대부분을 교육자이자 세계평화운동가로서 살았다. 사상의 근원은 인류공동사회에 대한 이상이었다. 그는 국가와 민족의 경계를 넘어 인류사회라는 거대한 인식 틀 속에서 모든 삶의 격률을 생각하고 조정하고 실천했다. 세계평화를 누려야 할 인간 권리가 국가주권을 초월한다고 역설했다. 미원은 스스로 한 사람의 국민이기에 앞서 세계시민임을 자처했다. 세계시민교육과 평화교육을 통해 이를 실천하고자 노력했다. 하지만 이러한 사유와 실천은 냉전기 한반도와 지구사회 분위기를 생각하면 거의 불가능한 생각이자 감각이었다. 그 점에서 미원은 한 명의 혁명가이자 개척자였다.

『인류사회의 재건』은 바로 이러한 미원의 불가능한 추구와 그 혁명 정신이 선언적으로 잘 드러난 책이다. 이 책에서 저자는 인류문명의 향방이 무엇인지 묻는다. 우주 속 작은 별 지구, 그 속의 작은 존재인 인간은 어떻게 오늘의 문명을 이룩할 수 있었는가. 문명을 창조한 인간은 왜 문명의 파괴자가 되었는가. 과학기술의 발달이 어떻게 사회와 인간을 기계화했는가. 평화를 사랑하고도 인간은 왜 전쟁을 일으키는가. 창조하는 인간 가치를 회복하는 길은 무엇인가. 인간이란 무엇이며, 어떤 존재여야 하는가. 저자는 이러한 현대문명의 난제를 풀기 위해 정치, 경제, 역사, 문화, 사회, 종교 등 학문의 경계를 횡단하는 동시에 종합한다. 광활한 우주에서 인간의 목적이 무엇이고 무엇이어야 하는지 탐색한다. 그리고 마침내 절망의 밑바닥에서 희망의 기원을 발견한다.

미원의 사유는 역사적으로 일제강점기와 한국전쟁을 겪으면서 진화해왔다. 그는 일제가 패망하고 되찾은 해방공간에서 한국 정치가 지향해야 할 민주주의와 자유의 의미를 탐색했다. 인간의 진정한 자유가 무엇이고 민주정치가 어떻게 수립되어야 하는지를 이론적으로 고찰했다. 그의 첫 저서 『민주주의 자유론』(1948)에는 이러한 생각들이 담겨 있다. 그러나 한국전쟁이 발발하면서 미원의 사유는 다시 한번 격동한다. 민주주의 정치가 안착하기도 전에 이데올로기 대립으로 인간을 살상하는 참혹한 전쟁이 발발했기 때문이다. 미원은 이를 계기로 인간과 문명에 대한 철학을 전개한다. 당시 미원은 인간만이 자신의 세계를 창조하고 스스로 파괴해 폐허로 만드는 모순된 존재임을 절박한 심정으로 깨닫게 된다. 그는 이러한 역사 경험 속에서 필연적으로 인류가 나가야 할 평화로운 세계인 문화세계를 구상한다. 문화세계란 인류가 꿈꾸어야 할 이상사회다. 정신과 물질이 균형을 이루어 인간의 창조성을 발휘할 수 있는 그런 사회를 의미한다. 두 번째 책 『문화세계의 창조』(1951)에는 미원의 이러한 생각들이 강렬하게 펼쳐져 있다. 이 두 권의 책은 역사의 격동기마다 시대정신을 발견하고 올바른 항로를 찾고자 노력한 미원의 사유가 잘 드러난다.

저자의 이러한 지적 항로는 그 근원이 인류의식과 인류사회라는 틀 속에서 설계되었다. 그만큼 문화세계에서 인류공동사회로 이어지는 사유의 여정은 일관되고 연속된다. 다만 세월이 흘러 시대가 변함에 따라 더 깊어지고 넓어졌을 뿐이다. 미원은 『인류사회의 재건』을 통해 문명이 발달했으나 왜 인간은 전쟁을 일으키는지 묻는다. 스스로의 창조성을 상실해가는 인간을 분석한다. 나아가 선과 악, 올바름과 그릇됨 속에서 바른길을 찾지 못하는 사회를 향해 근본적인 질문을 던진다. 저자는 문명의 난제를 풀기 위해 정신과 물질의 "창조적 조화"를 다시 이룩해야 한다고 역설한다. 현대문명의 모순을 파헤치고 인간의 진정한 의미가 무엇인지 생각한다. 인류문명이 나아가야 할 미래사회가 무엇인지 진지하게 성찰한다.

저자가 이 책을 쓰고 출판했던 1960년대와 70년대 사회풍경은 지금과 비교하면 정치적으로 매우 불안정했다. 냉전 질서에 의해 세계가 양분된 엄혹한 시기였다. 세계대전 이후 냉전 이데올로기가 고착되면서 이념 갈등이 끊이지 않았다. 전쟁 위기 상황이 심화했다. 이로 인해 국가 간 군비 경쟁이 멈추지 않았다. 가령 저자는 군비가 인간이 이 지구상에 산다는 이유로 내는 "생존세生存稅"라고 비판적으로 말하기도 한다(본문 p. 259). 냉전은 국제질서와 국가 안보뿐 아니라 사람들의 일상생활 깊숙이 들어와 의식과 정신을 통제하고 지배했다. 상시 전쟁의 공포와 불안이 삶을 위협했다. 그럼에도 경제는 성장세가 정치적 긴장 상태를 압도했다. 물질문명이 발달하고 풍요사회가 모든 사회의 이상으로 자리했다. 바야흐로 생산과 소비의 시대가 열리게 된 것이다. 근대 이후부터 발전을 거듭해온 과학기술은 이제 모든 차원에서 변화를 추동했다. 이에 따라 과거 시대의 전통 가치관을 유물처럼 폐기하거나 부정했다. 하지만 이러한 가치관의 공백은 쉽게 해소되지 않았다. 새로운 가치관이 구성되기까지는 오랜 시간이 필요했다. 물질이 정신을 앞질러 인간소외 현상이 사회 전반에서 나타났다. 이는 인류사회의 위기의식을 확산시켰다. 그야말로 냉전 시대의 삶은 희망과 절망이 극적으로 교차했다.

때문에 낙관론적 전망과 함께 종말론적 세계관이 첨예하게 대립했다. 미원이 현대문명을 정신적 항로를 잃고 망망대해를 헤매는 '난파선'에 비유했던 까닭도 여기에 있다. 미원은 인류사회가 새로운 문명을 창조해야 할 거대한 전환의 시점에 놓여 있다는 것을 직감했다. 『인류사회의 재건』은 이러한 현대문명의 이율배반을 분석하고 인간의 참모습이 무엇인지 성찰했다. 나아가 새로운 인류사회의 비전이 무엇인지 제시했다. 저자는 이 책에서 문명의 창조를 향한 변신적 변이가 필요하다고 역설했다. 문명의 메타모포시스metamorphosis를 주장한다. 그것은 단순히 세계의 형식만이 아닌 전면적인 변화와 변혁을 의미했다.

미원은 위기에 처한 현대사회를 새로운 축의 시대로 이해했다. 칼 야스퍼스가 인류 역사에서 정신적 각성이 일어났던 고전적 축의 시대the Axial Age를 이야기했다면, 미원은 현대문명 관점에서 새로운 정신적 축의 시대를 논했다. 사실 미원의 이러한 생각은 당대 지구문명의식들과 공명한 결과였다. 레이첼 카슨의 『침묵의 봄』(1962), 68혁명, 로마클럽의 『성장의 한계』(1972), 슈마허의 『작은 것이 아름답다』(1973) 등 수많은 지성이 인류 미래의 위기를 강력하게 경고했다. 생태 위기의식도 날로 심화했다. '지구의 날'(1972)을 만들고, 유엔인간환경회의(스톡홀름 회의)에서 '인간환경선언'(1972)을 발표했다.

하지만 미원이 주창했던 전환 사상은 독자적인 특유의 철학 체계를 지니고 있었다. 행성적planetary이고 인류사 문맥에서 문명을 성찰했다. 우주와 지구와 인간을 관통하는 거대사史 안에서 문명 전환의 필연성을 이야기했다. 이러한 역사 인식 속에서 미원은 앞으로 새로운 변혁이 다시 도래한다고 역설했다. 역사적으로 현대 문명사회는 산업혁명 이후 정보과학기술의 발달로 거대한 메타모포시스를 실현했다. 저자는 이러한 전면적 변혁이 인류 역사에서 일어난 네 번째 혁명이었다고 설명한다. 요컨대, 인류는 신석기혁명, 농경혁명, 산업혁명, 정보기술혁명을 통해 거대한 문명 전환을 이루어냈다. 그중 마지막 혁명 전환에 의해 현대문명이 태동했다. 시대마다 혁명은 한 시대의 정신계와 물질계 전체를 변화하도록 만들었다.

새로운 변화의 방향이 무엇인지 분명하게 드러난 것은 아니다. 그러나 변혁의 징후는 이미 출현하고 있었다. 인간소외와 통제화된 관리사회. 기계가 인간의 창조성을 대신하고 인간 자신은 무기력하게 변해가는 사회. 생명 존재마저 인위적으로 조작 가능한 사회. 과학기술문명이 발달하면서 역설적으로 인간의 정신은 퇴보하는 모순. 사람과 사람

사이의 신뢰가 무너지면서 인간사회의 기초마저 흔들렸다. 사람들은 인간사회를 형성해온 보편 윤리와 규범마저 경시했다. 그것은 미원이 발견한 문명의 질병이자 변혁의 징후였다. 저자는 인간이 자유의지를 상실한 채 조직과 기계의 명령에 의존해 살아가는 세상이라고 비판했다. 문명의 주체인 인간이 어느새 그 문명의 부속품으로 전락해가고 있었다.

이에 미원은 현대문명을 낳은 진보의 신화를 다시 물었다. 현대문명의 휘황찬란한 빛 속에서 인간은 왜 더 큰 불안과 공포를 느끼는가. 세계대전을 거쳤음에도 전쟁의 위협은 왜 전혀 줄어들지 않았는가. 진보가 거듭될수록 인간세계는 그야말로 파괴적이고 반反평화적인 공간으로 변해갔다. 이제 인간은 인간 자신을 대량 살상하는 고도의 무기를 개발했다. 가공할 무기인 원자폭탄을 제조하고 실험했다. 이러한 전쟁기계들은 인류 역사에서 가장 발달한 문명의 결과로써 출현한 것들이었다. 냉전의 긴장 속에서 사람들은 인류가 원자폭탄 같은 무기에 의해 사멸할지 모른다는 공포를 느꼈다. 당시 세계적으로 핵무기가 폭발해 방사능에 오염된 지구의 멸망을 상상하는 디스토피아 서사들이 크게 유행했던 것도 이와 무관하지 않다. 문제는 전쟁으로 인한 파괴의 위협뿐만이 아니었다. 더 심각한 것은 경제적 이익과 편익을 추구하는 사회에서 필연적으로 발생하는 지구 자연의 파괴 문제였다. 무분별한 산업화는 오염과 공해를 유발했다. 해양과 토양을 오염시켰다. 지구의 생명력을 위협하고 파괴하는 상황이 출현했다. 환경오염이 불러올 미래사회의 종말은 가능성이 아니라 이미 그 당시에도 현실로서 존재했음을 알 수 있다.

저자는 말한다. 인류문명을 위태롭게 하는 모든 원인은 인류 안에 있다. 올바른 보편의지와 공통 규범을 마련하지 않은 채 끊임없이 발전을 추구해온 현대문명의 맹목이 인류 자신을 위험에 빠뜨렸다. 문명이 발달하는 동안 인간은 개발을 극대화했다. 지구의 거의 모든 곳을 파헤쳐지고 오염시켰다. 인류 전체의 목숨이 위태로워졌을 때까지 인류는 자신의 개발이 어떤 결과를 초래할 것인지에 대해 무지했다. 그러한 맹목 속에서 인류를 위협하는 요인들이 자라났다. 인간이 주체성을 상실하고 발달한 과학기술문명이 자율적으로 확대 재생산하면서 자기증식하고 있었던 것이다.

미원은 이러한 종말론적 현실 한가운데에서, 그 절망의 밑바닥에서 다시 희망을 이야기한다. "이토록 종말의 암운이 감도는 현실에서 어떻게 인간이 자신의 의사에 의해 희망의 설계를 할 수 있을 것인가."(본문 p. 234)라고 묻는다. 그리고 저자는 답한다. 인류의식을 형성해야 한다. 미원은 냉전 시대의 공포와 문명의 위기를 넘어서기 위해서는 인류사회가 배타적 민족주의에 매몰되어서는 안 된다고 말한다. 인류의식은 세계가 하나의 집, 하나의 인류가족이라는 생각이다. 인류라는 의식으로 고양된 '동류의식'이다. 그것은 국가와 민족이라는 경계를 초월해 인류사회 공통의 목표를 세우고 실현하는 것이다. 인류의식이 보편화될 때 오늘날 문명의 탈선을 치유할 수 있다. 더 나은 세계로 탈바꿈할 수 있다. 미원은 말한다. "민족과 국가를 결합함으로써 인류세계라는 제3의 변신적 존재가 출현하게 될 것이다."(본문 p. 249). 교통·통신의 발달로 지구는 공간적으로 이미 하나의 지구마을을 형성했다. 이제 정신적으로 하나의 "인류공동체"라는 깨달음이 필요하다.

이 책이 출판된 시점으로부터 거의 반세기가 지났다. 하지만 그가 생각했던 문명의 아포리아는 과연 소멸했을까. 그렇지 않은 것 같다. 어떤 의미에서 문명의 모순과 이율배반은 한층 심화했다. 그 점에서 미원이 말한 문명의 메타모포시스는 여전히 진행 중이다. 가령 현재 인류사회가 경험하고 있는 지구 생태 문명의 파괴와 재앙의 위험성을 생각해 보자. 이른바 기후변화와 환경위기는 그야말로 인류사회가 하나의 지구 공동체로 엮여 있다는 것을 증명해주고 있다. 인류문명은 그동안 자연, 경제, 문화 과정을 통해 지구적으로 복잡하게 얽혀 살아왔다. 지구온난화로 인한 기후 문제만 하더라도 그것은 지구적 재난이다. 역사상 가장 악화된 지구환경 속에서 인류문명의 발전이 감추어온 어두운 실상들이 폭발하듯 터져 올라오고 있다. 발전이라는 미명을 좇아 지구 생태 문제를 도외시해온 결과다. 바로 그 점에서 인류사회의 협력과 연대는 이제 하나의 당위적 현실이다. 생태문명에로의 전환이 이미 코앞으로 다가온 파괴적 미래에 대응하기 위한 하나의 현실적 대안으로 인식되기에 이르렀다. 미원이 말한 동류의식, 지구가 하나라는 생각은 오늘의 시점에서 봐도 필요한 시각이다. 지금 우리가 겪는 지구문명의 위기는 미원이 비판했던 과도한 편익과 소비, 경제성장에 경도된 과학기술문명의 자기증식이 만든 암담한 결과인지 모른다. 이 책이 시대를 뛰어넘어 현재와 공명하는 지점이다. 냉전기 사회를 돌파하기 위해 주장했던 미원의 인류의식은 지금 요청되는 전면적인 의식 전환과 이렇게 조우한다.

많은 전문가가 앞으로 인류사회의 불확실성이 더 커지게 될 것이라고 말한다. 이 지구 위기 상황은 단순히 벽을 만들고 자국의 이익만을 추구하면서 스스로를 고립시키는 전략으로는 제대로 극복할 수 없다. 지구적으로 대응하고 삶의 체제를 다시 설계할 수 있어야 한다. 지금까지와는 다른 새로운 형태의 지구 윤리규범을 창안할 수 있어야 한다. 우리 인류는 이러한 중요한 사실을 날마다 몸으로 느끼고 있다. 일례로 지구사회를 휩쓸고 있는 코로나19 팬데믹을 보자. 현대문명이 낳은 문제들은 대부분 어느 한 국가의 노력만으로 해결할 수 없다. 단일한 정부기구를 훨씬 넘어서는 국제협조와 정보공유가 없다면 지구 위기는 해소되지 않을 것이다. 지구적 연대와 협력은 우리 개개인의 생존은 물론 인류의 안전을 위한 유일한 방법이다. 인류의식 속에서 일상 세계의 좌표를 새롭게 만들고 설계해야 할 때다. 그것은 미래가 현재 인류에게 요청하는 진정한 현실이다.

그러므로 인류문명이 어디에서 와 어디로 가고 있는지 성찰하는 것이 중요하다. 더 나은 미래 문명이란 무엇인지 물어야 한다. 저자는 인류문명이 한 민족이나 국가의 것이 아니라고 말한다. 그것은 인류 공통의 "공유물"(본문 p. 145)이다. 문명이 커먼즈commons라는 이러한 생각은 현재 인류가 문명의 소유자가 아니라 이를 잘 관리해 다음 세대에게 전달해 주어야 한다는 뜻이 담겨 있다. 문명을 공유재로 생각하고 관리해야 한다. 그것은 인류 역사 또한 마찬가지다. 미원은 인류 역사가 인류의 삶을 증언하고 나아갈 길을 밝히는 인류 공통의 것이라고 말한다.

그렇다면 지구 전체가 하나의 공동체라는 인류의식을 보편화하기 위해서는 무엇이 필요한가. 인류문명의 미래를 밝게 하기 위해서는 우리 자신이 인류라는 공동체 안에서 살아가는 작은 존재라는 사실을 깨달아야 한다. 이는 모든 사람이 지구공동체 안에서 자기 존재를 깨닫는 과정이다. 이를 실현하기 위해 무엇보다 시급한 것이 '의식혁명'이다. 인류라는 관점으로 고양하는 철학혁명이자 정신혁명이 필요하다. 정신혁명이 일어나 일상 세계의 좌표를 재설정해야 한다. 개개인의 의지적이고 의식적인 결단과 노력이 인류의식 안에서 진행되지 않으면 안 된다. 그렇지 않으면 인류가 맞은 이 지구문명의 위기 상황은 해결될 수 없다.

인류 사멸의 길을 피할 수 없다. 이기적인 생존주의를 멈추고 인류라는 안목 속에서 포괄적인 윤리의식을 갖추고 이를 실천하는 삶이 요구된다. 우리의 삶을 근본에서부터 재설정하는 의식의 전환이 절실하다. 이것이 저자가 이야기하는 의식혁명의 본질이다.

이 과정에서 미원은 인간 주체의 '의식적 지도성意識的 指導性'을 강조한다. 이는 인간 스스로 자신에게 부과된 자연법칙을 거슬러 수행하는 의식적이고 의지적인 노력을 의미한다. 이러한 사유의 중심에는 통정統整하는 사유의 실천이 놓여 있다. '통정'이란 물질과 정신, 주체와 객체, 이상과 현실 등 무수한 차이들을 통합하고 지양하는 창발론적 사유 방식을 일컫는다. 문명 창조의 주체는 바로 이러한 통정된 인격체다. 끊임없이 질문을 던지면서 자유의지로써 올바른 길을 찾아가는 존재. 기계문명과 통제사회에 순응하면서 어떠한 물음도 던지지 않는 기계인간이나 자동인형과는 거리가 멀다.

이와 함께 저자는 자유로운 개인으로서의 '나'와 '뭇 나'로서의 보편자아의 조화를 강조한다. 통정된 인격체는 개인뿐 아니라 사회와 인류를 포괄하는 발전적 자유를 바탕으로 한다. 미원은 그것이 민주사회의 일원으로서, 그리고 세계시민으로서 살아가기 위한 조건이자 소양이라고 말한다. 시민 자율성 속에서 스스로 통치하고 또한 세계시민으로 자신을 인식하는 노력이야말로 새로운 인류문명 창조의 동력이라고 할 수 있다.

저자는 이러한 인간의 의식 각성과 실천을 중심으로 문명과 인간의 삶을 설명한다. 이른바 '주리생성主理生成의 원리'를 주창한다. 객관 환경의 자극에 의해 주체 안에 어떤 마음이 생긴다. 이 과정에서 주관에 의해 객체와 주체가 상호 영향을 주고받는다. 그러면서 새로운 것이 태동한다. 이것이 인간의 창조정신이자 문명의 생성 과정이다. 미원은 이러한 주리생성 원리를 기반으로 만물의 원리를 설명한다. 만물은 정체된 존재가 아니다. 끊임없이 움직이며 무엇인가를 새롭게 생성해가는 과정으로 존재한다. 주체와 객체, 물질과 정신은 동시적으로 존재하며 또 교호한다. 무수한 차이들이 존재하고 이것들이 창조적으로 조화를 이루면서 새로운 무언가가 창발한다. 미원은 자신의 이러한 생각을 '화생론和生論'이라 명명했다.

물론 여기서도 정신이나 물질 어느 하나의 변화만을 강조하지 않는다. 예컨대, 저자는 제도 차원에서 탈전쟁과 평화 제도를 마련해야 한다고 촉구한다. 평화교육을 실시해야 한다고 주장한다. 그것은 저자가 정신과 물질이 조화를 이루는 문화세계를 지향하기 때문이다. 이는 문화세계가 단지 유토피아이기만 한 것이 아니라 반드시 현실 안에서 이루어야 하는 당위의 현실이라는 그의 주장과도 상통한다. 미원은 말한다. "세상의 모든 위대한 것은, 진실과 완전이라는 두 개의 기초 위에서 이루어져야 한다." (서문 '천사의 기도' 중에서). 미래 이상사회는 시대가 요청하는 사회다. 이상사회가 요청된다는 것은 그것이 현실의 문제들을 떠나서는 생각할 수 없다는 의미다. 하지만 그것은 고정되고 이미 결정된 어떤 사회를 가리키는 것이 아니다. 그러한 사회가 무엇인지를 고민하고 꿈꾸고 실천하는 운동 과정 그 자체가 중요하다. 이것이 『인류사회의 재건』에서 펼친 미원 사상의 핵심이다. 저자의 이러한 생각은 1979년 출판된 『오토피아』에서 당위적 요청 사회로서의 오토피아Oughtopia 개념으로 발전한다.

이 책은 다섯 개의 장으로 구성되어 있다. 1장은 왜 인류사회가 위기에 처하게 되었는가에 대한 질문을 던진다. 전환기에 처한 오늘의 세계를 문명비평사적 관점에서 탐색한다. 현대문명의 모순과 이율배반이 만들어낸 인류의 위기의식을 고찰한다. 과학이 발달했어도 인간은 불행감과 공허감을 느끼는 이유가 무엇인지 묻는다. 또한 교육이 발달해도 인격체가 되지 못하는 이유가 무엇인지 묻는다. 미원은 물질 풍요가 정신 풍요로 이어지지 않은 데에 그 원인이 있다고 진단한다. 사회가 합리화될수록 왜 인간 가치는 더 줄어들고 기계화되는지 분석한다. 왜 더 감시하고 통제하는 사회로 변했는지 고찰한다. 나아가 대안 없는 거절, 가치를 세우지 못한 가치혁명이 진정한 문명 전환을 위한 혁명인지 묻는다. 저자는 인간가족으로 고양하기 위한 인류사회의 새 지표를 모색한다. 더 나은 세계를 위한 새로운 좌표를 재설정해야 한다고 주장한다.

2장은 인류사 관점에서 인간문명이 어떻게 태동했는가에 대한 질문을 던진다. 지구에 오늘의 문명이 존재하기까지 그 생성 과정을 거시적인 역사의 변혁과 흐름 속에서 고찰한다. 저자는 인류사를 신석기혁명, 농업혁명, 산업혁명, 그리고 정보과학혁명이라는 문명 전환의 서사로 살펴본다. 그런 후 인류 역사 형성의 주체가 인간이었다는 사실을 다시 한번 강조한다. 인간의 의지적 노력이 문명 창조의 원동력이었음을 역설한다. 그렇지만 과학기술문명의 발달이 가져온 현대문명으로의 찬란한 변신은 인간의 비인간화를 초래했다고 지적한다. 인간선언을 통해 인간 가치를 다시 복권해야 한다고 주장한다.

3장은 현대문명은 왜 창조성을 상실하고 문명을 파괴하는가에 대한 물음을 던진다. 이를 위해 현대문명의 난제를 자신의 고유한 철학관인 주리생성의 원리 속에서 재탐색한다. 저자는 현대문명의 아포리아가 물질 가치가 인간 가치를 압도하면서 인간이 정신적 좌표를 상실하게 된 상황 때문이라고 생각한다. 특히 여기서 미원은 당대 시대 분위기를 대변하는 종말론적 담론에 대해 고찰한다. 환경오염과 공해로 인한 생태계 사멸과 핵무기와 같은 과학무기에 의한 인간의 자살적 사멸을 경고한다. 또한 정보산업의 발달이 가져온 폐해를 분석하고 인간이 나아갈 길이 무엇인지 묻는다. 저자는 그 해답으로 인간 가치를 회복하기 위한 의식혁명의 중요성을 역설한다.

4장은 현대인의 정신은 왜 혼란 속에서 헤매는가에 대한 질문을 던진다. 인류문명 창조의 주인이면서도 왜 주체의 자리에서 밀려났는지 탐색한다. 이를 성찰하기 위해 미원은 인간이란 무엇인가에 대한 물음에서부터 다시 사유를 시작한다. 저자는 참된 인간의 모습, 차이들을 종합하고 지양하는 통정된 인격자로 인식한다. 인간 존재의 본질을 깨달아 인류사 차원에서 새롭게 미래를 설계하고 인류 공통 규범을 만들어야 한다고 주장한다.

5장은 인류사회가 어디로 향해야 하는가에 대한 질문을 던진다. 저자는 인류의식 속에서 새로운 사회를 설계하자고 말한다. 인류사회가 의식혁명을 통해 새로운 이상사회를 지향하고 하나의 동류의식을 갖고 협력해야 한다고 주장한다. 정치적으로는 세계시민사회 차원에서 평화를 제도화하는 노력이 필요하다. 문화적으로는 새로운 인본주의를 기반으로 하는 평화교육이 실행되어야 한다고 강조한다.

이제 마지막으로 이 책의 제목 '인류사회의 재건'에 대해 이야기할 필요가 있을 듯하다. 핵 위험과 인류 사멸이라는 냉전 시대의 종말론적 사유 속에서 저자가 말한 전환의 사유가 특별할 수 있었던 것은 그가 우리 시대의 변화를 '재건'이라고 명명한 데 있다. 그가 이렇게 말함으로써 과거와 현재와 미래를 동시에 아우르는 잠재 영역이 출현할 수 있었다. 인류가 잃어버린 인간 가치는 회복되어야 한다. 저자가 말하는 미래 문명의 변신적 변이는 과거와의 단절이다. 동시에 그것은 인류의 근원에 자리한 인간 가치를 다시 포괄하는 것이다. 현 인류가 새롭게 써야 할 미래는 그런 의미에서 창조하는 것이면서 동시에 재건해야 할 미래이다. 그러므로 재건이란 과거의 복제를 의미하지 않는다. 그것은 달라진 시대가 요구하는 새로운 인간사회의 가치 수립을 의미한다. 바로 그 점에서 재건은 창조적 재건이다. 이는 저자가 르네상스 시대의 인성주의를 넘어 우리 시대가 요청하는 새로운 인본주의, 진정한 인간중심주의 가치 회복을 이야기하는 맥락이기도 하다.

현 인류의 모순과 난제들을 풀기 위해서는 행성 차원에서 새로운 지구문명의 길을 발명하는 창조적 사유가 절실하다. 『인류사회의 재건』은 지구문명을 재건하고자 하는 지금 우리에게 큰 울림을 준다. 이 책을 다시 펴냄으로써 우리는 이 책이 시대와 현실의 한계에 속박되어 있으나 미래를 꿈꾸고 삶을 혁신하기를 바라는 오늘의 독자를 새롭게 발굴해내길 바란다. 미원과 함께 거대한 인류의 항로를 그려보고 미래를 상상하게 될 그 누군가를 이 책은 기다리고 있다.

미원기념사업회

미원전집편집위원회

용어해설

난제難題**, 아포리아** aporia : 사전적 의미는 막다른 골목에 처해 있는 상황이나 해결하기 어려운 문제를 가리킨다. 미원은 인류문명이 시대가 부과하는 아포리아가 무엇인지 발견하고 이를 해결하기 위해 고뇌하고 노력하면서 이전보다 더 나은 새로운 문명을 창조해왔고 말한다. 아포리아를 발견하고 풀어가는 과정은 더 나은 문명 창조를 위한 조건이다. 시대가 요청하는 당위의 삶이 무엇인지를 묻는 행위다.

변신적 변이變身的 變移**, 메타모포시스** metamorphosis : 껍질을 찢고 나오는 곤충의 변태, 혹은 탈바꿈을 가리키는 이 말을 미원은 문명이 어떻게 존재하고 또 새롭게 생성, 전환되는지를 드러내기 위해 쓴다. 문명의 메타모포시스가 작동하는 시기마다 인류사회는 물질과 정신 모두가 급격하게 탈바꿈했다고 본다. 미원은 여러 곳에서 이러한 변신적 변이를 변신적 변화metamorphic change, 변신적 변혁으로도 쓴다. 인간의 삶은 멈추어 있는 것이 아니라 "변화를 추구하며 그것을 성취하여 우리에게 보람을 이루게 하는" 것임을 강조한다(「21세기를 향한 인류대가족회의에 즈음하여」, 『연설문집』 제2권, p. 744).

보편의지 : 『문화세계의 창조』(1951)에서 미원은 보편의지를 '누구나 착하고자 하는 보편의지,' '옳고자 하는 보편의지,' '보다 나아지고자 하는 보편의지'로 정의한다. 더 나은 것, 더 새로운 것을 추구하는 인간의 공통 의지를 일컫는다. 인간 주체는 바로 이러한 보편의지를 통해 새로운 창조를 지향한다. 또 이를 통해 자기를 완성할 수 있다. 인류를 위해 봉사할 수 있는 참 존재의 의지를 통해 인간 가치가 실현된다. 개인의 행동규범이 인류사회의 공동규범과 조화를 이룰 때 비로소 의미가 있다. 미원은 개인의 자유의지와 인류 전체의 보편의지를 분리하지 않는다. 이 둘을 창조적으로 결합함으로써 더 나은 인류사회를 건설할 수 있다고 본다.

상승相乘 : 미원은 물질이 발생하면 정신이 이를 따라 생겨나고, 정신이 발생하면 물질이 이를 따라 생겨난다고 본다. 물질과 정신이 서로 다르면서 동시에 하나인 상태, 즉 불일이불이不一而不二의 관계로 파악한다. 서로 다른 힘과 지향이 서로에게 올라타 발전한다. 상반된 힘들은 서로 분리되지 않는다. 어느 한쪽이 다른 한쪽을 지배하거나 제거할 수 없다. 서로가 서로에게 운동의 원인이자 계기가 되어준다. 서로의 운동을 가속한다. 이것을 미원은 창조적 조화라고 부른다. 이러한 철학적 관점은 전승화全乘和이론으로 집약된다. 전승화이론은 미원 특유의 철학관으로서, 주리적 주의적 생성[主意生成]의 원리에 기초해 만들어진 우주관이자 철학관이다. 우주의 본질과 현상 변화가 우연과 기적으로 이루어지는 것이 아니며, 통일적 유기체統一的 有機體 원리 속에서 시간, 공간, 환류, 실체가 상승相乘작용하면서 필연적으로 이루어진다는 관점이다.

상관상제相關相制 : 주체와 객체, 실實과 상相은 동시적으로 존재하며 교호작용하면서 새로운 것을 생성한다는 의미다. 이러한 차이들의 교호작용을 일컫는 말이 상관상제 관계이다. 미원은 기본적으로 진리의 본질적인 모습이 원래 하나이지만 현상학적으로는 여러 형태를 띤다고 말한다. 그 형태란 하나는 여럿이고 여럿은 하나[一卽多 多卽一], 있음은 없음이고 없음은 있음인 상태[有卽無 無卽有], 같음에서 다름으로, 다름에서 같음으로 변화하는 상태[同中異 異中同]로 표현된다. 근본적으로 이러한 차이는 하나로 귀결되는 것이므로 편견을 버리고 종합적이고 입체적이고 유기적으로 만물을 파악해야 한다고 설명한다(「너 자신을 알라, 그리고 바르게 살자」, 『연설집』 1권, p. 193). 상관상제 관계는 바로 이러한 생성의 원리, 이치와 원칙, 정신 혹은 주의를 근간으로 만물이 생성되고 창조되는 과정과 그 이치를 일컫는 말이다.

안티노미 antimonie : 이율배반을 뜻한다. 세상의 이치를 이해하는 미원의 기본적인 시각이다. 자연과 인간, 물질과 정신, 주체와 객체, 삶과 죽음 등 상반된 요소와 힘은 양립할 수 없다는 점에서 대립하고 투쟁한다. 하지만 이러한 안티노미가 깊어지면 역설적으로 바로 그러한 모순 속에서 아포리아가 형성되고 이에 대한 인간의 의지적 각성과 노력이 생겨난다. 이를 통해 새로운 문명적 가치를 만들고 창조할 수 있게 된다.

의식적 지도성意識的 指導性 : 미원에 따르면, 인간의 이성과 감성에 의한 정신작용에는 단순의식과 의지적 의식이 있다. 단순의식은 감각적, 본능적, 충동적 의식이다. 의지적 의식은 적극적인 상상, 의지, 오성이 작동하는 의식이다. 의지적 의식은 크게 자율적 선택적 능동적 의지와 타율적 무선택적 수동적 의지가 있다. 미원은 인간의 행동을 유발하고 인도하는 이러한 정신작용이 일어날 때, 그것이 다른 영역들과 관계를 맺으면서 선도역할을 어떻게 유발하느냐에 따라 모든 결과 또는 장래가 결정된다고 말한다. 인류문명이 창조적 생성을 거듭해 올 수 있었던 것은 인간이 환경과 여건에 순응하거나 적응하기만 한 것이 아니라 주체적인 의지를 통해 세계를 변화하고자 하는 의지적이고 의식적인 각성과 노력이 있었기 때문이다. 의식적 지도성이란 이러한 인간의 의식적 혹은 의지적 노력을 일컫는 말이다. 그것은 인류문명 창조와 전환을 가능하게 만든 정신적 힘으로서 이를 통해 인류는 더 나은 삶을 발전시켜왔다.

의식혁명, 정신혁명 : 가치혁명이 새로운 가치를 창안하고 주창하는 것이라고 한다면, 의식혁명은 이를 포함하되 더 큰 의미의 마음운동으로서 개인의 삶과 사회, 인류사회 전체를 근본적으로 변화시키는 의식적 혁명 전환을 의미한다. 도덕과 인간성 회복을 촉구하는 미원의 인간선언의 요체가 되는 개념이다. 미원은 이러한 정신혁명을, 현 인류사회에 부과된 요청이자 당위로 생각했다. 예컨대, 미원은 인간소외와 인간부재가 만연한 현대문명사회의 모순을 현대의 아포리아로 파악하고 이를 타개하고 새로운 문명 전환을 위한 의식혁명을 주창한다. 이 점에서 의식혁명은 정신혁명이자 철학 혁명이라고 규정할 수 있다.

이실체理實體**, 물실체**物實體 **:** 미원은 주리생성의 원리 속에서, 모든 만물이 이理를 가지고 있다고 설명한다. 예컨대, 무기실체는 무기물의 자율적 생명현상을 가지지만 그 나름대로 생명주기와 성질이라는 이理를 따르는 물리현상을 일으킨다. 유기실체 역시 유기물로서 조건반사적 본능작용과 지각작용을 가지고 있는 생명체다. 따라서 모든 실체는 물질적인 측면과 함께 이理 또는 성질적 측면을 가지고 있다. 미원은 이러한 시각에서 전자를 물실체, 후자를 이실체로 구분해 설명한다. 물질을 운동하게 하는 이理는 사물에서 찾으면 이치(성질·법칙·원리)이고 식물에서 찾으면 생명력이고 동물에게서 찾으면 본능 또는 감각이다. 인간의 감성과 이성에 해당한다고 말한다. 미원은 이실체와 물실체가 상호작용함으로써 인간은 고차원적인 생명활동을 진행할 수 있게 된다고 보았다.

인간복권, 인간선언 : 인류사회의 재건이 지향하는 것은 현대문명의 난제인 인간부재 또는 인간소외의 문제를 풀기 위해 인간 가치를 회복하는 인간복권운동이라고 할 수 있다. 미원은 현대문명의 위기를 인간과 사물, 주체와 객체 간의 뒤집힌 위치 때문이라고 생각하고, 이를 바로잡는 주객위 정위화主客位 定位化운동을 촉구한다. 또한 인간복권을 통한 인간중심주의로서의 신인본주의를 현실적 실천 방법으로 제시한다. 이러한 인간복권은 어느 한 개인의 마음운동만으로는 가능하지 않다. 인류사회 전체가 동참해야 가능한 일이다. 미원은 의식혁명과 함께 인류를 문명의 비극으로부터 구원하고 세계를 바꿀 수 있는 구체적인 대안들을 모색해야 한다고 강조한다.

인간중심주의 Humancentrism : 인간 본연의 마음, 인간다운 인간의 의미를 회복하고자 하는 신新 인본주의를 뜻한다. 인간이 중심이 되는 중인사상重人思想이다. 인간을 우월한 존재로 인식하는 근대적 사유체계에서 비롯된 인간예외주의와는 무관한 개념이다. 인간을 위한 인간의 세상을 만들기 위해 소외되고 있는 인간의 존엄을 다시 세운다는 의미다. 인간소외, 인간부재, 기계화, 관리화, 통제화된 사회로부터 인간 가치를 회복하기 위해 새롭게 내세우는 개념이다. 미원이 말하는 인류사회란 바로 이러한 인간중심주의가 실현된 인간주의 문명의 실현을 의미한다(「인류사회는 왜, 어떻게 재건되어야 하는가(1979)」, 『연설문집』 제1권, p. 226). 미원은 세계평화의 참모습은 생산적 발전적 평화라고 규정한다. 이는 인류가 가진 모든 힘을 인류 전체의 공동 발전을 위한 수단으로 만드는 것이다. 미원은 이를 실현하기 위해 무엇보다 인간의 정신혁명, 즉 '신인본주의의 확립'을 거듭 강조한다. 개인과 국가 모두의 인간화 운동이 필요하다. 따라서 미원이 말하는 인간중심주의는 일반적인 의미에서 이야기하는 인간우월주의가 아니다. 아울러 인간예외주의로서의 인간중심주의 anthropocentrism와도 다르다. 르네상스 시대의 인성주의, 근대 문학의 인문주의와도 구분된다.

인류의식, 인간가족, 인류가족 : 미원의 인류사회는 인류가 하나의 세계공동체이자 인류공동체라는 생각에서 출발한다. 그것은 인류일체의식이자 세계일가世界一家 사상이며, 인류가족의식이다. 그는 인류가 공간적으로 지구촌화되어가고 있다는 점에서 세계공동체이자 지구공동체라고 말한다. 이러한 현실적 조건과 함께 인류 전체가 의식적으로 하나의 동류의식을 가지는 정신공동체로서 고양되어야 한다고 생각한다. 인류가족의식 없이는 인류 평화를 구현할 수 없다고 보았다. 미원이 내세우는 새로운 인본주의 역시 세계시민주의와 결합한 인류의식에서 출발한다.

존재 Sein**와 당위** Sollen : 당위는 존재의 경향성 또는 자연적 필연성을 넘어서는 것이다. 이는 인간의 자유는 필연성을 지닌 자연으로부터 오지 않고 당위라는 의무에서 나온다는 칸트의 정언명령과 연관되어 있다. 미원은 인류문명의 창조가 인간이 단순히 존재의 경향성만을 따르는 것이 아니라 당위를 통찰하고 이를 실현하기 위한 인간의 의식적이고 의지적인 노력이 개입할 때 가능하다고 생각한다. 문명 전환의 단계마다 인류사회는 현실에 안주하지 않고 인류에게 요청되었던 당위적 길을 사유했다. 당위를 향한 자유의지에 입각한 주체의 의식적 개입이란 시대가 요청하는 인류사회의 모습에 기초해 나아갈 방향을 성찰하고 계획하고 실천하는 것을 의미한다. 당위적 세계를 상상할 수 있었기에 인류는 문명을 창조해올 수 있었다. 미원은 이러한 당위와 인류사적 시대 요청을 결합한 이상사회를 오토피아Oughtopia라고 명명한다. 오토피아는 유토피아를 뜻한다. 하지만 그것은 철저히 현실의 난제들에 의해 구성된 요청된 미래사회다.

주리생성主理生成 **원리** : 미원은 모든 것이 주관의 선택에 의한 것이며, 선택된 주관은 객관의 영향에 의해 생성된다고 보았다. 인간이란 객관적 환경의 자극(상관)에 의해 어떤 마음이 생긴다. 또 그 마음이 주관에 의해 어떠한 작용과 영향(상제)을 받는다. 특히 미원은 주관과 객관, 정신과 물질의 상대적 생성작용을 인정한다. 그 근간은 사물에 있어서는 이理, 동물에 있어서는 지각 또는 감성, 인간에 있어서는 이성과 감성에 입각한 주의主意다. 이성, 감성, 의지가 상승하면서 통일적 기능 작용을 한다고 본다. 미원은 이러한 철학관을 바탕으로 인간의 창조의지를 강조한 인간관과 문명관을 발전시킨다.

통정統整 : 정신과 물질, 주체와 객체, 인류와 개인, 인류사와 민족사, 존재와 당위 등 다양한 차이들을 통합하고 지양止揚하는 사유 방식을 가리킨다. 미원은 이러한 통정이야말로 문명을 창조해온 성찰적 인간이 지닌 바른 사유 방식이자 실천 방법이라고 제시한다. 하지만 그것은 자연히 이루어지는 것은 아니다. 정신과 물질을 통합하기 위한 의식적이고 의지적인 실천이 필요하다. 미원이 저서 『문화세계의 창조』(1951)에서 과학의 왕국에 대해 인간의 행복을 가져올 수 있는 과학문화의 발전을 의미한다고 전제하면서도, 정신생활과 함께 물질적 안정을 구축해야 한다고 주장한 것도 같은 맥락이다. 미원은 정신문화와 물질문명이 통정된 사회를 인류사회의 기본적인 모습으로 본다. 이를 실현하기 위해 차이를 통합하면서 동시에 지양하는 사유의 통정 과정이 필요하다. 이를 바탕으로 미원은 올바른 인간과 인간사회를 통정된 인간관, 통정된 문화세계로 제시한다.

화생론和生論 : 주리생성의 원리를 바탕으로 인간의 의지적, 의식적 노력이 만들어 내는 창조적 가능성을 포괄하는 미원의 우주론이다. 미원은 참된 인간의 개념은 바로 화생의 원리, 즉 서로 다른 것들을 조화시켜[和] 새로운 것을 창조[生]하는 과정에서 만들어진다고 보았다. 우주의 이치를 물질과 정신, 주체와 객체 등이 상극相剋하면서 동시에 상생相生하는 관계 속에서 창조적 조화를 이뤄내는 것으로 설명한다. 창조적 조화란 이제까지 존재한 바 없는 새로운 것을 창조하는 운동 과정을 의미한다. 이 점에서 미원의 '화생론'은 서양의 '창발론'과 같은 의미다. 일반적 의미에서 창발emergence은 전체를 구성하는 부분들이 상호작용을 통하여 부분의 합으로 설명될 수 없는 새로운 특성을 발현시키는 과정을 의미한다. 부분으로 구성된 전체가 부분의 총합으로 설명될 수 없는 새로운 특성을 나타낼 때 이 새로운 특성을 창발성이라 한다. 창발성 이론은 부분의 총합을 통해 전체의 특성을 인식하고자 하는 환원주의reductionism적 인식론을 거부한다. 창발성은 부분과 전체의 관계를 총체적으로 바라보는 전일주의holism적 인식론을 요구한다. 미원의 '화생론'은 그의 저서 『오토피아』(1979)에서 전승화全乘和론으로 이론적 체계를 갖추게 된다.

원전주석

1장 전환기에 처한 오늘의 세계

1 드러커 Peter Drucker, 『단절의 시대 *The Age of Discontinuity*』, 서남원 역, 서울 : 장문각, 1971 참조. 20세기의 명명命名은 웰스 Herbert G. Wells의 '혼란의 시대', 오든 W. H. Auden의 '불안의 시대', 소로킨 Pitirim Sorokin의 '위기의 시대', 알렉산더 F. Alexander의 '불합리의 시대' 등이 있지만, 드러커의 표현이 가장 적절한 듯하다.

2 근세의 많은 사가들은 역사 변동의 방향을 '신학 시대→형이상학 시대→과학 시대', 혹은 '원시 시대→전통문화 시대→근대 문명 시대' 등으로 도식화했으나 지금에 와서 그런 진보사상은 수락되지 않는다.

3 John Bury. *The Idea of Progress*, New York : Macmillan Co., 1955 참조.

4 현대에 와서 윤회사관의 부활은 다닐렙스키 Nikolay Danilevsky가 19세기 말엽 『러시아와 유럽』을 저술하면서 비롯했으며, 슈펭글러 Oswald Spengler의 명저 『서구의 몰락』이 그것을 보편화했다.

5 원래 안티노미란 말은 칸트가 『순수이성비판』에서 쓴 말이지만, 20세기의 이율배반적 현상을 설명하는 데 적절하다고 본다.

6 アメリカ篇, 『世界名詩集大成』, vol. 10, 영국편, 2권, 東京 : 平凡社, 1960, pp. 162-6.

7 F. S. C. Northrop, *Meeting of East*, New York : Macmillan, 1946 참조.

8 D.S. ハテツー, 『未來への九つの道』, 安保長春 譯, 東京 : 林書店, 1967, pp. 139~147.

9 Daniel Bell, ed., *Toward the year 2000 : Work in Progress*, Boston : Beacon Press, 1968, pp. 17~72.

10 '로마클럽'을 위한 Donella H. Meadows, The Limits to Growth 참조.

11 *Newsweek*, May 21, 1973 참조.

12 Ibid. 뒤몽 R. Dumont이 1968년 경희대학교에서 열린 세계대학총장회의 제2차 대회에서 한 기조연설, The International Association of University Presidents-Second Conference, Seoul : Kyung Hee University, 1968, pp. 110~122 참조.

13 掘光庸三 編, 『歷史としての現代』, 東京 : 潮出版社, 1972, p. 15.

14 Ibid., p. 16.

15 C. P. Snow, *The New Man*, New York : Charles Scribners Sons, 1954, pp. 45, 69, 177~178.

16 게오르규 C. V. Gheoghiu, 『二十五時』, 원응서 역, 서울 : 창우사, 1968, pp. 50~53.

17 Allen Wheelis, *The Quest for Identity*, New York : W. W. Norton, 1958 참조. 이 책은 현대 미국인들이 물질적 풍요를 향유하면서도 형언하지 못할 불안감에 사로잡혀 있는 현상을 심리분석적으로 묘사하고 있다.

18 프롬 E. Fromm, 『희망의 혁명 *The Revolution of Hope*』, 한동세 역, 서울 : 중앙일보사, 1971, p. 13.

19 David Riesman, *The Lonely Crowd*, New Haver : Yale University Press, 1950, pp. 1~7; 162~164.

20 Vance Packard, *The Waste Makers*, New York : Pocket Books, 1963 참조.

21 William Kuhns, *The Post-industrial Prophets*, New York : Weybright and Talley, 1971, p. 1.

22 Ibid.
23 Alvin Toffler, *Future Shock*, New York : National General Co., 1957 참조.
24 경향신문, 1974. 1. 15.
25 William Whyte, Jr., *The Organization Man*, New York : Double day, 1957 참조.
26 *Newsweek*, January 14, 1974, pp. 8~14. 이 호의 커버스토리는 영국의 신 암흑시대 New Dark Age를 말하고 있다.
27 비대화한 관료기구의 비창의성화에 관한 비평으로는 소련 작가 Vladimir Dudintsev, *Not By Bread Alone*, tr. by E. Bone, New York : Dutton, 1968 참조.
28 George Orwell, *1984*, New York : The New American Library, 1961, pp. 5~27.
29 Erich Fromm, *Escape from Freedom*, London : Routledge and Kegan Paul, 1955, chap. V.
30 김용구 편, 『새벽을 알리는 지성』, 서울 : 현대사상사, 1971, pp. 78~105.
31 Peter Vierek, "The Revolution in Value," *Political Science Quarterly*, vol. 67(1952), pp. 343~344, 348~349.
32 막스 베버, 『프로테스탄트 윤리와 자본주의 정신』, 권세원 역, 서울 : 일조각, 1966 참조.
33 Allen Wheelis, op. cit. 참조.
34 William Miller, *The New Christianity*, New York : Delta Book's 1967, p. 275.
35 Ibid., pp. 346~389.
36 Charles A. Reich, *The Greening of America*, New York : Bantham Books, 1971 참조.
37 Benjamin Spock, *Baby and Child Care*, 2nd ed., New York : Pocket Books, 1957 참조.
38 Paul Goodman, *Growing Up Absurd*, New York : Random House, 1960 참조.
39 Wendell Willkie, *One World*, New York : Simon and Schuster, 1943 참조.
40 Warren Wager, *The City of Man*, Baltimore : Penguin Books, 1963, pp. 213~221.
41 Ibid.
42 Ibid.
43 Houston Stewart Chamberlain, *Foundations of the Nineteenth Century*, tr. by John Lees, New York : John Lane, 1914 참조.
44 Barbara Ward, *The Rich Nations and the Poor Nations*, New York : W. W. Norton, 1962 참조.

2장 인간역사의 회고와 그 진로

1 조영식, 『문화세계의 창조』, 대구 : 문성당, 1951, pp. 162~167.
2 Georg Wihelm Friedrich Hegel, *The Philosophy of History*, tr. by J. Sibree, New York : Dover Publications, Inc., 1956.
3 Joseph Vogt, 『세계사의 과제』, p. 24.
4 Arnold Toynbee, *A Study of History*, abridged by D. C. Somervell, New York : Oxford University Press, 1961.
5 Richard Gardner and Max Milikan, *The Global Partnership*, New York : Praeger, 1968, pp. 1~51.
6 Jerald C. Bauer, *The impact of the Church upon Its Culture*, Chicago : The University of Chicago Press, 1968, pp. 18~19.
7 김용구 편, 『새벽을 알리는 지성들』, 서울 : 현대사상사, 1971, p. 11.
8 조의설 편, 『대세계사』, 1권, 『문명의 탄생』, 서울 : 현암사, 1971, p. 25.
9 Crane Brinton, *A History of Civilization*, Vol. I, Englewood Cliffs, New jersey : Prentice-Hall, Inc., 1967, p. 9.
10 조의설, op. cit., p. 40.

11 대학교재편찬위원회, 『세계문화사』, 서울 : 경희대학교 출판국, 1970, p. 11.
12 T. Walter Wallbank, *Civilization-PastandPresent*, New York : Scott, Foresman and Co., 1970, p. 12.
13 Crane Brinton, op. cit., 1970, pp. 1~16.
14 Edward M. Burns and Philip L. Ralph, *WorldCivilization*, New York : W. W. Norton, vol. 1, 1969, p. 23.
15 Ibid., p. 24.
16 Houston Stewart Chamberlain, *Foundations of the Nineteenth Century*, tr. by John Lees, 2 vols., New York : John Lane, 1914, vol. I, pp. 269~272.
17 Edward M. Burns and Philip L. Ralph, op. cit., p. 23.
18 Arnold Toynbee, op. cit., pp. 60~87.
19 조좌호, 『동양사대관』, 서울 : 학우사, 1973, p. 1.
20 C. E. Black, *TheDynamics of Modernization*, New York : Harper Torch Books, 1967, pp. 1~100.
21 Myron Weiner, ed., *Modernization : TheDaynamicGrowth*, New York : Basic Books, 1966, p. 5.
22 조영식, 『문화세계의 창조』, 대구 : 문성당, 1951 참조.
23 John Locke, *ConcerningCivilGovernment*, Chicago : Encyclopaedia Britannica, 1952.
24 William Langer, ed., *Western Civilization : TheStruggle for EmpiretoEuropeintheModern World*, New York : Harper and Row, 1968, p. 428.
25 Ibid., pp. 428~432.
26 제국주의의 본질에 관해서는 J. A. Hobson, Ann Arbor, *Imperialism*, Michigan : The University of Michigan Press, 1965, pp. 71~109, 또 최근 학설로는 D. K. Fieldhouse, "Imperialism : A Historical Revision," *EconomicHistoricalReview*, XIV, December 1961, p. 202 참조.
27 대학교재편찬위원회, 『세계문화사』, op. cit., p. 372.
28 Oswald Spengler, *TheDecline of theWest*, tr. by Charles F. Atkinson, London : George Allen, 1961, pp. 29~61.
29 Truman Capote, *InColdBlood*, New York : Random House, 1965.
30 T. S. Eliot, "Choruses from 'The Rock'," in *CollectedPoems*, New York : Harcourt, Brace and Company, 1958, p. 190.

3장 현대문명의 난제들과 미래개발

1 George B. Woods et al., *TheLiterature of England*, Chicago : Scott Foresman, 1948, p. 1056.
2 Dennis Gabor, 『成熟社會』, 林雄二良 譯, 東京 : 講談社, 1973, p. 35.
3 Ibid.
4 Fyodor Dostoevskii, "The Grand Inquisitor" in *TheBrothersKaramazov*, New York : Modern Library, 1960, pp. 305~319.
5 Erich Fromm, *EscapeFromFreedom*, London : Routledge and Kegan Paul, 1955, Chap. V.
6 Alvin Toffler, *FutureShock*, New York : National General Co., 1971, p. 24.
7 Otto F. Bollnow, 『현대철학의 전망』, 한국철학회 편, 서울 : 법문사, 1969, pp. 26~27.
8 Albert Camus, *TheStranger*, New York : Vintage Books, 1946 참조.
9 Richard Bach, *JonathanLivingstonSeagull*, London : Pan Books, 1972 참조.
10 박문사 편, 『현대인강좌』, 서울 : 박문사, 1969, pp. 52~55.
11 Ernst Cassirer, *AnEssayonMan*, New Haven : Yale University Press, pp. 137~170.
12 Albert Camus, *TheRebel*, New York : Vintage Books, 1957 참조.
13 H. 마르쿠제 Marcuse, 『이성과 혁명』, 김종호 역, 서울 : 문명사, 1970 참조.

14 Theodore Roszak, *Where the Wasteland Ends*, New York : Doubleday, 1973, pp. 3~25 참조.
15 Erich Fromm, *The Revolution of Hope*, New York : Harper and Row, 1968. pp. 59~70.
16 Dennis Gabor, *Inventing the Future*, London : Secker and Warburg, 1963 참조.
17 計關亞クルプ,『人間と生活-21世紀の設計』, 西山卯 編, 勁招書房, 1972 참조.
18 謝世輝,『歷史はどこ向うか』, 東京 : 第3文明社, 1973, p. 11.
19 Dennis Gabor, op. cit., p. 39.
20 Jack London, *The Call of the Wild*, New York : Macmillan, 1956 참조.
21 Erich Fromm, op. cit., p. 59.
22 Robert B. Leighton, *Principles of Modern Physics*, New York : McGraw-Hill Book Co.,1959, pp. 611~679.
23 古田昭 作,『現代の應用物理』, 大阪 : 科學情報社, 1970 참조.
24 古田昭 作,『21世紀のビジネスマン白書』, 東京 : 學習硏究士, 1970, pp. 90~104.
25 Ibid.
26 Ibid.
27 Dennis Gabor, op. cit., p. 36.
28 Ibid., p. 51.
29 Daniel Bell, *The End of Ideology*, New York : Free Press, 1962 참조.
30 M. H. Abrams, *The Norton Anthology of English Literature*, vol. I, New York : W. W. Norton, 1962, pp. 1469~1476.
31 Otto F. Bollnow, op. cit., p. 79.
32 Ibid., p. 82.
33 Helmuth Plessner, *Conditio Humana, Einleitung zur Propyläen-Weltgeschichte*, Berlin : 1961, p. 14.
34 François Mauriac, *La Fin de la Nuit*, Paris : Livre de Poche, 1976, p. 9.

4장 인간의 구명과 인류의 사명

1 Immanuel Kant, *Anthropologie in pragmatischer Hinsicht*, Leipzig : Phil. Bibl., 1922, p. 44.
2 Ludwig Feuerbach, *Kleine Philosophische Schriften*, Leipzig : Phil. Bibl., 1950, pp. 168~169.
3 Michael Landmann, *Philosophische Anthropologie*, Berlin : Walter de Gruyter, 1969, p. 24.
4 Max Scheler, "Zur Idee des Menschen" (1951), in *Vom Umsturz der Werte*, 4. Aufl. Bern : Francke, 1955. 전집 3권.
5 Arnold Gehlen, *Der Mensch*, Frankfurt/M : Walter de Gruyter, 1940, pp. 19~28.
6 니체,『인간적인, 너무나도 인간적인』, 이제기 역, 서울 : 휘문출판사, 1969, p. 152.
7 Ortega y Gasset, *Vom Menschen als utopischem Wesen*, Stuttgart : Kohlhammer,1952, p. 9; Ortega y Gasset, *Man and People*, New York : Norton, p. 10.
8 Jürgen Moltmann, *Der Mensch*, Stuttgart : Kreuz, pp. 12~13.
9 Helmuth Plessner, *Die Stufen des Organischen und der Mensch*, Berlin : Walter de Gruyter, 1928, p. 26.
10 Jürgen Moltmann, op. cit., p. 31.
11 W. Kornhauser, *The Politics of Mass Society*, New York : The Free Press, 1959, p. 42.
12 Herbert Blumer, "Mass and Opinion", in *The Mass, the Public, and Public Opinion*, New York : The Free Press, 1953.
13 Lewis Mumford, *The Myth of the Machine*, New York : Harcourt Brace & World, 1966 참조.
14 Daniel Bell, *The End of Ideology*, New York : The Free Press, 1969, p. 24. Cf. William Whyte, The Organization Man, New York : Harper, 1956, p. 143.

15 Ibid, p. 158.
16 Ibid, p. 122.
17 E. 프롬, 『희망의 혁명』, 한동세 역, 서울 : 중앙일보사, 1971, p. 40.
18 Jean-François Revel, *Revolution without Marx or Jesus*, New York : Beacon, 1971, p. 215.
19 H. 마르쿠제, 『이성과 혁명』, 김종호 역, 서울 : 박영사, 1972 참조.
20 H. Marcuse, 『エロス的文明』, 南博 譯, 東京 : 紀伊國産書店, 1972, p. 156.
21 Alvin Toffler, *Future Shock*, New York : Random House, 1970 참조.
22 William Whyte, op. cit., 1956, p. 143. 여기서 화이트는 베니와 슬레이터가 토플러의 미래사회를 'temporary system'의 'temporary society'라고 부른다고 인용했다.
23 Friedrich Hölderlin, *Hyperion*, Stuttgart : Reclam, 1956, p. 5, 渡邊格司 譯, 東京 : 岩波 文庫 참조.
24 Aurelius Augustinus, Confessiones (17, 26).
25 Otto Friedrich Bollnow, *Neue Geborgenheit*, Stuttgart : Kohlhammer, 1972, pp. 168~203.
26 조영식, 『문화세계의 창조』, 대구 : 문성당, 1952, p. 117. Cf. 졸저, 『민주주의 자유론』, 서울 : 일공인사, 1948, 제4장 발전적 자유관 참조.
27 Ibid, p. 29.
28 Ibid, p. 44.

5장 보다 밝은 인류사회

1 Quincy Wright, *A Study of War*, Chicago : University of Chicago Press, 1965, pp. 74~80.
2 Karl von Clausewitz, *On War*, translated by J. J. Graham, London : Paul, Trench Trubner Co., 1918, chap. 1.
3 J. David Singer & Melvin Small, *The Wages of War, 1816~1963 : A Statistical Handbook*, New York : John Wiley, 1972, Table 4.2 and 4.3.
4 Bruce M. Russett, *Trends in World Politics*, New York : Macmillan, 1965, pp. 7~14.
5 Kenneth N. Waltz, *Man, The State and War : A Theretical Analysis*, New York : Columbia University Press, 1959, p. 159.
6 R. J. Rummel, *The Psychological Field : A Preface to the Dynamics of Violence and War*, Beverly Hills : Sage, 1974, chap. 22.
7 Kenneth N. Waltz, op. cit., p. 1.
8 "Toward a Strategy of Peace", 1963년 6월 10일 미국 아메리칸대학교 졸업식전에서 행한 연설 원문은 미국무성 Bulletin, July, 1963, pp. 2~6.
9 셰익스피어의 『줄리어스 시저 *Julius Caesar*』의 한 구절을 소개한다. "Men at sometime are masters of their fates. The fault, dear Brutus, is not in our stars, but in ourselves, that we are underlings."
10 Bertrand Russell, *Has Man a Future?*, Baltimore : Penguin Books, 1967 참조.
11 H. G. Wells, *The Outline of History*, New York : Garden City Books, 1961 참조.
12 Immanuel Kant, *The Critique of Pure Reason*, selections translated from German by John Waston, in Benjamin Rand, Modern Classical Philosophers, Massachusetts : The Riverside Press, 1924, p. 438.
13 Bertrand Russell, op. cit. 참조.

참고문헌

골든 이먼스틴, 『원자보고서』, 조순탁 역, 서울 : 을유문화사, 1954.
김성식, 『세계문화사』, 서울 : 동국문화사, 1960.
김용구 역, 『새벽을 알리는 지성』, 서울 : 현대사상사, 1971.
김점곤, 『한국전쟁과 노동당 전략』, 서울 : 박영사, 1973.
대학교재 편집위원회, 『세계문화사』, 서울 : 경희대학교 출판국, 1970.
로버트 리노우, 『생활의 설계』, 이만갑 역, 서울 : 을유문화사, 1964.
루드비크 란트그레베, 『현대철학의 근본조류』, 최동희 역, 서울 : 법문사, 1961.
막스 베버, 『프로테스탄티즘의 윤리와 자본주의정신』, 권세원 역, 일조각, 1966.
박문사 편, 『현대인구좌』, 서울 : 박문사, 1969.
박종홍, 『국민논리』 상, 서울 : 삼화출판사, 1970.
버질 게오르규, 『25시』, 원응서 역, 서울 : 창문사.
버트런드 러셀, 『새 세계의 새 희망』, 이극찬 역, 서울 : 을유문화사, 1956.
———, 『인류의 장래』, 양병탁 역, 서울 : 민중서관, 1960.
신상초, 『민족성의 재발견』, 서울 : 청파문화사, 1973.
아놀드 토인비, 『미래를 산다』, 김우종 역, 서울 : 새교육연구사, 1973.
안호상, 『민주적 민족론』, 서울 : 어문각, 1961.
알렌 프레드릭 레비스, 『대전환기, 1900~1950』, 송욱 역, 서울 : 을유문화사, 1958.
알베르 카뮈, 『반항적 인간』, 신일철 역, 서울 : 일신사, 1971.
어니스트 카시러, 『인간론』, 최명관 역, 서울 : 민중서관, 1960.
에리히 프롬, 『희망의 혁명』, 한동세 역, 서울 : 중앙일보사, 1971.
오토 볼노브, 『현대철학의 전망』, 한국철학회 편, 서울 : 법문사, 1969.
유달영, 『인간발견』, 서울 : 어문각, 1963.
윤태림, 『의식구조상으로 본 한국인』, 서울 : 현암사, 1970.
이스트맨, 『사회정의의 종말론』, 이기홍 역, 서울 : 을유문화사, 1956.
이원설, 『혁명시대의 미래관』, 서울 : 미네루바 사, 1971.
이한빈, "미래학도의 사회적 기능과 한국 미래학회의 과제", 한국미래학회 편, 『미래를 묻는다』, 서울 : 서울대학교 출판부, 1970.
이해남, 『세계사대관』, 서울 : 일조각, 1966.
임한영, 『오늘의 세계』, 서울 : 흑백문화사, 1958.
정범모, 『교육과 국가발전』, 서울 : 교육출판사, 1972.
조영식, 『문화세계의 창조』, 대구 : 문성당, 1952.
———, 『민주주의 자유론』, 서울 : 한일공인사, 1948.
조의설, 『대세계사』 1권, "문명의 탄생" 서울 : 현암사, 1971.
———, 『인류문명의 발달』, 서울 : 음왕사, 1962.
진 프랑스와 르벨, 『마르크스도 예수도 없는 혁명』, 박재두 역, 서울 : 법문사, 1972.

창문사 편집부, 『현대사강좌』 I-V, 동경 : 창문사, 1956.
채필근, 『철학과 종교의 대화』, 서울 : 대한기독교서회, 1964.
카를 베커, 『자유와 책임』, 윤세창 역, 서울 : 민중서관, 1956.
칼 야스퍼스, 『원자탄과 인류의 미래』, 김종호·최동희 공역, 서울 : 사상계사 출판부.
토머스 S. 엘리엇, 『문화의 이론』, 김용권 역, 서울 : 을유문화사, 1958.
프리드리히 니체, 『인간적인, 너무나도 인간적인』, 이재기 역, 서울 : 휘문출판사, 1969.
피터 드러커, 『단절의 시대』, 서남원 역, 서울 : 장문열, 1971.
헐버트 마르쿠제, 『이성과 혁명』, 김종호 역, 서울 : 박영사, 1972.
H. 라이드, 『평화를 위한 교육』, 안동민 역, 서울 : 을유문화사, 1959.

Aron, Raymond, *The Century of Total War*, New York : Doubleday and Company,1954.
———, *Peace&War : A Theory of International Relations*, New York : Praeger. 1968
Augustinus, *Confessions* (X 17, 26).
Bach, Richard, *Jonathan Livingston Seagull*, London : Pan Books, 1972.
Bauer, Jerald C., *The Impact of the Church upon Its Culture*, Chicago : The University of Chicago Press, 1968.
Bell, Daniel, *The End of Ideology*, New York : The Free Press, 1969.
Binswanger, Ludwig, *Grundformen und Erkenntnis Menschlichen Daseins*, München/Base l : E. Reinhardt, 1964.
Black, C. E., The Dynamics of Modernization, New York : Harper torchbooks,1967.
Blumer, Herbert, the Mass, the Public and Public Opinion, New York : The FreePress, 1953.
Bochenski, J. M., *Wegezum Philosophichem Denken*, Freiburg : Herder, 1970.
Bollnow, Otto Friedrich, *Wesen und Wandel der Tugenden*, Frankfurt/M : Ullstein, 1972.
———, *Neue Geborgenheit*, Stuttgart : Köhlhammer, 1972.
Boulding, Kenneth E., *The Image*, Ahn Arbor : The University of Michigan Press,1966.
Boulding, Kenneth E., *A Reconstruction of Economics*, New York : Science Editions, 1967.
Brinton, Crane, A History of Civilization, I, Englewood Ciffs, New Jersey : Prentice-Hall Inc., 1967.
Burckhardt, C. J., *Betrachtungen und Berichte*, Zürich : Manesse, 1964.
Burns, Edward M. and Ralph, Phillip L., *World Civilization*, Vol. I, New York : W.W. Norton 1969.
Burton, J. W., *Peace Theory*, New York : Alfred A. Knopf, 1962.
Bury, John, *The Idea of Progress*, New York : Macmillan Co., 1955.
Camus, Albert, *The Rebel*, New York : Vintage Books, 1957.
———, *The Stranger*, New York : Vintage Books, 1946.
Capote, Truman, *In Cold Blood*, New York : Random House, 1965.
Carr, Edward H., *Conditions of Peace*, New York : The Macmillan, 1944.
Chamberlain, Houston Stewart, *Foundations of the Nineteenth Century*, Tr. by John Lees, New York : John Lane, 1914.
Cheyney, E. P., *Dawn of New Era*, New York : Harper, 1970.
Claude, Inis L., *Swords in Plowshares*, 3rd ed. New York : Random House, 1964.
Clausewitz, Carl von, *On War*, London : Kegan Paul 1911, 3 Vols.
Cleveland, Harlan, *The Future Executive*, New York : Harper and Row, 1972.
Doncell, J. F., *Philosophical Anthropology*, New York : Sheed and Ward, 1967.
Dostoevsky, Fyodor, "The Grand Inquisition" in *The Brothers Karamazov*, New York : Modern Library, 1960.

Druker, Peter F., *The New Society*, New York : Harper and Row, 1962.
Eliot, T. S., "Choruses from the Rock" in *Collected Poems*, New York : Brace and company, 1958.
Fisch, Johann, *Was ist der Mensch?*, Styria : Graz-Wien, 1948.
Forsyth, M. G. et al. (ed.), *The Theory of International Relations : Selected Texts from Gentili to Treitschke*, New York : Atherton Press, 1970.
Fowler, John M., ed., Fallout, *A study of Superbomb, Strontium 90 and Survival*, New York : Basic Book, 1960.
Fromm, Erich, *The Revolution of Hope*, New York : Harper and Row, 1968.
———, *Escape from Freedom*, London : Loutledge and Kegan Paul, 1955.
Gabor, Dennis, *Inventing the Future*, London : Secker and Warburg, 1963.
Gardner, Richard and Millicon, Max, *The Global Partnership*, New York : Friedrich Praeger, 1968.
Gehlen, Arnold, *Der Mensch*, Frankfurt/n : Walter de Gruyter, 1940.
Goodman, Paul, *Growing Up Absurd*, New York : Random House, 1960.
Haecker, Theodor, *Was ist der Mensch?*, Kösel : München, 1949.
Hegel, Georg W. F., *The Philosophy of History*, tr. by J. Sibree, New York : Dover Publications, Inc., 1956.
Hölderlin, Friedrich, *Hyperion* (1797), Stuttgart : Reclam, 1956.
Hobson, J. A. *Imperialism*, Ahn Arbor : Michigan : The University of Michigan Press, 1965.
Hoffmann, Stanley, *The State of War*, New York : Praeger, 1965.
Huxley, Julian, *Man in the Modern World*, New York : Mentor Book, 1955(6th printing).
Jespers, Karl, *The Future of Mankind*, Chicago : University of Chicago Press, 1961.
Kahn, Herman, *On Thermonuclear War*, 2nd ed., New York : Free Press, 1969.
———, *On Thermonuclear War*, Princeton University Press, 1960.
Kant, Immanuel, *Anthropologie in Pragmatischer Hinsicht*, Leipzig : Phil. Bibl.,1922.
———, "The Critique of Pure Reason", Selections translated from German by John Watson, in Benjamin Rand, Com., *Modern Classical Philosophers*, Massachusetts : The Riverside Press, 1924.
Kennedy, John F., "Toward an Strategy of Peace", *The Department of State Bulletin*, July 1, 1963.
Kissinger, Henry, *Nuclear Weapons and Foreign Policy*, New York : Harper & Brothers, 1957.
Kornhauser, W., *The Politices of Mass Society*, New York : The Free Press, 1959.
Kuhns, William, *The Postindustrial Prophets*, New York : Weybright and Talley, 1971.
Landmann, Michael, *Das Ende Individuums*, Stuttgart : Ermst Klett, 1971.
———, *Philosohphische Anthropologie*, Berlin : Walter de Gruyter, 1969.
Leighton, Robert B., *Principles of Modern Physics*, New York : Toronto : London : McGraw Hill Book Co., 1959.
Lerche, Charles O. Jr., *Last Chance in Europe*, Chicago : Quadrangle Books, 1967.
Locke, John, *Concerning Civil Government*, Chicago : Encyclopaedia, Britanica, 1952.
Lodon, Jack, *The Call of the Wild*, New York : Macmillan, 1956.
Lowith, Karl, *Weltgeschichte und Erkenntnis Menschlichen Daseins*, Munchen/ Basel : E. Reinhardt, 1964.
Miller, William, *The New Christianity*, New York : A Delta Book, 1967.
Moltmann, Jürgen, *Mensch*, Stuttart : Kreuz, 1971.
Motgnethan, Hans J., *Politics Among Nations : The Struggle for Power and Peace*, 4th ed., New York : Alfred A Knopf, 1966.
Moskowitz, Sam, *Seekers of Tommorrow*, New York : Ballantine Books, 1967.
Mumford, Lewis, *The Myth of the Machine*, New York : Harcourt Brace & World, 1966.
Northrop, F. S. C., *Meeting of East and West*, New York : Macmillan, 1946.
Ortega y Gasset, José, *Vom Menschen als Utopischem Wesen*, Stuttgart : Kohlhammer, 1952.

Orwell, George, 1984, New York : American Library, 1961.
Pacard, Vance, *The Waste Makers*, New York : Pocket Books, 1963.
Parkinson, C. N., *East and West*, New York : New American Library, 1963.
Plessner, Helmuth, *Die Stufen des Organischen und der Mensch*, Berlin : Walter de Gruyter, 1928.
Pruitt, Dean G. & Snyder, Richard C., *Theory & Research on the Causes of War*, Englewood Ciffs : Prentice-Hall, 1969.
Quigley, Carrollo, *The World Since 1939 : A History*, New York : Bentham Book, 1971.
Renard, Henri, S. J. and Vaske, Martin O., S. J., *The Philosophy of Man*, Milwakee : The Bruce Publishing Co., 1956.
Richardson, Lewis F., *Arms and Insecurity*, Pittsburgh : The Boxwood Press, 1960.
———, *Statistics of Deadly Quarrels*, Pittsburgh : The Boxwood Press, 1960.
Riesman, David, *The Lonely Crowd*, New Haven : Yale University Press, 1950.
Roszak, Theodore, *Where the Wasteland Ends*, New York : Doubleday, 1973.
Rummel, R. J., *The Psychological Field : A Psycho-Philosophical Preface to the Dynamics of Violence and War*, Beverly Hills : Sage, 1975.
Russell, Bertrand, *Has Man a Future?*, Baltimore : Penguin Books, 1967. Russet, Bruce M., Trends in World Politics, New York : Macmillan, 1965. Scheler, Max, Von Umsturz der Werte, Bern : Francke, 1955.
Schweizer, Albert, *Civilizations and Ethics*, London : Urwin Book, 1961.
Singer, J. David & Small, Melvin, *The Wages of War, 1816~1965 : A Statistical Handbook*, New York : John Wiley, 1972.
Slaatte, Howard A., *Modern Science and The Human Condition*, Santa Barbara; Quality Paperback, 1974.
Spengler, Osward, *The Decline of the West*, tr. by Charles F. Akinson, London : George Allen, 1961.
Spock, Benjamin, *Baby and Child Care*, 2nd ed., New York : Pocket Books, 1957.
Toffler, Alvin, *Future Shock*, New York : A National General Co., 1971.
Toynbee, Arnold, *A study of History*, Abridgement by D. C. Somervell, New York : Oxford University Press, 1961.
Tyrrell, G. N. M., *The Personality of Man*, London : Penguin Books, 1954.
Viereck, Peter, "The Revolution in Value", *Political Science Quarterly*, Vol. 67,1952.
Wagar, Warren, *The City of Man*, Baltimore : Penguin Books, 1963.
Wallbank, T. Walter, *Civilization-Past and Present*, New York : Scott, Foresman and Co, 1970.
Waltz, Kenneth N., *Man, the State and War : A theoretical Analysis*, New York : Columbia University Press, 1959.
Ward, Barbara, *The Rich Nations and the Poor Nations*, New York : Basic Books, 1966.
Weiner, Myron, ed., *Modernization, The Dynamic Growth*, New York : Basic Books, 1966.
Wells, H. G., *The outline of History*, New York : Garden City Books, 1961.
Wheelis, Allen, *The Quest for Identity*, New York : Simon and Schuster, 1943.
Whyte, William, Jr., *The Organization Man*, New York : Doubleday, 1957.
Willkie, Wendel, *One World*, New York : Simon and Schuster, 1943.
Woods, Gerge B. et al, *The Literature of England*, Chicago : Scott Foresman, 1948.
Woods, Martin T. & Buckenmeyer, Robert E., *The Morality of Peace and War*, Santa Barbara : Quality Paperback, 1974.
Wright, Quincy, *A Study of War*, Chicago : University of Chicago Press, 1965.

伊瀨仙太郎,『東亞門化の交流』東京：光文社, 1944.
上田篤,『生活空間の未來像』東京：紀伊国屋書店大河內一男,『私の教育論』, 東京：東京大學出版會, 1967.
———,『私の大學論』, 東京：東京大學出版會, 1968.
———,『私の人間像』, 東京：東京大學出版會, 1969.
大能信行,『國家惡』, 東京：中央公論社, 1957.
桐村泰坎,『第三文明の潮流』, 東京：第三文明社, 1972.
邦高商忠二,『綠色革命』, 東京：早川書房, 1972.
後藤邦夫,『文明, 技術, 人間』, 東都：法律文化社, 1972.
坂本義和,『核時代の國際政治』, 東京：岩波書店, 1967.
謝世輝,『歴史はとこへ向からか』, 東京：第三文明社, 1973.
符里茂,『股工業化の国際政治』, 東京：岩波書店, 1967.
創文社 編輯部,『現代宗教講座』, I-VI, 東京：創文社, 1956.
高稿徹 編,『組織のなかの人間』, 東京：平凡社, 1947.
中桐大有,『近代の科祭革命』, 東京：法律文化社. 1967.
久野牧,『平和の論理と戟雫の論理』, 東京：岩波書店, 1947.
古田昭作,『21世紀のビジネスマン白容』, 東京：學習研究社, 1970.
———,『現代の感用物理』, 大阪：科擊情報社, 1970.
編孝解説 鎮目泰夫,『機械と人間との共生』, 東京：平凡社, 1943.
米府三編,『歴史としての現代』, 東京：潮出版社, 1972.
前芝確三,『原子力と國際政治』, 東京：東洋經済新報社, 1956.
三枝充悳,『東洋思想と西洋思想』, 東京：春秋社, 1946.
南原繁,『文化と図家』上下, 東京：東京大學 出版會, 1957.
———,『人間と政治』, 東京：創文社, 1958. クイテンライヒ,『人の進化』, 東京：岩波書店, 1956.
Bell, Daniel,『知識文明の構想』, 白根禮吉 譯, 東京：ダイヤモンド社, 1969.
Cabor, Andre,『成熟社會』, 林雄二郎 譯, 東京：講談社, 1948.
Calder, Nigel,『20年後世界』I Ⅱ Ⅲ, 赤木昭夫 譯, 東京：紀伊国屋書店, 1968.
Dawydow, J. N.,『自由と疏外』, 東京：森森木書店, 1971.
Machlup,『知識産業』, 木田宏, 高稿達男 共譯, 産業能率短期大學出版部, 1944.
Marcuse, Herbert,『エロス的文明』, 南博 譯, 紀伊国屋書店, 1972.
Meadows, Donella H., Meadows, Domis L., Randers, Jorgen, Behrens Ⅲ William W. 共著,『成長の限界』, 東京：タイヤモンド社, 1973.
Michael, Donald N.,『混亂の未来社會』, 大田充 譯, 東京：講談社. 1946.
Mumford, Lewis,『機械の神話』, 東京：河出書房新社, 1971.
Toynbee, A. J.,『試錬に立つ文明』, 東京：社會思想研究會出版部, 1957~1960.
Russel, Bertrand,『人類に未来はあるか』, 日高一輝 譯, 東京：理想社, 1962.

찾아보기

ㄹ

ㅁ

ㅂ

ㅅ

ㅇ

ㅈ

ㅊ

ㅋ

ㅌ

ㅍ

ㅎ

인류사회의 재건

초판 1쇄 인쇄　2021년 9월 17일
초판 1쇄 발행　2021년 9월 21일

저자　美源 조영식
편저자　미원전집편집위원회

발행인　한균태
발행처　경희대학교 출판문화원

주소　서울시 동대문구 경희대로 26
전화　02-961-0106~8
팩스　02-961-0291
설립　1960년 9월 16일 제5-8호
등록　1977년 11월 8일 제6-5호
홈페이지　www.khupress.com
전자우편　press@khu.ac.kr

ISBN 978-89-8222-707-3　93330